공사 | 한국중부발전
발전 | 한국남부발전
전 | 한국서부발전
한국수력원자력

에너지 공기업
면접 합격전략서

SD에듀
㈜시대고시기획

　최근 경기 위축과 자동화로 인해 사기업의 채용 축소가 가속화되자 공기업에 대한 관심이 폭발적으로 늘어나고 있다. 그러나 영역별로 세분화된 면접 도서가 없어 면접 준비에 대한 애로사항이 많았던 것이 사실이다. 이 책은 다양한 공기업의 분류 중에서도 주요 에너지 공기업의 면접을 대상으로 구성되어 있다. 특히 인성, 역량, 상황 면접 등에서 자주 언급되는 질문 유형과 에너지 공기업 등에서 자주 언급되는 기출 및 예상 질문을 중심으로 구성되어 있다. 물론 다른 영역의 공기업을 준비할 때에도 이 책을 충분히 유용하게 활용할 수 있을 것이다.

　취업 현장에서 일하다 보면, 충분한 역량이 있었음에도 불구하고 면접에 대한 이해도가 부족하여 안타깝게 떨어지는 지원자들을 수도 없이 목격하게 된다. 이 책을 통해 불합격하는 원인이 무엇인지, 합격하는 사람들만의 노하우가 무엇인지 확인해 볼 수 있기를 바란다.

　이 책의 세부 내용은 크게 3가지로 나누어진다. PART 1에서는 면접 준비에 대한 기본적인 이해와 스킬을 담고 있다. 이를 통해 면접이 어떻게 구성되는지, 어떻게 준비해야 하는지 등을 빠르게 파악할 수 있을 것이다. PART 2에서는 다양한 에너지 공기업의 면접 유형을 파악하고, 명확한 평가 포인트를 이해할 수 있다. 특히 책에 제시된 유형별 면접평가표를 바탕으로 스터디 등을 구성하여 서로 평가한다면 자기 자신을 좀 더 객관적으로 평가할 수도 있을 것이다. PART 3에서는 평가 항목별로 분류된 다양한 면접 질문을 접할 수 있다. 면접 질문의 의도를 이해하고, 답변 가이드를 체크하면 면접에 대한 감을 잡을 수 있을 것이다. 특히 면접 답변은 Worst와 Best 답변으로 구성되어 있다. Worst 답변은 최악의 답변 예시를 제시하기도 했지만, 대체로 아쉬운 답변이나 실제로 지원자들이 자주 실수하는 답변을 중심으로 예시를 들었다. Best 답변은 최상의 답변 예시를 들기도 했지만, 현실적으로 취업준비생이 합격할 만한 수준의 답변으로 구성되어 있다. 각 답변에는 면접에 대한 Tip도 제공하고 있기 때문에 해당 내용을 잘 살펴보면서 나만의 답변을 만들어 보길 바란다.

이 책에서는 특별히 전공에 대한 것을 다루진 않았다. 사무직 면접에서 전공에 대해 언급하는 경우는 매우 드물기 때문에 취업준비생이 별도로 준비할 필요성은 없다. 물론 개인 이력과 경험 등을 통해 자연스럽게 전공적인 부분을 물어볼 수도 있지만 일반적이진 않다. 하지만 기술직 같은 경우 전문지식을 요구할 수도 있다. 면접에 들어가기 전에 해당 회사의 기출 문제와 면접 스타일을 파악하여 필요한 전공지식을 갖추는 등 개인적인 노력이 반드시 필요하다.

필자의 경우 16년 이상 다양한 대학교의 취업교과목, 공기업 취업 전문 멘토링, 직업방송 면사뽀(면접 사정없이 뽀개기)의 패널, 취업 관련 도서 저술, 공기업/대기업/공무원 대상 면접관 교육, 코리아취업아카데미의 대표 컨설턴트로 활동하며 수천, 수만 명의 학생들을 대상으로 취업과 면접에 대한 강의 및 코칭 경험을 갖고 있다. 최근 취업이 과거와는 비교할 수 없을 정도로 힘들어지면서 취업준비생의 부담이 나날이 커지고 있다. 그럼에도 불구하고 체계적인 준비 방법과 꾸준한 연습을 하는 지원자에게는 반드시 기회가 온다는 것을 명심하자. 필자의 경력과 경험을 통해 이 책을 보고 있는 취업준비생들이 모두 합격할 수 있기를 바라고 기도한다.

김정우 씀

한국전력공사 소개

※ 다음 채용안내는 2022년 하반기 채용공고를 기준으로 작성하였으므로 세부내용은 반드시 확정된 채용공고를 확인하시기 바랍니다.

한국전력공사

미션 | 전력수급 안정으로 국민경제 발전에 이바지

KEPCO는 고품질 전력의 안정적인 공급과 차별화된 고객서비스 제공 및 글로벌 경쟁력 강화를 위해 노력하며, 끊임없는 도전과 혁신으로 미래 에너지산업을 이끌 글로벌 기업으로 도약한다.

비전 | KEPCO-A Smart Energy Creator

사람 중심의 깨끗하고 따뜻한 에너지

핵심가치

① 미래지향(Future) 우리는 먼저 미래를 준비하고 나아간다.

② 도전혁신(Innovation) 우리는 먼저 변화와 혁신을 추구한다.

③ 고객존중(Respect) 우리는 먼저 고객의 가치를 실천한다.

④ 사회적가치(Social Value) 우리는 먼저 사회와 환경을 생각한다.

⑤ 신뢰소통(Trust) 우리는 소통을 통한 신뢰를 구축한다.

인재상 | Global Pioneer

기업가형 인재 Entrepreneur	회사에 대한 무한 책임과 주인의식을 가지고 개인의 이익보다는 회사를 먼저 생각하는 인재
통섭형 인재 Generalist	융합적 사고를 바탕으로 Multi-specialist를 넘어 오케스트라 지휘자와 같이 조직 역량의 시너지를 극대화하는 인재
도전적 인재 Passionate Challenger	뜨거운 열정과 창의적 사고를 바탕으로 실패와 좌절을 두려워하지 않고 지속적으로 새로운 도전과 모험을 감행하는 역동적 인재
가치 창조형 인재 Value Creator	현재 가치에 안주하지 않고 글로벌 마인드에 기반한 날카로운 통찰력과 혁신적인 아이디어로 새로운 미래가치를 충족해 내는 인재

전형절차

서류전형 → 필기전형 → 직무면접 → 종합면접 → 신체검사 및 신원조사

지원자격

구분	주요내용
학력 · 전공	• 사무 : 학력 및 전공 제한 없음 • 전기 · ICT · 토목 · 건축 · 기계 : 해당 분야 전공자 또는 해당 분야 기사 이상 자격증 보유자 ※ 단, 전기 분야는 산업기사 이상
외국어	• 대상 : 영어 등 10개 외국어 • 자격기준 : 700점 이상(TOEIC 기준) • 유효성적 : 공지일 이후 응시하고 접수 마감일까지 발표한 국내 정기시험 성적만 인정
연령	• 제한없음(단, 공사 정년에 도달한 자는 지원불가)
병역	• 병역법 제76조에서 정한 병역의무 불이행 사실이 없는 자
기타	• 지원서 접수마감일 현재 한전 4직급 직원으로 재직 중이지 않은 자 • 당사 인사관리규정 제11조 신규채용자의 결격사유가 없는 자 • 입사일로부터 즉시 근무 가능한 자

주요 전형별 세부 평가요소

구분	사무	전기	ICT · 토목 · 건축 · 기계
직무능력검사	(공통) 의사소통능력, 수리능력, 문제해결능력		
	자원관리능력 정보능력	자원관리능력 기술능력(전공문항)	정보능력 기술능력(전공문항)
인성 · 인재상 · 조직적합도검사	한전 인재상 및 핵심가치, 태도, 직업윤리, 대인관계능력 등 인성 전반		
역량면접	전공지식 등 직무수행능력 평가		
종합면접	인성, 조직적합도, 청렴수준, 안전역량 등 종합평가		

❶ 사무 분야를 제외한 기술 분야의 경우 NCS 40문항 + 전공 15문항(기술능력 대체) 평가 (총 55문항)
   • 사무 : NCS 50문항(100점) / 기술 : NCS 40문항(70점) + 전공 15문항(30점)
   • 기술 분야의 전공문항은 관련 분야의 기사(필기 및 실기) 수준으로 출제
❷ 필기전형 과락제
   • 5개 영역 중 1개 영역 이상에서 과락점수(영역별 상대성적 하위 30%) 이하 득점 시 총점순위와 관계없이 탈락

한국중부발전 소개

※ 다음 채용안내는 2022년 하반기 채용공고를 기준으로 작성하였으므로 세부내용은 반드시 확정된 채용공고를 확인하시기 바랍니다.

미션

친환경 에너지의 안전하고 안정적인 공급을 통해 국가발전과 국민 삶의 질 개선에 기여한다.

비전 | Green Energy Leader Creating a Clean Tomorrow

친환경으로 미래를 여는 에너지 전문기업

핵심가치

안전환경 | 미래성장 | 혁신소통 | 국민신뢰

인재상

CREATIVE GLOBAL KOMIPO CHALLENGER		
창조적 에너지로 세계와 소통하여 KOMIPO의 미래를 이끄는 인재		
Creative Challenger	Performance Leader	Global Communicator
혁신적 사고와 열정으로 새로운 가치창출에 도전하는 인재	강한 자부심과 책임감으로 자기업무에 주도적인 인재	상호존중과 배려로 세계와 소통하는 인재

지원자격(공통)

❶ 학력 · 전공 · 연령 · 성별 : 제한 없음
  • 단, 만 60세 이상인 자는 당사 취업규칙 제59조(정년퇴직)에 의거하여 지원 불가
❷ 병역 : 병역 기피사실이 없는 자
  • 단, 현역은 최종합격자 발표일 이전에 전역이 가능한 자
❸ 당사 인사관리규정 제10조의 결격사유가 없는 자

전형절차

지원서 접수 → 직무적합도평가 → 직무능력평가 → 심층면접 → 신원조회/신체검사 →
인턴과정 → 합격자 결정

직무능력평가(필기전형)

❶ 한국사 및 직무지식평가(70문항)
- 공통 : 한국사 10문항
- 직군별 전공지식 : 50문항
- 직무수행능력평가 : 직군별 직무상황 연계형 10문항

직군	범위
사무	법(헌법, 민법, 행정법, 상법), 행정, 경영, 경제, 회계
정보통신	[정보처리, 정보통신, 정보보안기사 과목] 데이터베이스, 전자계산기 구조, 소프트웨어공학, 데이터통신, 정보통신시스템, 정보보안 등
발전화학	[일반화학, 화공 대기 및 수질환경기사 과목] 일반화학, 화학공학, 대기환경, 수질환경 등 화학일반

❷ 직업기초능력평가

직군	범위
사무	의사소통능력, 조직이해능력, 자원관리능력, 수리능력
정보통신	의사소통능력, 문제해결능력, 정보능력, 기술능력
발전화학	의사소통능력, 문제해결능력, 자원관리능력, 기술능력

심층면접

❶ 1차 면접 : 직군별 직무역량평가
- PT면접/토론면접 등

❷ 2차 면접 : 인성면접
- 태도 및 인성부분 등 종합평가

한국남동발전 소개

※ 다음 채용안내는 2022년 상반기 채용공고를 기준으로 작성하였으므로 세부내용은 반드시 확정된 채용공고를 확인하시기 바랍니다.

미션

깨끗하고 안전한 에너지를 안정적으로 공급하고, 지속가능한 미래성장을 선도하여 국가발전과 국민복지에 기여한다.

비전

Clean & Smart Energy Leader

핵심가치 | Life Switch 미래의 삶을 연결하는 변화의 스위치

Real;ationship Real & Relationship	진정성 있는 관계 구축
Add;vanced Add & Advanced	앞서나가는 것, 그 이상의 변화
Deep;erence Deep & Difference	Only one의 가치 전달

인재상

남다른 생각과 학습을 통해 새로운 기회를 만드는 **학습형 인재**	업무방식, 에너지 산업 등에 관한 새로운 통찰과 전문성을 접목하여 새로운 기회를 창출해 내는 사람
다양하게 소통하고 협업하는 **개방형 인재**	열린 생각과 마음을 바탕으로 다양성을 존중하고 협력함으로써 신뢰를 구축하고 새로운 가치를 만들어 내는 사람
명확한 목표를 향해 스스로 행동하고 성과를 만들어내는 **실행형 인재**	공동의 목표를 달성하기 위해 자신의 전문성을 발휘하여 성과를 만들어 내는 사람

지원자격(공통)

구분	주요내용
학력 · 전공	• 제한 없음
연령	• 제한 없음[단, 당사 취업규칙상 정년(만 60세) 초과자 제외]
병역	• 병역필(입사일 이전 전역가능자 포함) 또는 면제자
기타	• 당사 인사관리규정 제11조 결격사유에 해당하지 않는 자 • 2022년 입사일부터 정상근무가 가능한 자

전형절차

원서접수 ➜ 서류전형 ➜ 필기전형 ➜ 면접전형 ➜ 증빙서류 등록 ➜ 수습임용

전형별 세부사항

❶ 서류전형
  • 자기소개서 불성실기재자 제외[동일답변 반복, 의미 없는 문자입력, 비속어, 회사명 오기, 질문과 무관한 답변, 블라인드 위배(성명, 학교명 등), 분량부족 등]
  • 외국어성적(100점), 자격증 점수(사무 20점/기술 40점)를 합산하여 고득점 순으로 30배수

❷ 필기전형
  • 직무능력검사(100점) : 사무 50문항, 기술 55문항
    – 공통(30문항) : 의사소통능력, 자원관리능력, 문제해결능력 각 10문항
    – 사무(20문항) : 정보능력, 수리능력 각 10문항
    – 기술(25문항) : 기술능력 25문항(관련분야 기사 수준)
  • 고급 자격증 등 가점
  • 인성검사(적부판단)

❸ 면접전형
  • 직무면접(50점) + 종합면접(50점)
  ※ 코로나19 상황 지속 시 온라인 면접 시행 가능

한국남부발전 소개

※ 다음 채용안내는 2022년 하반기 채용공고를 기준으로 작성하였으므로 세부내용은 반드시 확정된 채용공고를 확인하시기 바랍니다.

비전
친환경 에너지를 선도하는 국민기업

미션
안전하고 깨끗한 에너지로 지속가능한 미래를 창출하여 국민 삶의 질 향상에 기여한다.

핵심가치
도약 | 혁신 | 사람 | 개방

인재상

가치 창출에 앞장서는 **실천인**	차별화된 생각과 능동적 행동으로 기존 사업과 신규 사업에서 차이를 만들어 내며(Value Added) 새로운 가치를 창출하는 실행력을 갖춘 인재
디지털 혁신을 리드하는 **도전인**	현실에 안주하지 않고 4차 산업혁명의 경영환경 속에서 Digital Intelligence를 활용하여 발전사업과 조직문화의 변화를 이끄는 도전과 열정을 갖춘 인재
상생과 협력을 추구하는 **소통인**	세대 간의 다름(Difference)을 인정하고, 개방된 자세로 소통하며 선후배 간의 협력과 사회 책임에 최선을 다하는 인재

지원자격(공통)
❶ 학력 · 전공 · 연령 · 성별 · 외국어 : 제한 없음
❷ 병역 : 군필 또는 면제자(현역의 경우 최종합격자 발표일 이전에 전역 가능한 자)
❸ 당사 인사관리규정 제10조에 해당하지 않는 자
❹ 채용 직후 즉시 근무 가능한 자

전형절차

지원서 접수 → 서류전형 → 필기전형 → 면접전형 → 합격예정자 결정 → 신체검사, 비위면직자 확인 및 신원조회

필기전형

❶ 인성평가
- 직무적합평가(인성) : E, F등급 부적합

❷ 기초지식평가
- 직무능력 : 직무능력평가(K-JAT)
  - 직무수행(KOSPO 요구역량), 직업기초능력
- 전공기초(50문항)
  - 사무 : 2개 분야 중 택 1
    - ㉠ 법정분야 : 법학, 행정학 분야 지식
    - ㉡ 상경분야 : 경제학, 회계학, 경영학 분야 지식
      (전공시험을 통한 1차 선발 시에만 분야 구분)
  - 기계, 전기, 화학, 토목, 건축, ICT : 지원분야 기사 수준
- 한국사 · 영어 : 한국사(20문항), 영어(20문항)

면접전형

NCS 기반 역량면접전형	1차 면접	• Presentation, Group Discussion, 실무역량 • NCS 직업기초능력 및 직무수행능력 검증 • 면접점수 합계 60% 미만은 불합격으로 판단하며 원점수에 가점을 합산한 점수로 적용
	2차 면접	• 인성 및 조직적합성 평가 • 사전자기소개 영상 업로드(면접 참고자료로만 활용)

한국동서발전 소개

※ 다음 채용안내는 2022년 하반기 채용공고를 기준으로 작성하였으므로 세부내용은 반드시 확정된 채용공고를 확인하시기 바랍니다.

미션

국가필요 에너지의 안정적 공급

비전

친환경 에너지전환 선도기업

공유가치

핵심가치	안전우선
	녹색전환
	상생협력
	청렴공정
경영방침	가치추구
	혁신지향
	소통참여

인재상

미래 성장을 주도하는 도전적 변화인재
+
세계 최고를 지향하는 글로벌 전문인재
+
사회적 책임을 다하는 협력적 조직인재

INFORMATION

응시자격(공통)

❶ 학력 · 전공 · 연령 · 성별 · 외국어 제한 없음
❷ 병역 기피사실이 없는 자
❸ 인사관리규정 제16조(신규채용자의 결격사유) 미해당자
❹ 당사가 정한 입사일부터 근무가능한 자

전형절차

서류접수 → 필기전형 → 1차 면접전형 → 2차 면접전형 → 신체검사 및 합격자 발표

필기전형

❶ 인성검사(최종면접 참고자료로 활용)
❷ 직무수행능력검사(전공 + 한국사)
❸ NCS 직업기초능력평가

면접전형

❶ 1차 면접전형(직무역량면접)
  • 직무분석발표면접 + 직무토론면접
  • 직무수행능력 · 역량 및 상황분석력, 의사소통능력, 조직적응력 등 평가

❷ 2차 면접전형(최종면접)
  • 인성 및 인재상 부합여부, 조직적합도 등 종합평가

※ 다음 채용안내는 2022년 상반기 채용공고를 기준으로 작성하였으므로 세부내용은 반드시 확정된 채용공고를 확인하시기 바랍니다.

미션
우리는 지속적인 혁신으로 안전하고 깨끗한 에너지를 만들어 사회 공공의 발전에 기여한다.

비전
새로운 시대를 여는 친환경 에너지 글로벌 리더

핵심가치
최고를 향한 열정, 성장을 위한 도전, 생명 · 안전의 존중, 상생을 통한 신뢰

인재상

세계 최고를 지향하는 **Global 인재**	차별화된 글로벌 역량과 강한 리더십으로 세계 최고의 종합 에너지 기업으로 성장을 추구하는 인재
변화를 주도하는 **도전인재**	열정과 도전정신으로 변화를 주도하고 혁신을 통해 미래를 개척하는 인재
상생의 조직문화를 구축하는 **협력인재**	신뢰를 바탕으로 서로 협력하여, 상생의 조직 문화를 구축하는 인재
가치를 창조하는 **전문인재**	전문성 확보를 통해 가치를 창조하고 경쟁력 향상에 기여하는 인재

지원자격(공통)

❶ 학력 · 연령 : 제한 없음(단, 만 60세 이상 지원불가)

❷ 어학 : TOEIC 기준 700점 이상

    (TOEIC, New TEPS, TOELF iBT, TOEIC-S, TEPS-S, OPIc)

❸ 병역 : 병역 기피사실이 없는 자(현역의 경우 최종합격자 발표일 이전에 전역이 가능한 자)

❹ 당사 인사관리규정 제10조 신규채용자의 결격사유에 해당하지 않는 자

❺ 당사가 정한 입사일부터 근무 가능한 자

전형절차

지원서 접수 → 서류전형 → 필기전형 → 면접전형 → 신체검사, 신원조회

필기전형

❶ 직무지식평가 : 직군별 전공지식 50문항, 한국사 10문항

❷ 직업기초능력평가 : 의사소통능력, 수리능력, 문제해결능력, 자원관리능력, 기술능력

❸ 인성검사 : 필요 역량과 성격유형 평가(적부판정)

면접전형

역량구조화 면접	
직무상황면접(그룹면접)	40점
개별인터뷰(인성면접)	60점

한국수력원자력 소개

※ 다음 채용안내는 2022년 하반기 채용공고를 기준으로 작성하였으므로 세부내용은 반드시 확정된 채용공고를 확인하시기 바랍니다.

미션
친환경 에너지로 삶을 풍요롭게

비전
신뢰받는 글로벌 에너지 리더, 한수원

핵심가치

정도 추구 True Integrity	• 나와 가족, 그리고 동료들에게 부끄럽지 않게 행동한다. • 모든 일은 기본과 원칙을 지키는 것에서 시작한다.
안전 최우선 Reliable Safety	• 모든 의사 결정은 안전을 최우선으로 한다. • 문제는 덮으면 덮을수록 더 커진다.
최고 지향 Utmost Excellence	• 나는 내 일에서 글로벌 누구와도 경쟁할 수 있다. • 두려워 할 것은 변화가 아니라 변하지 않는 것이다.
상호 존중 Shared Respect	• 서로 다를 수는 있지만, 틀린 것은 아니다. • 나의 인격은 약자에 대한 태도에서 나타난다.
사회적 가치 창출 Tangible Social Value	• 나의 첫 번째 미션은 깨끗한 에너지를 만드는 것이다. • 베푸는 것이 아니라, 모두의 미래를 위한 투자다.

전략방향 및 전략과제

주력산업 운영 최적화	원전 안전성 확보 및 안전문화 정착 등 6개 과제
성장사업 성과 창출	다양한 비즈니스 모델을 통한 전략적 사업확장 등 6개 과제
신사업 조기 사업화	청정수소 全주기 사업화 및 생태계 조성 주도 등 5개 과제
국민체감 사회적 가치 창출	ESG 관점 경영체계 구축 등 4개 과제
유기적 경영 지원체계 구축	조직 / 인력 전략 실행력 강화 등 4개 과제

지원자격(공통)

❶ 학력 · 연령 제한 없음(단, 기술분야의 경우, 응시분야별 관련학과 전공자 또는 관련 산업기사 이상 국가기술자격증 · 면허 보유자)

❷ 군필 또는 면제자
- 2차 전형 면접 시작일 전일까지 전역 가능한 자 포함
- 단, 최종학력이 고졸 이하인 자는 미필자도 지원 가능

❸ 당사 신규채용자의 결격사유에 해당함이 없는 자

❹ 외국어 : TOEIC, TEPS, JPT, HSK, TOEFL(iBT) 또는 TOEIC스피킹, TEPS스피킹, OPIc(영어) 중 1개
- 일반모집(토익기준 사무 850점, 기술 800점 이상인 경우 만점)
  - 사무 : TOEIC 기준 750점 이상 또는 TOEIC스피킹 기준 130점 이상
  - 기술 : TOEIC 기준 700점 이상 또는 TOEIC스피킹 기준 120점 이상
- 지역모집 : TOEIC 기준 500점 이상 또는 TOEIC스피킹 기준 90점 이상
  ※ 장애인의 경우 외국어 자격요건 면제

전형절차

원서접수 → 1차 전형(사전평가, 필기전형) → 2차 전형(인성검사, 면접) → 신체검사, 신원조사

필기전형

❶ 직업기초능력평가(50문항)
- 공통 : 의사소통능력, 수리능력, 문제해결능력, 자원관리능력
- 개별 : 조직이해(사무), 정보능력(ICT), 기술능력(그외 기술)

❷ 직무수행능력(전공, 25문항)
- 사무 : 법학, 행정학, 경제학, 경영학(회계학 포함)
- 기술 : 해당 분야 전공지식

면접 및 인성검사

❶ 면접

직업기초능력면접(40점)	자기소개서 기반 직업기초능력 평가를 위한 질의응답
직무수행능력면접(30점)	회사 직무상황 관련 주제에 대해서 문제해결방안 토의, 개인별 질의 응답 및 결과지 작성을 통해 직무수행능력 평가
관찰면접(30점)	조별과제 수행 관찰평가를 통해 지원자의 인재상 부합 여부 검증

❷ 인성검사 : 적/부 판정

❸ 심리건강 진단 : 적/부 판정

합격후기

합격을 바란다면 최고의 선택을 하라!

안녕하세요. 한국전력공사 합격생입니다. 몇 번의 낙방 끝에 결국 합격해서 후기를 쓰니 부끄럽기도 하면서 어떤 말을 해야 할지 떨리기도 합니다.

필기시험의 경우, 워낙 시험에 익숙한 탓인지 크게 어렵거나 긴장된 점은 없었으나, 면접은 직접 면접관들과 문답을 주고받아야 하는 상황인지라 필기보다 더 긴장했던 기억이 납니다.

면접관이 하는 질문의 정확한 의도가 무엇인지, 그리고 그 질문과 대답에 연관되어 나올 수 있는 질문은 또 무엇이 있을지 혼자 또는 스터디에서 파악하기에는 한계가 명확했습니다. 서점에서 면접에 관련된 도서를 찾아봤으나 대부분 전문직을 준비하기 위한 도서가 많았고, 제가 준비하는 공기업을 전적으로 대비한 도서는 찾기 어려웠습니다.

그러다가 SD에듀에서 출판한 『에너지 공기업 면접 합격전략서』 도서를 봤는데 너무 마음에 들었습니다. 주요 에너지 공기업을 전문적으로 다루는 것도 대단하다고 생각했는데 심지어 면접만 보다니! 바로 책을 구입해서 몇 번이나 읽고 저자분의 가이드대로 연습을 하다보니 이미 합격한 후였습니다.

면접이 걱정이신 분이라면 이 책을 꼼꼼히 읽는 것만으로도 면접에 대한 자신감이 확실하게 붙을 것이라고 생각합니다!

합격을 향한 가장 빠른 길!

안녕하세요. 저는 이번 2022년 하반기에 한국수력원자력 최종합격의 영광을 누렸습니다. 저의 경우에는 필기합격 이후 면접 준비를 혼자 연습을 하기도 했으며, 다른 준비생들과 함께 스터디로 진행하기도 했습니다. 처음에는 전문 학원을 알아보았으나, 여러모로 학원이 맞지 않는다는 생각이 들어서 차선책으로 다른 공기업을 준비하고 있는 사람들과 면접 스터디를 같이 진행했습니다.

그러나 무엇보다도 SD에듀에서 출판한 『에너지 공기업 면접 합격전략서』가 가장 큰 도움이 되었습니다. 같은 주제에 대해서 얘기하더라도 어떻게 하면 더 잘할 수 있는지, 청자의 입장에서 어떻게 하면 더 이해를 쉽게 할 수 있는지에 대해 준비도 할 수 있었습니다. 제가 준비하는 에너지 공기업의 면접 유형과 각종 평가 기준, 전형 절차 등에 대해서 명확히 제시해주었고, 이를 바탕으로 전략을 세울 수 있어서 면접 준비에 큰 도움이 되었습니다. 무엇보다도 각종 질문에 대한 답변 전략이 베스트와 워스트로 각각 세세하게 나와 있어서 혹시 저의 태도나 대답이 워스트에 가깝진 않은지 계속 확인할 수 있었습니다.

모쪼록 다른 분들도 저처럼 합격의 기쁨을 누리시길 바랍니다. 감사합니다.

면접 전 CHECK LIST   D-1

체크	리스트
	수험표 또는 응시표를 출력하고 자신의 수험번호를 확인하였는가?
	공지사항에 안내된 입실 시간 및 유의사항을 확인하였는가?
	신분증을 준비하였는가?
	면접 시간에 늦지 않도록 알람 시간을 설정해 놓았는가?
	면접장 위치를 파악하고 교통편을 확인하였는가?
	자신이 지원한 공사 · 공단의 인재상 · 미션 · 비전 등을 확인하였는가?
	자신이 지원한 공사 · 공단의 최근 이슈나 사업에 대해 미리 정리하였는가?
	1분 자기소개를 준비하였는가?
	상하의와 구두를 포함한 면접 복장이 준비되었는가?
	여분의 양말, 스타킹, 머리망 등을 준비하였는가?
	단정한 헤어와 손톱 등 용모관리를 깔끔하게 하였는가?

면접 CHECK LIST   D-DAY

체크	리스트
	공지사항에 안내된 시간보다 여유있게 도착 가능한가?
	땀이나 먼지 등으로 용모가 흐트러지지 않았는가?
	면접장소에 반입할 수 없는 물건을 잘 보관했는가?
	면접 전 화장실을 미리 다녀왔는가?
	자신의 자소서를 다시 한 번 읽어보았는가?

면접 후 CHECK LIST   D+1

체크	리스트
	자신이 받은 질문 등 면접 후기를 작성하였는가?
	신체검사를 위해 건강관리를 하고 있는가?
	신원조회와 신원조사에 결격사유가 없는지 확인하였는가?

이 책의 목차

에너지 공기업 합격을 위한
면접 전략 세우기

에너지 공기업 합격을 위한
면접 전략 세우기

필 합격을 위한 체계적인 면접 준비법

공기업 필기시험을 통과하고 면접까지 가는 것은 매우 힘들면서도 소중한 기회이지만 연거푸 실패를 하는 지원자들이 많다. 일단 합격할 때까지 필기시험에만 집중하다 보니 면접에 대한 준비가 턱없이 부족하기 때문이다. 또한 장시간 필기시험 준비만 하다 보니, 특정 주제를 가지고 스피치를 하는 것에 대한 부담을 크게 갖는 것이 일반적이다. 그 외에도 지나친 긴장으로 까다로운 면접 현장에서 '블랙아웃' 현상이 나타나는 문제를 호소하는 지원자들도 많다. 마지막으로, 또 한 가지 실패 이유를 뽑자면 준비방법에 대한 문제를 가지고 있다는 것이다. 약간의 노력과 방법을 가지고 준비한다면 끝날 문제가 해결되지 않아 좌절하는 경우가 많다.

반면 면접에 지속적으로 성공하는 사람의 유형을 살펴보면 배울 만한 점들을 많이 갖고 있다. 무엇보다 필기시험에만 매달리지 않고 틈틈이 면접을 준비해 온 지원자들을 우리는 주목해야 한다. 왜냐하면 사전에 조금씩 준비해 온 면접 준비가 현장에서 큰 힘을 발휘하기 때문이다. 또한 면접답변노트를 체계적으로 정리하여 면접에 임하는 지원자들이 있다. 면접에서 나오는 질문들을 순발력으로 커버하기란 매우 어렵다. 예상 질문들을 뽑고, 질문 의도에 맞추어 적절한 스피치 답변을 작성해 보는 것은 성공의 확실한 열쇠가 될 것이다. 물론 운이 좋아서 합격하는 경우도 있을 수 있지만 나름대로의 노력과 노하우가 합쳐져서 성공에 이를 수 있다는 것을 체크할 필요가 있다.

면접은 아쉽게도 '실패하는 다수'와 '성공하는 소수'로 나누어진다. 공기업 면접 경쟁률을 3 : 1 수준으로 잡았을 때, 약 66%의 지원자는 떨어지고, 약 33%의 지원자는 합격의 영광을 누리게 된다. 영광스러운 공기업 취업 합격을 위해 지금부터 체계적인 면접 준비 방법을 제시하도록 하겠다.

1) 면접질문을 최대한 많이 보도록 하자

일반적인 지원자들에게 면접을 위해서 몇 개 정도의 질문을 사전에 준비할지를 물어보면, '대략 10 ~ 20개, 30 ~ 40개 정도를 준비할 것 같다.'라는 답이 많다. 간혹 '50개 정도 준비할 것 같다.'라는 답을 하는 경우도 있다. 면접을 운에 맡길 예정이 아니라면, 100개 이상의 질문을 뽑아서 준비해 보도록 하자. 많게는 150 ~ 200개라도 질문을 뽑아서 연습할 것을 권장하는 바이다. 면접질문을 최대한 많이 봐야 하는 첫 번째 이유는 평소에 생각지도 못한 범주의 질문들이 많이 나오기 때문이다. 친구, 부모님, 교수님, 선생님과의 대화에서 나오던 질문의 수준과 다르게 앞으로 여러분을 고용할 위치에 있는 사람들이 궁금해 하는 것에 적절한 답을 하는 것은 생각보다 쉽지 않다. 친구들 사이에서 통용될 수 있는 답변이 면접관들 앞에서는 전혀 통하지 않는 경우도 많다. 그렇기 때문에 다양한 질문에 대한 이해와 준비를 하고 들어가야 한다. 두 번째 이유는 면접자들의 상당수가 동문서답을 하는 경우들이 많기 때문이다. 가뜩이나 면접에서 긴장을 많이 하는데다가, 빠르게 응답을 해야 하는 면접 현장의 분위기에 있다 보면 질문을 제대로 이해하지 못한 상태에서 말하는 경우들이 많다. 면접에서 가장 중요한 평가기준을 뽑자면 의사소통능력일 것이다. 동문서답하는 지원자를 관찰하는 면접관은 보통 여러분들의 지식수준 및 경험과 상관없이 해당 지원자가 업무수행을 제대로 하지 못할 것이라 판단한다. 따라서 의사소통을 명확히 하고, 질문의 숨은 의도를 파악하고자 한다면 반드시 최대한 질문을 많이 확인하고 준비하길 바란다.

다음으로 예상 질문을 뽑는 필자만의 방법을 공개하자면 첫째, 지원자의 교육사항, 경력 및 경험사항, 자기소개서 등을 검토하여 특이점이 있는 부분에 대한 질문 리스트를 만든다. 둘째, 다양한 경로를 통해 기출질문 리스트를 만든다. 셋째, 보편적으로 자주 언급되는 인성 및 경험질문은 기출질문이 아니더라도 무조건 준비해 가야 한다. 대부분의 지원자들이 개인 이력과 자기소개서, 그리고 기출질문 정도만 보고 가는 경우들이 많은데, 그것만으로는 한참 부족할 가능성이 높다. 자주 나오는 인성질문, 경험질문들은 충분히 확인하고 준비해야 한다. 넷째, 회사 및 직무와 연관성 있는 질문 리스트를 충분히 만들어서 준비해야 한다. 최근 에너지계열 공기업 기출을 확인하자면 회사와 관련된 질문들이 많았다. 이 부분은 특히 공기업 면접이 내부 면접관과 외부 면접관으로 나누어지면서 더욱 더 두드러지게 나타나는 현상이라 볼 수 있다. 개인 역량을 파악하는 질문들은 외부면접관들이 좀 더 비중 있게 다룬다면, 회사 및 직무에 대한 이해는 내부 면접관이 전문가이기 때문에 면접에서 비중 있게 다룰 수밖에 없을 것이다. 개인적으로 필자가 알고 있는 공기업 임원도 면접자라면 사내 직원들 수준 정도로 회사의 중요사안에 대해 이해하고 있어야 함을 강조했다는 것을 상기해 보도록 하자. 이와 같은 방식으로 100개 이상의 질문을 만들어 보고 준비하도록 하자. 특히 해당 책에서는 에너지 공기업 기출을 중심으로 질문을 제공해 주는 동시에, 자주 나오는 인성, 경험, 회사, 직무 관련 면접질문을 뽑고 있기 때문에 책에서 다루는 질문은 반드시 준비해서 가도록 하자.

2) 질문을 확인했다면, 면접노트를 만들어 보자

우선 면접노트를 만드는 것에 대한 부담을 갖지 않기를 바란다. '시간도 부족한데 100개 이상의 면접 질문에 대한 답변노트를 만들 수 있을까?'라는 의문이 들 것이다. 면접노트를 전부 자기소개서 쓰듯이 정성을 기울일 필요는 없다. 오히려 면접노트를 자기소개서 작성하듯이 열정을 갖고 준비하다 보면 너무 내용을 외우려고 하는 경향들도 있다. 필자가 생각하는 면접노트는 본인이 내용을 참고할 수 있을 정도로 간략한 내용만 담으면 된다. 물론 '1분 자기소개, 지원 동기, 회사 사업에 대한 이해, 마지막으로 하고 싶은 말, 입사 후 계획, 인생의 꿈과 목표' 등과 같이 말할 때에 버벅거릴 것 같은 것들은 좀 더 세밀하게 내용 정리가 필요할 것이다. 그러나 대다수의 질문은 간략한 키워드만 작성하거나 두괄식 구조로 첫 문장을 작성하고, 나머지는 입으로 소리 내어 연습해 보는 것을 권장한다.

답변을 아주 세밀하게 작성하는 것보다는 좀 더 많은 질문을 확인하고 가는 것이 훨씬 더 중요하다. 안타깝게도 많은 지원자들이 주요 질문에 대한 답변을 세밀하게 작성하는 것에 부담을 가져서 더 많은 질문을 확인하는 것을 놓치는 경우가 많았다. 100개 이상의 면접 질문을 뽑은 후 질문의 의미를 파악했다면 개인차가 있긴 하지만 어느 정도 답변을 만드는 데에는 큰 문제는 없을 것이다. 자기만의 스타일로 면접노트를 만들어 연습해 보도록 하자.

3) 개인적인 면접훈련과 면접스터디로 면접역량을 향상시키자

우선 개인적인 연습의 중요성에 대해 이해하도록 하자. 면접 경험이 많다고 해서, 면접을 절대 잘 보는 것은 아니다. 또한, 면접 상황에 대해서 남들보다 좀 더 경험이 많다고 더 유리한 것도 아니다. 제대로 된 준비 없이는 계속 떨어질 가능성이 높다. 필자는 어릴 적부터 축구하는 것을 좋아했다. 그러나 많은 시간을 들여 축구를 했지만 뛰어나게 잘하지는 못했다. 돌이켜 생각해 보니 대부분의 아마추어가 그렇듯이 운동장에 모여서 시합만 하다가 끝난 경우가 대부분이었다. 개인적인 체력훈련, 드리블 연습, 슈팅 연습 등은 한 번도 제대로 해본 적이 없었던 것이다. 이 정도 수준으로는 동네에서 즐기는 축구는 할 수 있어도, 규모가 있는 시합에서는 전혀 통하지 않을 가능성이 높다. 이와 마찬가지로 면접은 훈련이 필요하다. 특히 개인적인 훈련이 필요하다. 면접스터디에서 스터디 팀원들과 몇 번 모의면접을 했다고 실력이 크게 향상되진 않는다. 약간 향상될 뿐이고, 자신의 강점과 약점 정도를 파악할 수 있을 뿐이다. 진정으로 실력을 향상시키고 싶다면, 반드시 개인적인 훈련이 필요하다. 필자는 '가장 엄격한 면접관은 아마도 자기 자신이 아닐까?'라고 이야기하곤 한다. 스마트폰 동영상 촬영 혹은 거울을 보면서 연습하다 보면 타인보다 자기 자신이 가장 엄격하게 판단하는 것 같다. 그러므로 필자는 거울과 영상을 통해 연습해 보는 것을 추천한다. 이를 통해 자신의 표정을 보고, 목소리를 듣다보면 의외로 쉽게 답을 찾을 수 있을 것이다. 경험적으로 봤을 때, 거울과 영상을 통해 자신을 확인하지 않으면, 문제점을 제대로 인식하지 못하는 경우들이 많다. 진정한 실력은 홀로 연습을 할 때 향상될 수 있음을 명심하자.

다음으로 면접스터디를 구성하여 면접역량을 높여보도록 하자. 개인적인 훈련을 통하여 실력을 극대화할 수도 있지만 타인의 평가를 들으면서 연습할 필요가 있다. 면접스터디를 효율적으로 운영하고 평가의 기준을 명확하게 잡고 연습하다 보면 아주 좋은 결과를 만들 가능성이 높다. 비록 면접스터디에서 오고 가는 피드백이 정확하지 않아 문제가 발생하기도 하지만 면접스터디가 효과적인 데에는 3가지 이유가 있다. 첫째, 지원자들 간의 면접 연습일지라도 충분한 연습을 할 수 있기 때문에 면접에 대한 긴장감을 풀어줄 수 있다. 둘째, 이미지에 대한 부분을 확인받을 수 있다. 면접에 있어서 이미지는 가장 중요한 영역이라 할 수 있다. 공기업에서는 다양한 각도로 지원자를 평가하려고 하지만 면접자로서의 기본적인 예절이나 직장인으로서의 호감을 제대로 보여주지 못할 경우 불합격으로 연결될 가능성이 높다. 스터디 팀원들의 평가를 통해 이미지에 있어서 자신의 장단점을 파악하고 개선할 수 있다는 것은 큰 도움이 될 것이다.

4) 실전과 같은 모의면접과 코칭을 통해 면접역량을 향상시키도록 하자

개인적인 훈련과 면접스터디로는 다소 불안할 수 있다. 전문가의 의견을 청취하면서 준비할 수 있다면 합격의 가능성을 높일 수 있다. 공기업 취업이 날로 치열해져 가고 있다 보니, 과거보다 지원자들의 면접역량이 높아지고 있는 것이 현실이다. 개인적인 면접 연습이든 면접스터디를 할 때에 다양한 책도 활용해 보고, 유튜브에서 면접영상도 확인해 보자. 또한 다양한 기관과 학교 등에서 진행하는 면접프로그램을 적극 활용해 보도록 하자. 필자 같은 경우에도 매일 같이 다양한 경로를 통해 면접 준비생을 만나고 있다. 코칭을 진행하다 보면, 지원자들이 질문의 의도를 잘못 파악하고 있는 경우들이 많다. 혹은 스터디에서는 훌륭한 답이라고 평가받았던 답변들이 전문가의 코칭에서는 매우 부적절한 답변으로 평가받는 경우도 많다. 답변에 정답이 있는 것은 아니지만 누가 들어도 공감할 수 있는 이야기를 해야 할 것이다. 그러기 위해선 전문적인 코칭이 뒷받침 되어야 한다. 여러 번 시행착오를 겪으면서 스스로가 문제를 파악하면 좋겠지만, 공기업에서 면접 볼 수 있는 기회는 매우 제한적이므로 제대로 된 준비로 가급적 한 번의 기회를 꼭 살리길 바란다.

보통 면접스터디를 하거나 혼자 연습하다 보면 면접의 다양한 상황을 경험하기 어렵다. 최근 공기업에서는 면접관 양성교육을 통하여 면접관 훈련을 시킨다. 필자 또한 공기업, 공무원, 대기업, 중견기업 등을 상대로 면접관 교육을 해오고 있다. 면접관 교육을 할 때, 어떻게 하면 면접을 효과적으로 이끌어 나갈 수 있을지, 어떤 질문을 던지면 효과적인지를 교육시킨다. 이때 꼭 교육에 들어가는 것이 있다. 지원자들을 제대로 검증하기 위해서는 꼬리질문을 던져야 한다는 것이다. 이에 면접관들도 사전에 꼬리질문하는 연습을 통해, 지원자들을 제대로 검증하려 노력하고 있다. 면접을 앞두고 있는 혹은 준비하고 있는 취준생이라면 예상치 못한 2차, 3차 꼬리질문에 대비해야 한다. 1개의 질문에 1개의 답처럼 평면적으로 연습하는 것은 위험하다. 질문 1개가 5~6개 질문으로 이어질 수 있기 때문에, 이에 맞추어서 답하는 연습을 하도록 하자. 특히, 이어지는 꼬리질문이 결코 호의적이지 않고, 답변을 할 때에 어려움이 있다면 처음에 말했던 답변을 재설계해야 할 것이다. 이어지는 꼬리질문이 가급적이면 부정적인 관점에서 따지는 질문이 아니라, 지원자의 업적에 대해

호기심을 갖고 물어보는 질문이 되도록 답변 설계를 잘하는 것이 중요하다. 그러므로 본서의 PART 3에서 다루는 Best 답변 예시와 답변 TIP을 바탕으로 면접 답변에 대한 인사이트를 갖추도록 하자.

블라인드 면접에 대한 기초 이해

대부분의 면접자들은 블라인드 형태의 면접에 대해서 어느 정도의 이해를 하고 있을 것이라 생각한다. 하지만 면접을 한 번도 해보지 않은 지원자들은 블라인드 면접에 대해서 궁금한 점들을 갖고 있는 경우가 많다. 이번 장에서는 면접자들이 자주 질문하는 블라인드 면접에 대해 알아보도록 하겠다.

1) 내부 면접관과 외부 면접관의 이해

블라인드 채용에서 가장 중요하게 여기는 것은 공정 채용이다. 그동안 다양한 기관에서 채용비리 문제가 발생했고, 그때마다 사회적 문제로 대두되곤 하였다. 최근에는 채용비리가 발생하면 책임자가 구속될 정도로 엄정하게 다루고 있다는 점을 주목해야 한다. 이로 인해 채용을 회사 관계자로만 진행하는 것은 불가능해졌기 때문에 공기업 면접은 내부 면접관과 외부 면접관으로 다양하게 구성되어 최대한 지원자의 객관적인 능력을 중심으로 채용하고자 하는데 이것이 블라인드 채용의 핵심이라고 볼 수 있다.

내부 면접관과 외부 면접관 관련해서도 자주 나오는 질문이 있다. '누가 더 채용에 대한 권한이 있는가?'이다. 일반 사기업 같은 경우 가장 힘이 센 1인이 존재할 수 있다. 모든 면접관이 'No'라고 해도, 가장 힘 센 1인이 'Yes'하면 해당 지원자는 무조건 합격할 수 있다. 이에 사기업 면접을 진행할 때에는 가장 권한이 있는 면접관이 누구인지 잘 찾고 그 면접관에게 잘 어필하는 것이 중요하다.

공기업에서도 외부 면접관은 허수아비고 내부 면접관 눈에 잘 띄어야 합격할 수 있다는 설이 있다. 그러나 공정 채용의 관점에서는 면접관별로 가중치를 다르게 면접을 진행하는 것은 불가능하다. 블라인드 채용에서는 특정 면접관에게 잘 보이려고 하기보다는 전체적으로 면접관들에게 좋은 인상을 심어주는 것이 더욱 중요함을 인식하길 바란다.

2) 에너지 공기업만의 면접 분위기나 스타일이 존재할까?

에너지 공기업 하면 '다소 보수적일 것이다.'라는 느낌이 든다. 그러나 '보수적이다.'라는 표현은 오해의 여지가 있는 표현이다. '에너지 공기업은 보수적으로 사업을 한다.'라는 표현은 '급격한 변화를 추구하기보다는 안정적으로 사업을 영위한다.'는 뜻으로 받아들일 필요가 있다. 하지만 많은 지원자들은 에너지 공기업이 보수적이기 때문에 '조직문화가 딱딱할 것이다.', '꼰대 문화가 강할 것이다.', '튀는 것을 싫어할 것이다.' 등으로 해석하는 경향이 강하다. 물론 기업이라는 곳은 수평적이기보다는 수직적인 부분이 강하고 젊은 신입사원들이 일하기에는 다소 경직되어 보일 수 있다. 이로 인해 회사의 보수적인 스타일에 맞추어서 면접 코칭을 해달라고 하는 지원자들이 종종 있다. 필자의 입장에서는 지원자가 그렇게 생각하는 것을 이해는 하지만 그다지 도움이 되는 것은 아니라고 조언해 주고 싶다.

면접을 보는 면접관의 성향에 따라 회사 이미지가 유쾌해 보이기도 하고, 무거워 보이기도 하는 경우들이 많다. 혹은 자신의 면접 준비도에 따라서 면접관이 나에게 따뜻하게 대해주는 것처럼 느껴지기도 하고, 나를 압박하는 것처럼 느껴지기도 한다. 준비가 잘되면 면접관이 나에게 호감을 가질 가능성이 높고, 준비가 안 되면 이것저것 검증하는 과정 가운데 압박감을 받을 수도 있다. 이런 것을 가지고 회사를 평가하는 것은 다소 위험한 판단이 될 수 있다.

대체로 요즘 에너지 공기업의 면접 분위기는 밝은 편이라고 말해주고 싶다. 이러한 추세는 에너지 공기업뿐 아니라, 대부분의 공공기관 및 대기업에서 나타나고 있는 현상이다. 과거에는 지원자의 진면목을 파악하기 위해서는 압박면접을 해야 한다고 생각했다. 하지만 최근 몇 년 전부터 기업들은 '압박을 위한 압박'은 오히려 지원자를 긴장하게 만들어서 지원자를 제대로 평가할 수 없다고 판단하고 있다. 또한, 이전보다 훨씬 더 면접관 교육이 강화되는 동시에 보편화되면서 다양한 면접기법들을 면접관들이 익히게 되었다. 기업에서도 지나치게 압박하지 않도록 면접관들에게 요청을 하고 있다. 지나친 압박으로 지원자가 인격적으로 모독을 당했다는 글이 각종 SNS에 올라오는 것을 기업들은 가장 두려워하고 있다. 이에 면접관 교육 시, 지나친 압박을 하지 않도록 교육하는 동시에 면접관이 갖추어야 할 예절에 대한 강조를 많이 하고 있다. 예를 들어, 첫 시작을 할 때에는 면접관도 반갑게 면접자를 응대해 주어 전반적으로 면접 분위기를 밝게 하려고 노력한다. 이에 앉자마자 자기소개를 시키기보다는 간단한 '아이스 브레이킹'을 시도하여 지원자의 긴장을 풀어주는 경우들이 많다. 물론 면접자의 수가 많고 상대적으로 면접 시간 테이블이 빡빡할 경우에는 앉자마자 바로 면접이 진행될 수 있음을 명심하자.

마지막으로 면접에 큰 변화를 주고 있는 요인이 있다면 여성 면접관의 수가 점차 늘어나고 있다는 점이다. 대체로 에너지 공기업은 '남초' 현상이 매우 강한 조직으로 남성 직원의 비율이 높다. 그러다 보니 상대적으로 여성 지원자들이 남성 면접관의 관점에서 평가받는 경우들이 많았다. 이러한 점들을 개선하기 위해 점차 여성 면접관의 비중이 높아지고 있다는 점도 주목해야 할 필요성이 있을 것이다. 필자의 경험 상 똑같은 사람을 가지고 여성과 남성 면접관의 평가가 달라지는 것을 많이 느낄 수 있었다. 이러한 변화는 여성 지원자들에게 있어서는 다소 도움이 되는 요인으로 작용할 것이라 생각한다.

3) 학력, 학교, 학과, 학점에 대한 노출이 가능할까?

기본적으로 어떤 대학 출신인지에 대해서 밝히지 말아야 된다는 것은 누구나 알 수 있을 것이다. 하지만 은연 중에 학교 이름이 들어간 동아리 등을 말하는 실수가 나올 수 있다. 어떠한 상황에서도 학교를 연상시킬 수 있는 표현을 써서는 안 된다는 점을 인식하자. 간혹 '자신이 노력한 학점에 대해서 말을 해도 되지 않을까?'고 민하는 경우들도 있지만, 학점에 대한 노출도 해서는 안 된다. 학력무관이라는 관점에서 볼 때, 학점을 표현하는 것은 자신이 대학 출신이라는 것을 보여줄 수 있기 때문에 주의해야 한다.

전공에 대해 어필해도 되는지에 대한 질문도 자주 나온다. 블라인드 채용은 전공에 대한 제한 없이, 개인의 능력만을 보겠다는 취지의 전형이기 때문에 전공에 대한 언급도 위험하다. 만약 전기공학을 전공했을 경우, 전기와 관련된 과목을 이수했다는 것은 표현할 수 있지만 전기공학을 전공했다고 표현하는 것은 다소 위험성 있는 발언이 될 수 있다. 그밖에 석사를 했을 경우 '석사 시절'이라는 표현을 쓰는 경우도 있는데 이것도 주의해야 할 표현이다. 만약 석사 이상을 선발하는 전형에서는 표현해도 되지만 학력무관으로 선발할 경우에는 '석사'라는 표현도 주의해야 한다.

간혹 지원자들 중에는, '카더라 통신'에 의지하는 경우들이 있다. 이미 '면접관들은 지원자의 학교, 학점 등을 알고 있다.'라는 식의 이야기를 종종 듣는다. 최종 합격 단계에서는 지원자들의 학교, 학점 등을 서류를 통해서 확인할 수는 있지만 면접 단계에서는 절대 알 수 없으니 이점을 명확히 하길 바란다.

4) 경력 관련 회사 이름, 종교에 대한 노출

종종 교회에서 봉사활동을 했던 것에 대해 언급해도 되는지에 대한 문의가 있다. 블라인드 채용에서는 특정 종교에 대한 언급을 피하는 것이 좋다. 교회에서 '봉사활동' 한 것에 대해서는 언급해도 되지만 특정 종교단체에서 봉사활동을 했다는 것은 언급하지 않도록 해야 한다. 경력에 대해서도 회사 및 기관 이름을 노출해서는 안 된다. 다양한 지원자의 코칭을 진행하다 보면, 삼성 출신의 지원자들을 만나는 경우가 종종 있다. 이럴 경우에도 삼성이라는 이름을 노출해서는 안 된다. 자신이 수행한 업무에 대해서는 충분하게 설명해도 괜찮지만 회사명을 언급해서는 안 된다.

5) 이름 노출

공기업에서는 면접 진행 시 이름을 노출하지 않고 수험번호로 지원자를 식별하도록 하고 있다. 이름을 노출하지 않는 이유는 채용비리 문제 등에서 비롯되었다고 볼 수 있다. 사전에 면접관에게 지원자의 이름을 전달해 주면 면접관들이 암묵적으로 좋은 평가를 내렸던 사례들이 있었다. 이로 인해 지금은 이름을 언급하지 않고 수험번호로만 지원자를 식별하도록 하고 있다는 점을 인식하자.

아마도 대부분의 지원자들은 이러한 점을 이해하고 이를 잘 수행하고는 있지만 자신도 모르게 이름을 말하는 경우가 발생할 수 있다. 평상시 면접 연습을 할 때, 특정 수험번호로 자기소개해 보는 것을 권장한다. 군대 훈련병 시절, 필자는 '48번' 훈련병으로 불렸던 기억이 있다. 이름이 없어지고 번호로 불러질 때, 매우 어색하고 익숙하지 않았던 경험이다. 면접에서 자연스럽게 자신의 수험번호로 자신을 설명할 수 있도록 평상시 면접연습에서도 이름보다는 수험번호로 설명하는 연습을 하도록 하자.

면접관을 사로잡는 5가지 스피치 전략

면접에도 어느 정도의 공식이 존재한다. 면접 스피치의 공식을 적절하게 활용하면 면접관과의 대화가 훨씬 매끄러워질 가능성이 높다. 아래 5가지 스피치 공식에 대해서 간략하게 살펴보도록 하겠다.

1) 두괄식으로 말하기

아마도 면접 스피치에서 가장 자주 언급되는 것 중에 하나는 '두괄식으로 말하기'일 것이다. '두괄식으로 말하기'의 중요성은 다양한 책과 매체, 강의 등을 통해서 지겹도록 들어왔을 것이다. 그만큼 두괄식으로 말하는 것은 스피치에 있어서 가장 중요한 스킬 중 하나이다. 두괄식으로 답변하지 못할 경우 2가지 문제가 발생할 수 있다. 첫째, 결론을 제대로 맺지 못하고 끝나거나 결론을 미괄식으로 내리려고 하다 보니 자꾸 이야기에 살이 붙어서 이야기가 장황해지는 경향이 있다. 그나마 미괄식으로 결론을 내리면 다행이지만 질문과 상관없는 이야기들로 내용이 구성되다가 어색하게 마무리가 되는 경우가 다반사다. 둘째, 면접관의 입장에서는 물어본 질문에 대한 핵심적인 결론을 빠르게 듣고 전체 세부 이야기를 듣고 싶어 하는 경향이 있다. 두괄식으로 말을 하면 말이 잘 통하는 지원자라는 느낌을 줄 수 있고 그렇지 못할 경우에는 말이 잘 통하지 않는다는 느낌을 줄 수 있다. 결국 두괄식으로 말하기를 실천 하느냐, 하지 않느냐에 따라서 의사소통이 잘되고, 안되고가 정해질 수 있음을 명심하자.

그렇다면 어떻게 두괄식으로 말을 할 수 있는 것일까? 많은 강의와 자료에서 두괄식 말하기의 중요성에 대해서 이야기하지만 어떻게 하는지에 대한 방법을 알려주지 않는 경우가 많다. 그러다 보니 두괄식으로 말하기에 대한 막연한 생각을 갖고 있지 실제로 적용을 하지 못하는 경우가 많다. 사실 큰 비법이 있는 것은 아니고, 약간의 주의만 기울이면 누구나 할 수 있는 방법이 바로 두괄식으로 말하기이다.

예를 들어 "취미가 어떻게 되나요?"라는 간단한 질문을 체크해 보자. 해당 질문에서 면접관이 질문한 핵심 키워드만 찾으면 두괄식으로 말하는 것은 매우 쉬워진다. 해당 질문의 핵심 키워드는 '취미'이다. 질문의 핵심 키워드를 첫 문장의 '주어'로 갖고 들어오면 두괄식 문장이 완성된다. "저의 **취미는** 매주 축구를 하는 것입니다." 이와 같은 방법으로 두괄식으로 말하기 연습을 하면 두괄식으로 말하는 것이 한결 쉬워질 수 있다.

예시 1

- **가장 최근에 읽었던 책이** 무엇입니까?
  - → **제가 가장 최근에 읽었던 책은** 김형석 교수님의 '백년을 살아보니'라는 책입니다.

- **우리 회사가 본인을 채용해야 하는 이유는** 무엇입니까?
  - → **저를 채용해야 하는 이유는** 크게 2가지가 있습니다. 첫째, 3개월간의 실무 경험입니다.

- **상사의 부정을 알게 된다면** 어떻게 하시겠습니까?
  - → **상사의 부정을 알게 된다는 것은** 매우 안타까운 일이지만 회사의 보고 체계를 통해 바로 잡아야 한다고 생각합니다.

- **신재생 에너지 사회로의 전환에** 대해서 어떻게 생각하십니까?
  - → **신재생 에너지 사회로의 전환은** 경제적, 효율적 측면에서는 아직 부족한 점이 많지만 기후변화, 환경문제에 있어 우리 공사가 나아가야 할 방향이라 생각합니다.

- **입사 후에 가장 하고 싶은 일은** 무엇입니까?
  - → **입사 후 제가 가장 하고 싶은 일은** 저의 외국어 역량을 활용할 수 있는 해외 사업 관련 업무입니다.

예시 1과 같이 면접관의 질문을 주의 깊게 듣고 있으면 누구나 쉽게 할 수 있는 것이 바로 두괄식 말하기이다. 훈련을 할 때, 약 100개 정도의 질문에 이와 같은 방식으로 두괄식 문장만 만들어 반복적으로 연습하도록 하자. 전체 문장을 이야기 하기 보다는 반복적으로 두괄식 문장 만들기 연습만 하더라도 면접에 있어 높은 평가를 받을 수 있다. 면접관과의 소통을 원활하게 하고 싶다면 반드시 두괄식으로 말하는 연습을 하자.

2) 첫째, 둘째, 셋째로 구조화 시켜 답변하기

질문의 종류에 따라 다르겠지만 단수로 답하기보다는 복수로 답하는 것이 논리적 이기도 하고 스마트해 보이기도 한다. 지원 동기를 한 가지로 이야기하는 것보다는 2가지 정도 수준에서 답변을 하는 것이 좀 더 논리적으로 보일 때가 있다. 본인을 뽑아야 하는 이유가 무엇인가에 대한 질문에 대해서도 2 ~ 3가지 정도 이유로 답을 하는 것이 좀 더 자기 자신을 적극적으로 어필하려는 지원자처럼 보일 수 있다. 참 고로 3가지로 요약에서 말하기보다는 2가지 정도 수준에서 말하는 경우들이 많다는 것도 체크해 보도록 하자. 모든 질문에 대한 답을 2 ~ 3가지 정도로 답할 필요는 없지만 2 ~ 3가지로 요약해서 답변하면 효과적인 질문 형태가 있다. 아래 예시로 든 질문 형태에서는 2 ~ 3가지 답변을 간략하게 준비하는 연습을 하도록 하자.

첫째, 동기와 이유에 대해서 물을 때에는 2 ~ 3가지 이유와 동기를 들어서 설명 해 보는 연습을 하자. '당사 지원 동기', '지원 분야의 지원 동기', '본인을 채용해야 하는 이유' 등의 질문이 여기에 속한다.

둘째, 해결 방안을 요구하는 질문의 형태에서는 2 ~ 3가지로 답변을 요약해서 설 명해 보도록 하자. '우리 회사의 문제점과 해결 방안을 제시하라', '최근 우리 회사 와 관련된 이슈와 본인의 견해를 제시하라' 등의 질문 형태가 있을 수 있다.

셋째, 사회 경험 및 단체 활동 등을 통해 배운 점에 대한 것을 요구할 때에는 2 ~ 3가지로 정리해서 말해 보는 연습을 하자. '아르바이트 경험을 통해 배운 점은?', '인턴십을 통해 배운 점은?', '공모전 활동을 통해 배운 점은?' 등의 질문의 형태에 서는 2 ~ 3가지로 답변을 요약해서 설명해 보면 좀 더 효과적일 수 있다.

넷째, '아는 대로' 설명을 해달라는 형태의 질문에서는 2 ~ 3가지 정도로 요약정리하면 효과적이다. '우리 회사에 대해서 아는 대로 설명해 달라', '지원 직무에 대해서 아는 대로 설명해 달라', '우리 회사 사업에 대해서 아는 대로 설명해 달라' 등의 질문 형태에서도 2 ~ 3가지로 요약해서 답변하도록 하자.

이와 같이 크게 4가지 분류의 질문 형태에서는 단수보다는 복수의 형태로 말하는 연습을 하도록 하자. 이렇게 첫째, 둘째, 셋째 등으로 구조화 시켜서 말하면 내용을 숙지하기에도 편하고, 면접관의 입장에서도 지원자의 스피치가 좀 더 명확하고 논리적으로 들려질 가능성이 높다. 물론 절대 답이라는 것은 없기에 좀 더 효과적일 수 있다는 관점에서 적용해 보도록 하자.

3) 20 ~ 40초 시간제한을 생각하며 답변하기

현장에서 면접 지도를 할 때에 가장 자주 나오는 질문 중에 하나는 '어느 정도 분량으로 이야기하면 좋을까요?'라는 질문이다. 얼마나 흥미롭게 필요한 이야기를 하는가에 따라서 달라지겠지만, 필자는 대략 20초에서 40초 사이에 마무리할 것을 권장한다. 기술직 계통의 지원자들 중에는 말하기에 자신감이 떨어져 있는 지원자들이 많다. 말하기에 자신감이 떨어지면 10초 이상 답변을 하는 것도 힘들어하는 경우들이 있다. 혹은 두괄식으로 말하지 못하는 지원자들 중에 상당수는 장황하게 이야기를 끌다가 60초 이상 이야기를 끄는 경우도 있다.

말을 지나치게 짧게 한다는 것은 면접에 대한 강한 의지가 보이지 않는 것처럼 보이거나 소통에 어려움을 겪는 지원자라는 느낌을 줄 수 있다. 반면, 말을 길게 늘려 말하는 지원자도 소통이 잘 안되고 핵심을 정확하게 콕 집어서 말하는 능력이 부족해 보일 수 있다. 그리고 수많은 지원자를 상대하는 면접관의 입장에서는 지원자의 장황한 이야기가 매우 지루하게 느껴질 수 있다. 그러므로 면접을 앞두고 있는 지원자라면 초를 재면서 말하는 연습을 하는 것이 효과적이다.

하지만 면접 질문의 형태에 따라서 좀 더 시간을 더 할애해서 이야기를 해야 할 때도 있다. 예를 들어 '회사에 대해서, 직무에 대해서, 사업에 대해서, 특정 지식에 대해서 아는 대로 설명해 달라'는 질문의 형태에서는 60초 이상 이야기하는 것도 허용될 수 있다. 그야말로 물어본 질문에 대해 아는 바가 많은 지원자가 준비가 잘

된 지원자로 인식될 수 있기 때문이다. 20 ~ 40초 정도 수준을 간단명료한 수준의 답변으로 인식하면 좋겠지만, '아는 대로'가 붙는 질문의 형태에서는 좀 더 적극적으로 이야기를 구조화해서 답변해 보도록 하자.

마지막으로 특정 경험에 대해서 물어보는 경우에도 60초 정도 수준의 시간이 할애될 가능성이 높다. 대체로 많은 공기업들이 면접관 훈련을 시키는 경우도 있지만, 그렇지 못한 경우도 발생할 수 있다. 그러다 보면 면접관도 어떻게 면접을 진행해야 할지 몰라 어려움을 겪기도 한다. 특히 실패했던 경험, 팀워크를 발휘한 경험 같은 경우 훈련받은 면접관은 구조화해서 물어보는 경우가 많다. '가장 실패했던 경험은 무엇인지 간략하게 설명해 보세요. 왜 실패했다고 생각하나요? 실패를 통해서 무엇을 배웠습니까? 그때로 다시 돌아간다면 어떻게 행동하겠습니까?' 등으로 구조화해서 답을 유도하는 것이 좀 더 바람직한 방향이다. 이와 같은 방식으로 질문을 하면, 지원자도 물어보는 질문에 대해서만 간략하게 답변을 하면 된다. 하지만 훈련받지 못한 면접관 같은 경우, '실패했던 경험을 알려주시길 바랍니다.' 하고 계속 청취를 하는 경우가 있다. 경험 질문은 기본적으로 '상황 – 행동 – 결론' 중심으로 이야기를 하기 때문에 60초 정도 자연스럽게 시간이 넘을 수 있다. 이와 같이 면접관이 경험 질문을 구조화시키지 않은 상태에서 면접을 진행할 때에는 시간이 다소 길어질 수밖에 없을 것이다. 그렇다 하더라도 항상 많은 연습을 통해 한 가지의 경험을 핵심 요지만 담아서 답변할 수 있도록 노력하자.

4) 솔직함과 진솔함이 묻어나는 스피치하기

스피치의 가장 기본은 솔직함이다. 사적인 관계에서조차도 솔직하게 이야기를 하지 않는 사람과는 더 나은 관계를 형성할 수가 없다. 아무리 뛰어난 스펙과 경험을 갖춘 지원자라 하더라도 지나치게 포장하기만 하면 좋은 결과를 받을 수 없다. 어느 정도 잘 보이기 위해 약간의 포장을 하는 것은 사회적 기술로 간주되기 때문에 어느 정도 이해하고 넘어갈 수 있는 부분이 될 수 있다. 하지만 경험하지 않은 것을 경험한 것처럼 이야기하는 것은 걸릴 가능성이 높다. 면접관이 취하는 기본적인 면접 방법 중에 하나는 꼬리질문이다. 호기심이 생겨서 꼬리질문을 하는 경우도 있지만, 뭔가 석연찮아 보이는 요소가 있을 때에 마치 범인을 잡는 수사관처럼 집중적으로 꼬리질문을 한다. 따라서 걸릴 가능성이 높기 때문에 진실을 기반으로 면접 보는 것을 권장한다. 혹은 지금 면접을 보기 전이라면 부족한 경험과 역량을 쌓기 위한 시간도 필요할 수 있겠다.

대체로 필자에게 코칭을 요청하는 지원자들을 보면 경험과 역량이 뛰어난 사람들만 있는 것이 아니다. 오히려 면접에서 요구하는 역량과 경험을 답하기 어려워하는 사람들이 훨씬 더 많은 것 같다. 하지만 코칭을 하면서 개별 지원자들의 경험에 대해서 서로 깊게 이야기를 하다 보면 90% 이상의 지원자들은 필요한 경험과 역량을 설명할 수 있게 된다. 거짓말을 알려주는 것이 아니라, 자신의 경험에 의미를 부여하는 방법을 알려주는 것이다. 본인의 경험을 잘 기억하지 못하는 경우, 혹은 자신의 경험에 의미를 제대로 부여하지 못하는 지원자들이 안타깝게도 너무나 많다. 그래서 굳이 거짓말을 하지 않더라도 충분히 자기 자신을 어필할 수 있다.

다만 경험과 역량이 코칭을 받아도 안 나오는 지원자들이 있다. 아무리 봐도 학교 수업과 집, 시험공부 외에는 전혀 해 본 경험이 없는 지원자를 만나게 된다. 단체 활동이 전혀 없을 경우에는 방법이 없다. 지금부터라도 아르바이트, 계약직, 인턴십 등을 통해 다양한 경험을 쌓는 것이 가장 빠른 길임을 명심하자. 하지만 모든 면접이 경험을 물어보는 것이 아니기 때문에, 자기소개 혹은 지원 동기 등 첫 스타트를 어떻게 시작하느냐에 따라서 면접 질문의 방향이 달라질 수 있다. 가급적 경험이 부족한 지원자들은 회사에 대한 공부를 철저히 하고 가는 것을 권장한다. 다른 부분이 다소 부족해 보이더라도 회사에 대한 이해도와 열정이 있어 보이는 지원자에게는 호감을 갖기 마련이기 때문이다.

마지막으로 거짓말을 해서는 안 되는 또 다른 이유가 있다. 다양한 기업에서 지원자들의 인성검사 결과지를 기반으로 면접을 보는 경우도 있기 때문에 어설픈 거짓말과 포장은 문제를 야기할 수 있다. 모 공기업에서는 최종 면접에서 인성검사 결과지를 기반으로 면접관들이 자유롭게 질문하는 형식으로 이루어진다. 대체로 인성검사 결과지에서 약점으로 보이는 부분들에 대한 집중적인 질문이 들어갈 가능성이 높다. 예를 들어 결과지에서는 리더십 항목이 낮게 나왔는데, 현장에서는 리더십이 강하다고 표현하는 것은 매우 위험한 행동이다. 실제로 결과지와 답변에 있어서 불일치가 될 경우 신뢰도가 떨어질 수밖에 없기 때문에 안 좋은 결과가 나올 가능성이 높다. 지원자는 면접을 잘 봤다고 판단할 수도 있지만 회사 입장에서는 신뢰도가 낮은 지원자라고 판단할 수 있다. 기업은 인성검사 및 AI역량평가를 통해 지원자를 제대로 들여다보고 있기 때문에 솔직함과 진솔함을 무기로 면접에 임하도록 하자.

5) 나만의 면접노트 만들기

필 합격을 위한 체계적인 면접 준비법에서 언급했듯이, 면접노트를 작성하는 것이 중요하다. 이 책의 가장 큰 핵심은 면접 노트를 수록하여 면접답변 방법을 알려주는 것이다. 자신만의 방법으로 면접노트를 작성하여 지속적으로 연습을 하도록 하자.

예시 1

질문 : 앞으로 회사생활을 하면서 만나고 싶은 이상적인 상사가 있는가?

답변 : 제가 생각하는 이상적인 상사는 목표 지향적이며, 부하 직원들의 역량에 맞는 업무를 분배할 줄 아는 사람입니다. 만약 이러한 성향과 반대인 상사분을 만난다면 같이 일하기 어려울 수 있다고 생각합니다. 하지만 조직에는 다양한 사람이 모여 일하기 때문에 이를 인정하고 상사의 스타일에 먼저 맞추어 일을 하고자 노력할 것입니다. 이후 업무적으로 더 효율적이고 성과를 낼 수 있는 방향을 상사에게 제시하여 윈윈하는 방향을 도모하겠습니다.

꼬리질문 1 : 반대되는 성향의 사람을 이해하기가 쉽지 않을 텐데, 실제 그런 경험이 있는가?

꼬리질문 2 : 상사가 목표 없이 직원들에게 업무를 미룬다면 어떻게 할 것인가?

예시 1과 같이 면접노트를 작성할 때에 주의해야 할 점은 예상 가능한 꼬리질문을 달아보는 것이다. 꼬리질문이 매우 까다롭거나 답하기 어렵다고 느껴진다면 첫 번째 작성했던 답변을 다시 재수정해 볼 필요가 있다. 시간에 쫓기어 면접노트를 만들었지만 꼬리질문을 미처 생각하지 못하고 만들 경우 면접 현장에서 난감해질 수가 있다. 답변노트 작성 시에는 반드시 꼬리질문도 예측해서 만들어 보는 연습을 하자.

면접노트 작성 시에는 위에서도 설명했듯이 두괄식으로 한 문장만 작성하던지 혹은 키워드만 남겨 놓아도 상관없다. 반드시 전체 텍스트를 기입할 필요는 없으니 본인의 성향에 맞추어 준비해 보길 바란다. 그리고 면접노트를 작성하는 것도 중요하지만 충분히 입으로 연습하는 시간을 갖도록 노력하자.

면접관을 사로잡는 5가지 이미지 전략

1) 깔끔한 복장은 기본

  복장은 회사의 복장 관련 지침을 정확히 파악하여 필요한 복장을 갖추도록 한다. 모든 지원자들이 기본적으로 복장은 깔끔하게 할 것이라 확신한다. 매년 바뀔 수도 있는 문제이지만 에너지 공기업들은 면접 시 정장보다는 깔끔한 자율복장을 요구하는 경우가 많다. 혹은 유니폼을 지급하여 복장으로 인한 혼란을 막고자 노력하고 있다. 자율복장 외에 아무런 지시 사항이 없을 경우 거의 100% 정장 차림으로 가는 경우가 많다. 회사에서는 그 부분에 대해서 크게 신경 쓰지 않겠지만, 지원자의 입장에서는 아무래도 정장을 입고 갈 수밖에 없을 것이다.

  혹은 '정장 지양' 안내가 나갈 경우 어느 정도 격식을 갖춘 깔끔한 복장을 입으면 된다. 지나치게 캐주얼한 것은 피하는 것이 좋다. 정장 지양이라고 안내가 나가더라도 가급적이면 상의 자켓 정도는 입고 가는 것을 권장한다. 복장이 특별히 고민이 될 경우 주변에서 옷을 깔끔하게 입고 다니는 직장인에게 조언을 받는 것도 한 가지 방법이 될 수 있다. 깔끔한 복장을 통해 좋은 이미지를 각인시키도록 노력하자.

2) 힘 있는 목소리, 정확한 발음과 호흡, 말 빠르기를 체크하자

  면접에서 직간접적으로 가장 중요하게 평가받는 요소 2가지는 이미지와 커뮤니케이션 능력이다. 목소리는 이미지와 커뮤니케이션 능력을 측정하는 데에 있어 가장 많은 영향을 주는 요소이다. 목소리가 작으면 어떤 이미지를 줄 수 있을까? 목소리가 작으면 아무래도 열정과 패기가 없는, 자신감이 부족해 보이는, 적극적이지 않을 것 같은 느낌을 전달할 가능성이 높다. 그 외에도 소통적인 측면에서는 자신의 이야기가 잘 전달되지 않는 최악의 상황이 발생할 수도 있다. 간혹 면접관이 지원자에게 목소리 좀 키워서 설명해 달라고 할 때가 있다. 이는 지원자의 이야기가 면접관에게 잘 전달되지 않고 있음을 알려주고 있는 것이다. 작은 목소리는 이미지뿐만 아니라 의사소통적인 측면에서도 치명적인 약점으로 작용할 수 있다는 점을 숙지해야 한다. 이제부터 목소리와 관련된 것들을 4가지 요소로 파악해 보자.

첫째, 힘 있는 목소리를 만들어 보자. 힘 있는 목소리는 주관적인 표현이라 글로 설명하기가 쉽지 않다. 필자 같은 경우 면접관과 지원자 간의 거리가 10m 정도 떨어져 있다는 생각을 갖고 10m 거리에서도 잘 전달될 수 있는 목소리를 가져야 한다고 코칭을 한다. 지원자의 목소리가 지나치게 크다면 적절한 목소리 조절을 해야겠지만 대체로 지원자들의 목소리가 작아서 지적해야 하는 경우들이 많다. 평상시 보다 목소리를 좀 더 키우는 연습을 하도록 하자. 또한 목소리에 힘을 주고자 한다면 복식호흡을 평상시에 연습하는 것을 권장한다. 목소리가 목에서 나오는 사람들이 있고 배에서 나오는 사람들이 있다. 배에서 나오는 소리가 힘 있고, 잘 전달될 수 있음을 인식하고 충분히 준비하도록 하자.

둘째, 정확한 발음은 소통의 기본이다. 발음이 부정확하면 면접관은 지원자의 답변을 이해할 수가 없을 것이다. 필자는 오래전에 사투리가 심하고, 말도 빠르며, 발음이 부정확한 지원자를 지도한 적이 있다. 코칭하는 시간 내내 대체로 무슨 말을 하고 있는지 감을 잡기가 어려웠다. 그리고 해당 지원자는 목소리에 대한 문제보다는 면접 답변을 어떻게 더 매력적으로 만들 수 있는지에 대한 고민만 하고 있었다. 해당 지원자는 면접에서 지속적으로 떨어지고 있는 이유가 면접 답변 내용이 부실하기 때문일 것이라고 판단하고 있었다. 완전한 착각이다. 답변이 부실해서 떨어지는 것이 아니라 의사소통이 안 되기 때문에 면접에서 떨어지고 있다는 것을 뒤늦게 깨달았다. 이와 같이 사투리에 대한 고민을 갖고 있는 지원자들이 많다. 교육을 하다 보면 사투리를 쓰는 것이 불리한가에 대한 질문이 많다. 보통 표준어를 구사하는 것을 권장하지만 사투리를 쓰는 것이 큰 문제가 되진 않는다. 하지만 사투리가 너무 심하여 해당 지역 사람들 외에는 그 말을 이해하기 어렵다면 반드시 개선해야 한다. 사투리로 인한 억양이 의사전달에 문제가 되지 않는다면, 크게 신경 쓰지 않아도 될 것이다. 다시 원점으로 돌아와서 발음에 대한 문제에 대해서 이야기해 보도록 하자. 의학적으로 구강구조에 문제가 있어서 발음을 잘 낼 수 없는 경우를 제외하고는 대체로 발음 문제는 개선된다. "27년 이상을 이렇게 살아왔는데 갑자기 개선이 될 수 있을까요?"라는 질문을 종종 듣게 된다. 필자는 이러한 지원자들에게 항상 똑같은 대답을 한다. "의학적으로 구강구조에 문제가 있다는 진단을 받으셨나요? 그렇지 않다면 고칠 수 있습니다. 단, 될 때까지 노력하셔야 합니다. 원하는 만큼 개선하지 못하는 문제에 대해서는 고스란히 스스로가 책임져야 함을 명심하시길 바랍니다." 발음을 개선할 수 있는 방법은 유튜브만 몇 개 찾아보면 얼마든지 좋은 콘텐츠를 만날 수 있을 것이다. 하지만 당사자가 노력하지 않으면 아무런 소용이 없음을 꼭 강조하고 싶다. 대체로 필자는 면접 답변 스크립트를 정확한 목소리로 녹음해 가면서 1,000번이라도 반복적으로 말해 보는 연습을 하도록 강조한다. 발음을 개선하는 좋은 콘텐츠를 찾아보고, 그 방법대로 1,000번 이상을 연습하겠다는 각오로 뛰어들면 지긋지긋한 발음 문제로부터 해방될 수 있다. 연습만이 살길이다.

셋째, 말을 할 때에는 호흡을 조절해 가면서 말하는 것이 중요하다. 목소리도 크고, 발음도 정확하며, 말도 잘하는 것 같은데, 면접에서 잘 떨어지는 사람들이 있다. 또한, 스피치에 있어 모든 조건을 잘 갖추고 있는 지원자이지만 유독 성과가 잘 안 나오는 경우들이 있다. 한두 번 정도라면 운이 없었다고 이야기할 수도 있는 문제이지만 지속적이라면 문제가 있는 것이다. 일반적으로 말을 할 때에 호흡 없이 말하는 지원자가 여기에 속할 가능성이 높다. 스피치를 할 때, 호흡이 없는 것은 글을 쓸 때, '띄어쓰기'를 전혀 하지 않고, 글을 쓰는 것과 같은 이치이다. 말을 할 때에도 적절하게 단어와 단어 사이, 구문과 구문 사이, 문장과 문장 사이에 적절하게 호흡(쉼)을 하는 것이 중요하다. 대체로 호흡을 안 쓰는 분들의 공통점 중에 하나는 성격이 급하거나 말이 빠른 경우들이 많다. 말할 때에 호흡이 거의 없으면, 발음이 안 좋은 것만큼이나 전달력이 떨어진다. 스크립트를 만들어서 적절하게 호흡하면서 말하는 연습을 하자. 혼자서는 감을 잡기가 어려울 것이다. 가장 좋은 방법 중에 하나는 여러분이 아는 지인이나 방송인 중에 한 명을 뽑아서 벤치마킹을 하는 것을 권장한다. 특히 스피치 전달력이 좋은 지인에게 지원자가 작성한 면접 답변 스크립트를 발성해 보도록 하고 그것을 녹음하도록 하자. 그리고 내가 녹음한 것과 비교하고 살펴보면서 될 때까지 계속 연습을 하자. 그러면 감을 잡을 수 있을 것이다.

넷째, '말의 속도'를 조절하자. 말이 느리거나 빠르면 저평가를 받을 수 있다. 자기소개와 같은 스크립트를 아나운서가 발성했을 때, 60초가 걸렸다면, 여러분도 60초에 맞추어서 연습하는 것이 중요하다. 말이 느린 사람은 70초가 걸릴 수도 있고, 말이 빠른 사람은 50초 안에 끝낼 수도 있다. 둘 다 문제의 심각성을 느껴 보완해 나갈 필요가 있다. 녹음해서 들어보고 다양한 사람들에게 피드백을 받아보면 문제점을 쉽게 파악할 수 있을 것이다.

'말이 느리다'라는 평가를 받는 경우 한 가지 솔루션을 제시해 주자면 덩어리로 읽는 연습을 제안해 주고 싶다. 예를 들어 "안녕하십니까? 수험번호 3번 지원자입니다."라는 짧은 글은 어떻게 발성하는 것이 좋을까?

> 예시 1
>
> "안v녕v하v십v니v까?v 수v험v번v호v v3v번v 지v원v자v입v니v다."

예시 1처럼 글자 하나하나를 끊어 말하는 지원자들이 있다. 전달력도 떨어지고, 지루하게 느껴질 수 있다.

> 예시 2
>
> (안녕하십니까?) 호흡 (수험번호) 호흡 (3번 지원자입니다.)

필자 같은 경우 예시 2와 같이 '안녕하십니까'를 여섯 개의 글자로 인식하는 것이 아니라 하나의 덩어리로 인식하면서 말하는 것을 권장한다. 단어 혹은 구문 등을 한 개의 덩어리로 읽고 적절하게 호흡을 쓰면서 말하면 전달력이 좋아질 수 있다. 대체로 말을 느리게 하는 지원자들에게는 이러한 연습을 시키고 있으니 말이 느리다면 지원자의 면접 답변 스크립트에 위의 예시와 같이 표시를 해서 읽는 연습을 해 보자. 그리고 조금 더 빨리 말하겠다는 생각을 갖고 말하는 연습을 하자.

반대로 말이 빠른 지원자 같은 경우 호흡에 신경을 쓰고 조금 더 느리게 말을 하겠다는 생각으로 지속적인 연습을 하도록 하자. 생각보다 잘 안되고 똑같은 지적을 지속적으로 받고 있다면 연습부족이라 생각하고 위의 예시 2처럼 스크립트를 만들어서 적절한 스피치를 하기 위해 노력해야 한다. 지속적인 연습과 잘하는 사람과의 비교를 통해 보완해 나간다면 누구나 극복할 수 있으니 반드시 연습을 하자.

3) 편안한 표정, 밝은 표정, 진지한 표정 만들기

표정은 사람의 기분을 좋게 만드는 가장 좋은 방법 중의 하나이다. 지원자로서 면접관의 긍정적인 지지를 받으면서 면접에 임하고 싶은가? 아니면 면접관의 경계를 받으면서 면접에 임하고 싶은가? 아마도 모든 면접자는 긍정적인 분위기에서 면접에 임하고 싶을 것이다. 그러기 위해서 우리에게 요구되는 것은 밝고 편안한 느낌을 상대에게 전달하는 것이다. 어떻게 하면 호감을 주는 표정을 만들 수 있을까? 역시나 평상시에 긍정적인 생각을 끊임없이 많이 하는 것 외에는 답이 없는 것 같다. 취업준비생의 입장에서 혹은 면접이라는 단판 승부에서 사람들은 기본적으로 불안이라는 감정을 가질 수밖에 없다. 이러한 불안을 어떻게 다스리는 가가 가장 핵심이 되지 않을까 싶다.

필자가 코치했던 학생 중에 한 명은 평상시 표정이 너무나 좋지 않았고 연거푸 면접에서 떨어지며 자신감을 잃은 상태에 놓여 있었다. 그리고 필자에게 조언을 구했다. "어떻게 하면 좋을까요? 표정이 안 좋아서 항상 안 좋은 결과가 나오는 것 같고 여기저기에서 너무 많은 지적을 받았습니다."라고 진지하게 조언을 구했다. 이에 나는 "방법이 없어요. 본인이 밝은 표정을 만들 것인가 아닌가는 선택의 문제가 아닐까요? 본인의 표정에 대해서 진지하게 바꾸고자 노력한 경험이 있나요? 그렇게 하지 못하면 지속적으로 똑같은 결과가 나올 겁니다. 본인 스스로가 변하고자 노력하는 것 외에는 방법이 없습니다. 매일 같이 기쁘고 즐거운 마음을 갖고자 노력하세요. 마음이 울적할 때마다 적극적으로 자신의 부정적인 마음과 싸우세요."라며 조언을 해주었다. 다행인 것은 해당 학생은 나의 말에 매우 동의했고, 자신을 바꾸겠다는 굳은 결심을 하게 되었다. 그 후 해당 학생은 필사적으로 표정을 좋게 바꾸려고 노력했다. 물론 처음에는 너무 표정이 어색해서 많은 지적을 하곤 했다. 하지만 점점 시간이 지나면서 인상이 밝아지는 것을 발견할 수 있었다. 표정은 자신의 의지에 달려 있다. 무엇보다 표정은 자신의 마음 상태를 보여주고 있기 때문에 항상 자신의 마음을 돌보고 긍정적인 생각들을 갖기 위해 노력하길 바란다.

표정에 대한 잘못된 인식 중에 하나는 무조건 밝아야 한다는 압박감이다. 사람을 많이 만나면 만날수록 사람마다 결이 다르다는 느낌을 많이 받는다. 그 사람한테 어울리는 표정이 있다. 밝아 보이는 인상이 좋아 보일 때도 있지만 어떤 사람들은 밝은 느낌이 가볍게 느껴질 때도 있다. 또 어떤 사람에게는 밝은 표정보다는 진중한 표정이 더 잘 어울릴 때도 있다. 진중함과 어두워 보이는 것은 전혀 다른 이미지임을 체크하도록 하자. 이에 필자는 표정에 대해서 논할 때, 상대방에게 편안한 느낌을 주기 위해서 노력하라는 말을 가장 자주 언급한다. 취업과 면접을 앞두고 있는 지원자라면 자신의 마음 관리에도 항상 신경을 쓰며 취업을 준비해야 함을 잊지 말자.

4) 올바른 아이컨택에 대해 이해하기

면접은 지원자가 생각하지 못했던 부분에서 문제가 발생할 수 있다. 많은 지원자가 아이컨택에 문제가 있다는 것을 제대로 인식하지 못하고 있는 경우가 많다. 아이컨택이 안됐을 경우 어떤 문제가 발생할 수 있을까?

첫째, 면접에 온전히 집중하지 않고 있다는 느낌을 줄 수 있다. 즉 산만해 보인다는 느낌을 줄 수 있다. 산만한 사람과 의사소통이 잘 이루어지기는 어려울 것이다. 둘째, 솔직해 보이지 않는다는 느낌을 줄 수 있다. 면접에서 가장 중요한 것은 진솔한 모습일 것이다. 하지만 어렵고 까다로운 질문 등에 대해 답할 때, 다른 방향을 보고 시선이 수시로 바뀌면 무엇인가를 숨기고 있는 지원자처럼 보일 수 있다. 셋째, 면접에 대한 준비도가 부족해 보일 수 있다. 종합적으로 보자면 아이컨택이 잘 안된 지원자는 우리 회사 면접에 별반 관심도 없고 준비가 덜 된 느낌을 줄 수 있다. 이 점은 면접에서 치명적일 수 있다. 아이컨택도 연습한 것만큼 나온다는 것을 잊지 말자.

그렇다면 어떻게 아이컨택을 할 것인가? 필자 같은 경우, 상대방의 검은 눈동자를 보면서 스피치 할 것을 권장한다. 인중, 미간, 이마, 코끝 등 다양한 방법을 이야기하지만 집중력 있는 커뮤니케이션은 상대방의 눈을 보는 것이다.

면접관의 눈을 정확하게 보면서 말하면 면접관은 '지원자가 솔직하게 자신의 이야기를 전달한다.', '면접에 대한 준비도가 높은 지원자이다.', '자신감 있게 면접에 임한다.' 등의 반응이 일어날 가능성이 높다. 평상시 상대방의 눈을 편하게 바라보면서 의사소통하는 연습을 하자.

이 외에도 아이컨택에 대해 유의해야 할 것들이 있다. 첫째, 다른 지원자들과 함께 면접에 임할 때이다. 다른 지원자가 이야기할 때에 시선이 아래로 떨어지는 지원자들이 있다. 아마도 다음 차례에 자신이 해야 할 말들을 정리하기 위해서 그러한 행동이 나올 가능성이 높다. 하지만 면접에서 요구하는 에티켓은 다른 지원자의 말에 경청하는 것이다. 면접관의 입장에서는 자신의 차례를 준비하는 지원자의 모습이 '멍 때리는 듯한' 느낌으로 비칠 수 있다. 그렇기 때문에 다른 지원자가 이야기를 할 때에도 고개를 끄덕이며 면접에 집중하고 있어야 한다. 둘째, 코로나 시대 이후로 화상면접을 보는 기업들이 점차 늘어나고 있다. 화상면접에서 가장 잘 보이는 부분은 눈이다. 그렇기 때문에 눈이 불안정하면 올바른 커뮤니케이션을 이어나갈 수가 없다. 노트북 및 웹캠의 카메라만 응시하다 보면 면접관의 표정을 볼 수 없기 때문에 올바른 대안이 될 수 없다. 가급적이면 면접관 한 명의 영상만 응시해서 바라보는 방법이 있고 혹은 자신의 표정을 확인하면서 진행하고 싶다면 자신의 얼굴을 보면서 아이컨택하는 것을 권장한다.

별것 아닌 것처럼 느껴지는 아이컨택에도 방법이 있다는 것을 인식하고 항상 거울 등을 보며 안정적인 아이컨택을 하기 위해 노력하자. 특히 스터디만 하더라도 정확한 지적을 받을 수 있기 때문에, 타인의 충고도 잘 받아들이며 연습하자.

5) 태도의 중요성을 인식하자

요즘 인재를 선발할 때, 능력보다 더 중요시 여기는 점은 인성이다. 아무리 능력이 뛰어나더라도 인성이 안 좋으면 같이 일할 수가 없다. 인성이 안 좋은 사람과는 소통하기도 어렵고 협력하기는 더욱 어려우며 현장에서는 갈등만 쌓일 뿐이다. 그러므로 AI역량평가 및 인성검사 등은 더욱 강화될 것이며 다양한 형태의 면접을 통해서 지원자를 검증하려고 할 것이다.

그렇다면 짧은 면접 시간 동안 어떻게 인성을 판단할 수 있을까? 사실 이 부분은 실제 일해보지 않는 이상 알 수 없다. 인성이 좋아 보여서 뽑았지만 실패하는 경우도 너무나 많고 인성이 안 좋을 것 같아서 떨어뜨렸던 사람이 경쟁사에서 높은 조직 충성도와 좋은 인간관계를 바탕으로 맹활약하는 것도 종종 목격하게 된다. 대체로 면접관들은 자신의 경험에 의존하여 지원자를 판단할 수밖에 없다. 따라서 경험적으로 어떤 사람들의 인성이 좋아 보이는가에 대한 간단한 몇 가지 TIP을 활용해 본다면 좋은 인상을 심어줄 수 있을 것이다.

첫째, 인사를 잘하는 사람이 인성도 좋아 보인다. 인사는 사람 간의 기본적인 예의이다. 특히 한국처럼 윗사람에게 인사하는 것을 중요시 여기는 나라는 없을 것이다. 한국 사람들은 면접에서 인사를 어떻게 했는가를 가지고도 지원자를 평가하는 경향이 있다. 물론 인사를 얼마나 잘하는지를 평가하는 항목은 없을 것이다. 하지만 감정적으로 좋은 느낌을 주는 지원자가 있고 부정적인 느낌을 주는 지원자가 있다는 것을 꼭 명심하고 이미지메이킹 강의 및 영상 등을 통해 올바르게 인사하는 방법을 반드시 익히도록 하자.

둘째, 올바른 자세로 앉아서 면접에 임하는 것이 중요하다. 현재 학교를 갓 졸업한 취업준비생과 면접관이 살아온 세상은 완전히 다르다. 일명 '꼰대 문화'에 대해서 우리는 지나치게 저항하기보다는 그것을 적절하게 활용할 줄도 알아야 한다. 대체로 지금의 젊은 세대는 평등과 공정성, 개인 권리의 중요함을 배우며 살아왔다. 하지만 40대, 50대 이상이 주류를 이루는 면접관들은 개인이 책임져야 할 의무의 중요성, 개인의 권리보다는 전체를 위한 희생에 대해 교육을 받으며 살아온 세대이다. 특히 40 ~ 50대에 접어든 면접관 같은 경우 학교 시절, 군대 시절에 윗사람에 대한 복종을 매우 중요한 가치로 생각하며 자라왔다. 그러한 꼰대 문화에 있어서 지원자가 어떻게 의자에 앉는가에 따라 지원자에 대한 인식이 달라질 수 있다. 의자에 앉을 때에 등받이에 기대고 앉지 않도록 하자. 잠시 편할 수 있지만 면접관이 보기에는 다소 거만해 보일 수 있다. 등받이에 기대지 않고, 배와 허리에 힘을 주고, 올바른 자세를 유지해야 한다. 특히 남성 지원자들 중 일부는 다리가 너무 벌어지는 일명 '쩍벌남' 포스를 보여주는 경우도 있다. 이는 비언어적인 측면에서 보자면 '이곳에서 가장 힘센 사람은 바로 저입니다.'라고 말하는 신호가 되므로 올바른 자세에 대한 것도 이미지메이킹 강의와 영상 등을 통해 제대로 습득하도록 하자.

셋째, 태도의 하이라이트는 '리액션'이라고 말해주고 싶다. 인사와 앉기 자세는 올바른 방법에 대해 이해하고 약간의 연습만 들어가면 바로 습득할 수 있다. 하지만 리액션은 생각처럼 잘되지 않는다. 필자가 본 지원자들 중 가장 매력적인 지원자는 말을 잘하는 지원자가 아니라 '리액션'이 좋은 지원자이다. 짧은 면접 시간에도 면접관의 이야기에 반응해 주는 지원자들이 있다. 표정은 밝고, 눈빛을 잘 응시하며, 고개를 끄덕여 주는 리액션은 백만 불짜리 습관이다. 면접뿐만이 아니라 사회생활에서도 그리고 심지어 사적인 인간관계에서조차도 리액션을 통해 얻을 수 있는 것이 많다. 면접자가 볼 때에 면접관은 적어도 면접 시간에서만큼은 매우 큰 존재로 인식될 것이다. 그 큰 존재는 항상 모든 사람에게 인정받고 자신감에 넘쳐 살아갈까? 절대 그렇지 않다. 면접관이 사장이든 부장이든지 간에 지독하게 고독하고 외로운 존재이다. 그러한 사람들에게 필요한 사람은 자기편이 되어주고 자신의 이야기를 잘 들어 주는 사람이다. 상대방의 이야기를 잘 들어주는 '경청 리액션'을 통해 면접관의 마음을 사로잡도록 하자.

넷째, 제스처는 절제하도록 하자. 앞에서 아이컨택에 대한 언급을 했다. 대체로 아이컨택이 안 되는 사람들은 지나친 제스처로 인해 산만해 보이는 경우가 많다. 보통 면접자들은 손을 가지런히 한 상태로 면접에 임한다. 그러다가 긴장이 풀리거나, 어려운 질문 등이 나오면 급격하게 손으로 제스처를 쓰는 경우가 많다. 필자는 '제스처에는 법칙이 있다.'는 이야기를 종종 들려준다. 필자가 주장하는 제스처의 법칙은 '한 번 올라간 손은 내려오지 않는다.'이다. 보통의 지원자들은 제스처에 대한 지적을 해주면 본인이 '그렇게 제스처를 많이 쓰고 있는지 몰랐다.'라는 이야기를 한다. 제스처는 무의식적으로 나오는 행동이기 때문에 연습을 통해 적절하게 통제할 수 있어야 한다. 반대로 제스처를 적절하게 의식적으로 활용하면 좋은 평가를 이끌어 낼 수도 있다. 무조건 쓰지 말라는 것이 아니라, 제스처를 통제할 수 있을 정도로 연습을 해야 좋은 평가를 받을 수 있음을 명심하자. 결론적으로 말하자면 제스처를 최소화 시키면서 면접관과 대화하는 것을 권장한다.

모르는 질문이 나올 때의 대처법

1) 전공 질문 혹은 명확한 사실 및 지식에 대해서 모를 경우

면접 강의를 진행하다 보면, 항상 자주 나오는 질문이 있다. 모르는 질문이 나올 경우 어떻게 대처해야 하는가이다. 간혹 이공계 같은 경우 전공 질문이 나올 수 있다. 혹은 '학교 교육' 항목 등을 참고하여 관련 지식을 물어보는 경우가 있다. 이와 같이 지식을 측정하는 질문에 대해 답을 못할까 봐 걱정하는 지원자들이 많다. 간혹 필자도 면접 보는 꿈을 꾸는 경우가 있다. 대부분은 그 꿈에서 명석하게 말하는 것이 아니라 전혀 말을 못하거나 이상한 대답을 하여 식은땀을 흘리다가 꿈에서 깨어난다. 한국전력공사 같은 경우 이공계 직군에서는 전공 질문을 많이 물어보는 편이다. 이유가 있다면 현재 필기 전형 중에 전공 시험이 별도로 없기 때문으로 해석할 수 있다. 하지만 일반 에너지 공기업 같은 경우, 전공 시험을 별도로 보고 있기 때문에 면접에서 전공 질문에 대한 비중이 낮은 편이다. 간혹 특정 면접관이 특정 지원자에게 물어보는 경우도 있지만 일반적이진 않다. 그렇기 때문에 혹시나 전공이 나올까봐 너무 전전긍긍하지 말자. 지원자의 인성 및 경험, 회사와 연관된 질문이 대부분 많이 나옴에도 불구하고 전공 공부에 매달려 있는 지원자를 종종 목격하게 된다. 한 가지 행복한 소식을 전하자면 어느 정도 준비해 온 지원자라면 '모르는 질문이 나와서 너무나 당황스러웠던 경우'는 매우 드물다는 점이다.

그럼에도 불구하고 전공 혹은 특정 사실 및 지식에 대해 모를 경우 "죄송하지만 해당 부분에 대해서 제대로 알지 못합니다. 필요하다면 면접 이후라도 반드시 익히고 배우도록 노력하겠습니다."라고 말하는 정도가 최선의 답변이 될 것이다. 모든 지원자가 아는 것을 나 혼자 모르면 문제가 될 수 있겠지만 다른 지원자들도 답하기 어려웠다면 큰 문제가 되진 않을 것이다. 촘촘하게 면접을 준비한 경험자라면 크게 걱정하지 않아도 될 것이다.

2) 까다로운 이슈 관련 등에 대한 견해를 물어볼 경우

면접에서는 특정 기업 및 사회 이슈에 대해 개인의 견해를 물어보는 경우가 있다. 대부분의 지원자들은 해당 이슈에 대해서 어떻게든 알고 있을 것이다. 하지만 해당 이슈에 대해서 제대로 견해를 말하지 못하는 지원자들이 많다. 예를 들어 회사와 관련된 신재생에너지 사업과 관련해서 대부분은 지식을 갖추고 있으나 이에 대한 미래 전망이나 신재생에너지산업이 기존 에너지산업에 어떤 영향을 줄 수 있을지에 대해서 말할 수 있는 사람은 생각보다 적다. 특히 견해를 말할 때에 위험한 것은 어설픈 자기 생각을 전달하는 것이다. '개인의 견해'라 함은 특정 분야에 대한 종합적인 지식과 체계적인 사고를 통해 전달되는 내용으로 정의할 수 있다. 종합적인 지식과 체계적인 사고가 결합되지 않은 답변은 면접관이 듣기에 뜬구름 잡는 이야기에 불과할 수 있다.

회사와 연관성이 있다고 생각되는 이슈 및 사회 이슈에 대한 자신의 견해를 제대로 피력하기 위해서는 평상시 독서와 신문읽기를 생활화해야 한다. 특히 신문을 읽는 것이 중요하다. 신문을 통해 다양한 지식을 접할 수 있고 수준 높은 기자와 논객의 글을 통해 체계적인 사고능력을 배양할 수 있을 것이다. 면접이 근접해 있다면 회사와 연관된 이슈 및 사회 이슈 등에 대한 칼럼 및 사설을 많이 읽는 연습을 하자. 이를 통해 다양한 사람들의 견해를 복합적으로 이해하여 필요한 내용을 면접관에게 전달할 수 있을 것이다.

마지막으로 한 가지만 덧붙여 말하자면 이슈에 대해서 이야기할 때에는 중립성을 유지하면서 이야기하는 것이 중요하다. 지나치게 특정 집단을 옹호하는 답변 중심으로 하지 않도록 해야 한다. 특히 에너지 산업 분야에서는 원자력에 대한 이슈 및 다소 효율이 떨어지는 신재생에너지에 대한 견해가 전문가들 사이에서도 매우 분분하다. 이에 균형감을 갖추며 이야기하는 것이 중요하다. 또한 회사가 나가고자 하는 기조에 어느 정도는 맞추어 설명하는 것이 중요하다. 회사가 추구하는 목표와 개인의 생각은 다를 수 있다. 면접자의 입장에서는 회사가 추구하는 목표에 자신의 생각을 어느 정도 맞추어 설명하는 것이 중요하다. 지나치게 회사 정책과 목표에 대해 비판적일 경우 부정적인 평가를 받을 수 있음을 명심하자.

면접을 좌우하는 1분 자기소개 전략

1) 1분 자기소개의 중요성

요즘 면접에서는 1분 자기소개를 시키는 회사의 비율이 떨어지고 있다. 과거에는 1분 자기소개 등을 듣고 나서 거기에 따라 파생되는 질문을 하면서 자연스럽게 면접이 진행되었다. 하지만 최근에는 제한된 시간 내에 면접의 다양한 평가항목을 측정하다 보니 1분 자기소개를 생략하고 넘어가는 경우가 많다. 그럼에도 불구하고 회사 면접 평가항목과 상관없이 1분 자기소개를 시키는 면접관이 존재한다. 특히 1분 자기소개 같은 경우 다음 질문으로 다시 파생되기 때문에 좀 더 신경을 써야 한다. 혹은 면접관과의 첫 대화이기 때문에 좀 더 신중하게 접근해야 하다. 첫 대화를 통해서 면접관은 지원자에 대한 긍정적인 혹은 부정적인 선입관을 갖고 면접에 임할 수 있다. 특히 부정적인 선입관은 잘 바뀌지 않기 때문에 좀 더 주의를 해야 한다.

이 외에도 지원자의 입장에서 볼 때, 첫 스타트가 좋지 않을 경우 훨씬 더 많은 긴장감을 갖고 면접에 임할 가능성이 있어 실력 발휘를 제대로 하지 못할 수도 있다. 유명한 NBA(미국프로농구)선수조차도 첫 슛에 실패하면 그날 플레이가 엉망이 된다는 인터뷰를 접한 적이 있다. 그만큼 첫 스타트가 중요하다. 1분 자기소개만큼은 깔끔하게 제대로 준비해 보도록 하자.

2) 1분 자기소개의 구성

자기소개를 진행할 때에는 다양한 구성이 있을 수 있다. 면접관에게 좀 더 쉽고 제대로 전달할 수 있는 나만의 방법이 있다면 적절하게 활용해 보도록 하자. 지금부터 실제로 지원자들이 자주하는 3가지 유형의 자기소개를 파악해 보도록 하겠다.

첫째, 스토리텔링 기반으로 필요한 정보를 전달하는 유형이 있다. 스토리텔링의 의미는 사람들의 뇌리에 꽂히는 이야기를 뜻한다. 어떤 이야기는 10년이 지나도 기억에 남을 때가 있다. 뇌리에 강렬하게 꽂혔기 때문에 기억의 창고에 잘 저장된다. 뇌리에 꽂히지 않고 있다면 우리는 그것을 스토리라고 이야기를 해야 한다. 스토리가 아닌 스토리텔링 방식으로 자기소개를 하는 것은 우리가 해야 할 가장 중요한 방식임을 잊지 말자.

둘째, 별반 큰 의미 없는 스토리 방식으로 전달하는 유형이 있다. 지원자라면 이러한 유형을 지양해야 한다. 이야기는 전개되고 있지만 면접관에게 의미 없이 전달되는 경우들이 많다. 스토리가 아니라 스토리텔링이 되어야 한다. 아래에서 스토리와 스토리텔링으로 구성된 예시를 살펴보도록 하겠다.

셋째, 지나치게 화려하거나 어렵게 말하는 유형이 있다. 면접관은 지원자를 처음 본 사람인 동시에 평가도 아주 짧은 시간 동안 해야 한다. 너무 어렵게 말하는 것을 절대 피하라. 쉽게 이해될 수 있는 내용중심으로 설명하도록 노력하자. 예시를 통해 그 부분을 파악해 보도록 하겠다.

안심Touch

안녕하십니까? 중부발전 사무직 지원자 수험번호 127번입니다.
대학시절 다양한 경험을 하면서 제 스스로를 성장시켜 나갈 수 있었습니다.

아르바이트, 동아리, 프로젝트 등에 적극적으로 참여하면서 학창생활을 보냈습니다. 그중에서도 동아리 활동이 가장 기억에 남습니다. 제가 임원으로 활동할 때, 동아리원이 급격하게 감소하면서 동아리 해체 위기에 놓였던 적이 있습니다. 이때 저는 동아리 후배들을 만나면서 한 명 한 명의 이야기를 듣고 그들의 관심사항에 대해 더욱 잘 알게 되었습니다. 만남 이후 서먹한 분위기를 해소하기 위해 선후배들 간의 멘토 제도를 만들어 후배들이 더 잘 적응할 수 있도록 했습니다. 또한 정기적으로 회식을 하면서 더욱 끈끈한 동아리로 만들 수 있었습니다. 이를 통해 동아리를 다시 유지해 나갈 수 있었습니다.

이러한 경험을 통해 회사에서도 의사소통능력, 팀워크, 책임감, 창의적인 역량을 펼쳐나갈 수 있는 중부발전의 직원이 되겠습니다. 또한 회사에 빠르게 적응하기 위해, 직무지식을 빠르게 익히고 글로벌 역량도 쌓고자 노력하겠습니다. 감사합니다.

안녕하십니까? 함께하면 좋은 사람, 수험번호 127번입니다.
저는 에너지학회 활동을 하면서 신재생에너지에 대한 지식과 높은 수준의 팀워크를 발휘하였습니다.

동아리 활동을 하며 신재생에너지에 대한 기술을 깊게 공부한 경험이 있습니다. 이론적인 지식을 확장하기 위해 저의 주도하에 교수님을 초빙하는 동시에 해외대학 교수님 및 전문가들의 자문을 구하며 최신 기술을 파악하고자 노력했습니다.

또한 에너지 관련 공모전에 참여했을 때에는 항상 솔선수범하기 위해 노력했습니다. 시간이 가장 오래 걸리는 해외기술 동향을 파악하였고, 그것에 대한 분석업무와 발표까지 맡았습니다. 이 외에도 제 역할이 아니더라도 다른 친구들이 어려워하는 부분이 있으면 함께 문제를 해결해 주는 등 최고의 성과를 만들고자 노력했습니다. 덕분에 전국단위의 공모전에서 우수상을 받을 수 있었습니다.

입사 후 관련 분야에 대한 지식과 팀워크로 회사에 빠르게 녹아들어 가는 직원이 되겠습니다. 감사합니다.

예시 1과 2는 어떤 것이 더 좋은 내용인지 명확하게 느낌이 온다. 예시 1은 큰 의미 전달을 못하고 있다. 있었던 일을 전달하는 것만으로는 아쉬울 수밖에 없으며 정보의 구체성도 떨어진다. 어떤 동아리인지조차도 말하지 않고 있다. 그 외에도 '동아리 문제를 해결하기 위해 대화를 하고 멘토 제도와 회식을 열어 좋은 분위기를 만들었다.' 정도로는 내용이 빈약하게 느껴진다. 실제로 이러한 종류의 자기소개를 하는 지원자들이 많다. 다소 진부하게 느껴지는 자기소개이다. 쉽게 이해되는 자기 소개라는 점은 장점이지만 면접관의 입장에서 딱히 건질 것이 없는 스피치이다. 또한 예시 1처럼 많은 지원자가 '중부발전 사무직'과 같은 표현을 많이 쓴다. 중부발전 사무직이든 기술직이든 해당 회사의 같은 직군만 모아놓고 면접을 보고 있기 때문에 의미 있는 전달이 아니다. 예시 2와 같이 간략한 오프닝 멘트를 하는 것을 권장한다.

예시 1의 마무리 발언도 다시 한번 체크해 보면 지나치게 많은 역량 언급을 하고 있다는 것을 살펴볼 수 있다. 지원자들 중에 마무리 발언을 너무 길게 늘어뜨리는 지원자들이 많다. 면접관이 듣고 싶은 것은 스토리이고 그 스토리를 기반으로 지원자를 판단할 수 있도록 하는 것이 중요하다. 그러므로 예시 2처럼 전반적인 내용을 간략하게 언급하는 정도에서 빠르게 마무리하는 것을 고려하도록 하자. 지나치게 많은 언급은 안 하느니만 못하다. 특히 시간 관리를 잘하는 것을 권장한다. 면접관도 면접시간 관리에 실패하는 경우들이 있다. 하루 종일 면접이 잡혀 있고, 너무 많은 사람들을 만나야 하기 때문에 특정 면접장에서는 30초 정도로 간략하게 요구할 때가 있다는 점을 참고하길 바란다. 아무리 좋은 내용도 60초 이상이 넘어간다면 장황하게 느껴지거나, 지루하게 느껴질 수 있다. 50 ~ 60초 정도의 스피치로 자기소개 하도록 노력하자.

예시 2를 보면 판단하기 나름의 문제가 될 수 있지만 비교적 필요한 내용을 잘 담아내고 있다. 에너지학회 활동을 한다는 점에서 정보의 구체성을 제시했고 연관 분야 경험을 했다는 점에서 높은 평가를 받을 수 있다. 특히 활동이 단순 배움이라기보다는 좀 더 깊은 배움을 했다는 느낌을 전달할 수 있기에 우수사례로 설명해 주고 싶다. 그 외에도 요즘 가장 중요한 인재의 조건인 팀워크 역량을 표현한 것도 좋은 평가를 받을 수 있는 요소이다. 요즘은 정말이지 모든 관리자가 걱정에 휩싸여 있다. 지원자들은 모두 워라밸만을 외치고 있어서 정작 조직에서 작은 희생을 하려고 하는 지원자가 상대적으로 너무나 적다. 그러한 측면을 적극적으로 잘 공략하고 있음을 볼 수 있다.

마지막으로 예시 2와 같이 간략한 오프닝 멘트로 분위기를 전환시키고 충실한 내용을 통해 지원자의 역량과 전문성 등을 파악할 수 있도록 하자. 그리고 또 한 가지 생각해 봐야 할 것은 자기소개를 한 후, 나올 수 있는 질문이 무엇인지 생각해 봐야 한다. 꼬리질문이 나왔을 때, 대답하는 데에 문제가 없어야 한다. 내용이 너무 좋지만 꼬리질문에 대해서 제대로 답할 수 없다면 자기소개 내용을 다시 수정해 보아야 한다. 꼬리질문에 대해 제대로 답할 수 없으면 내용을 부풀리거나 거짓말한다고 판단되어 최악의 평가를 받을 수 있다.

예시 3

안녕하십니까? 조직에서 시너지 효과를 낼 수 있는 사람, 수험번호 127번입니다.

저는 학술 동아리에서 '태양광 아이디어 및 UCC 공모전'에 참석하여 우수상을 수상한 경험이 있습니다. 공모전에서는 태양광 에너지를 생산하기 위해 사용되는 차세대 태양전지 후보 물질인 페로브스카이트를 일반인들에게 소개하고 공감을 얻는 것이 중요했습니다.

저희 팀은 인문대 학생들을 초빙해서 페로브스카이트 결합 구조와 전기를 생산하는 원리를 설명하는 시간을 가졌습니다. 어떤 부분에서 설명이 이해가 안 되는지 묻고 이를 해결하기 위해 사용하고자 하는 용어들을 심사숙고하여 선택하였습니다. VESTA 프로그램을 사용해서 양이온과 음이온이 결합하고 있는 산화물의 구조를 3D 이미지로 구성해서 보여줬던 부분에서 많은 공감을 얻을 수 있었습니다.

이러한 전문지식을 바탕으로 빠르게 직무에 적응하는 신입사원이 되겠습니다. 감사합니다.

예시 3처럼 이야기하면 면접관은 머리가 멍해진다. 도대체 무슨 이야기를 하는지 전혀 파악이 안 될 때가 있다. 면접관은 하루 종일 면접을 보고 있으므로 집중력이 좋을 리가 없다. 면접관을 집중시키기 위해서는 쉽게 이해할 수 있게 설명해야 한다. 예시 3과 같은 경우 내외부 면접관이 파악하기에 매우 어려운 내용이다. 페로브스카이트에 대한 지식을 갖춘 사람이 아니라면 지원자가 하는 말을 이해하기 어렵다. 자신의 전문성을 보여주고자 지나치게 어려운 전문용어를 남발하거나 지엽적인 실험 내용 등을 소개하면 안 좋은 평가를 받을 수 있다. 또한 1분 스피치에 지원자가 했던 업적을 이야기했지만 해당 경험을 반드시 회사 업무와 연결시킬 수 있어야 한다. 면접관이 충분히 이해하기 어려운 내용이라면 지원자가 왜 해당 내용을 이야기하는지를 회사 업무와 연결해서 명확하게 알려줄 수 있도록 노력하자.

3) 1분 자기소개에 꼭 필요한 요소와 주의사항

1분 자기소개를 할 때, 꼭 들어가야 하는 정보와 주의해야 할 사항들에 대해서 살펴보도록 하자. 1분 자기소개에는 해당 분야에서 활용할 수 있는 지식, 기술, 경험을 들 수 있을 것이다. 이러한 내용들은 직무기술서를 활용하면 도움이 될 것이다. 다만 다른 지원자들도 비슷한 지식과 경험을 보유하고 있기 때문에 어떠한 점에서 차별점이 있는지 고민을 해야 할 것이다. 그 외에도 추가적으로 지원자의 성향, 가치관, 인간관계 등에 대한 내용이 필요하다. 면접관이 가장 선호하는 지원자는 해당분야에 대한 경험과 지식이 있는 동시에 성격 및 가치관, 인간관계 등이 무난한 사람이다.

1분 자기소개를 할 때 주의해야할 사항들에 대해서 말하자면 블라인드 면접이기 때문에 자신의 이름을 말해서는 안 되며 특정 학교출신이라는 점을 알려줄 수 있는 어떠한 정보도 말해서는 안 된다. 또한 자신의 전공이 무엇인지, 학점이 몇 점인지, 본인이 일했던 회사 등의 이름 등도 표현해서는 안 된다. 블라인드 면접에서 허용하지 않는 내용을 은연 중에 말하지 않도록 조심하자.

4) 1분 자기소개 스피치 훈련

아무리 내용이 좋아도 지원자가 버벅거리면 의미가 퇴색된다. 앞 장에서도 언급했듯이 지속적인 연습을 해야 한다. 내용도 중요하지만 스피치를 어떻게 하느냐가 더 중요할 때도 많다. 본인이 준비한 내용을 제대로 숙지하지 못한 채 이야기하면 면접을 제대로 준비해오지 않은 지원자로 낙인찍힌다.

올바른 태도로 면접관의 눈을 보면서 밝은 표정과 목소리로 1분 자기소개를 시작할 수 있도록 준비하라. 그러기 위해서는 반복적인 연습이 필요하다. 10번 정도 연습하는 것이 아니라, 100번, 200번이라도 연습하여 면접관에게 반드시 긍정적인 평가를 받도록 하자.

필기시험 전 면접 준비 방법과 필기시험 발표 후, 면접 준비 방법

많은 지원자들이 면접을 어떻게 준비할지에 대한 질문을 한다. 현재 이 책을 읽고 있는 독자 같은 경우에도 사전 준비를 위해서 이 책을 읽고 있을 수도 있고 당장 면접이 급해서 이 책을 읽고 있을 수도 있다. 여기서는 필기시험 전 체계적으로 면접을 준비하는 방법과 필기시험 발표 후, 면접을 준비하는 방법에 대해 다루도록 하겠다.

1) 필기시험 전 면접 준비 방법

면접 준비를 필기시험 이후로 미루는 지원자들이 많다. 공기업은 필기시험 이후, 비교적 면접 준비할 시간을 충분히 제공해 주고 있기 때문에 그 이후에도 얼마든지 준비할 수는 있다. 하지만 면접 경험이 전혀 없거나 긴장을 많이 하는 지원자들 같은 경우 한꺼번에 면접 준비하는 것을 어려워한다. 또한 장시간 필기시험 준비로 말하는 능력이 현저하게 떨어져있는 경우도 있다. 눈으로 필기시험의 지문을 읽는 데에 익숙해져서 말을 할 때에 혀가 꼬일 때가 많다. 마치 상체 운동만 하다 보면 상체 근육만 발달하고 하체 근육이 부실해 지는 것과 마찬가지 원리라고 볼 수 있다.

필자는 면접을 위해, 하루에 10 ~ 20분 만이라도 답변을 정리해 보는 연습을 하거나 거울을 보며 말하는 훈련을 하도록 권장한다. 또한, 면접 스터디 참여 혹은 면접 코칭을 받으면 면접에 대한 자극을 받을 수 있기에 체계적으로 면접을 준비해 나갈 가능성이 높아진다. 당장 지원한 회사에 대해 공부하며 회사와 연관된 질문까지 준비할 필요까지는 없지만 개인별 서류에서 나올 수 있는 질문, 자주 나오는 기출과 인성, 역량 질문 등을 파악하면 큰 도움이 된다.

많은 지원자들이 면접 시 긴장을 어떻게 풀어야 하는지 자주 문의를 한다. 정해진 답은 없지만 필자는 충분한 연습이 긴장을 푸는 가장 좋은 방법이라 말해주고 싶다. 운동선수든 아이돌 스타든 상당 시간 동안 피나는 연습을 통해 데뷔를 한다. 자신이 보여줄 딱 한 번의 무대를 긴장해서 제대로 살리지 못하면 영원히 기회가 안 올 수 있기에 최선을 다할 수밖에 없을 것이다. 회사 지원자들도 마찬가지로 긴장 때문에 한 번의 면접 기회를 쉽게 날려서는 안 된다. 연습을 해라. 모의 면접도 처음에는 떨릴 수 있지만 지속하면 떨림의 강도가 낮아진다. 아이돌로 일본을 사로잡았던 가수 보아는 인터뷰에서 '지금도 여전히 무대에 서면 떨리고 긴장된다.'라고 하였다. 필자 또한 거의 매일 강의를 진행한다. 필자 역시 새로운 사람들을 만나야 할 때 긴장을 한다. 그렇다고 무대에 서지 못할 정도는 아니지만 마냥 즐겁지만은 않다. 긴장은 누구나 갖고 있는 감정이다.

연습을 하면 긴장감은 집중력을 높여주는 훌륭한 도구로 작용된다. 연습이 부족하면 긴장감이 집중력을 저하시키지만, 연습을 충분히 하면 집중력을 강화시킨다. 면접에 자신이 없고 긴장을 많이 하는가? 그렇다면 무조건 연습을 많이 하라. 긴장 감이 집중력을 높여줄 것이다.

연습을 절대 설렁설렁하지 말라. 10 ~ 20분이든 1 ~ 2시간이든 지속적으로 집중하고 개선하기 위해 노력하라. 연습을 대충 하면 역효과가 날 수 있다. 연습을 대충한 것만큼 스터디나 전문적인 코칭에서 지적질만 당하고 올 가능성이 높다. 그러면 수렁에 빠진다. 자신감을 잃고 스스로 말하는 것에 재능이 없다며 자기 자신을 부정하게 된다. 처음에 못할 수 있다. 그리고 지속적으로 못할 수도 있다. 하지만 처음보다는 두 번째에 개선이 되고 두 번째보다는 세 번째에 개선이 된다. 그러다 보면 다른 사람보다 더 인정받고 칭찬을 받으며 소위 '면접에 대한 감'을 잡을 수 있게 된다.

사전에 준비한다고 지나치게 여유를 부리거나 전혀 준비 없이 스터디나 코칭을 받는 것은 오히려 자신감을 떨어뜨릴 수 있기 때문에 차근차근 개선하고자 노력하자. 그러면 반드시 효과를 보게 될 것이다.

2) 필기 발표 후, 면접 준비방법

필기 발표 후, 면접을 준비하는 2가지 유형의 지원자가 있다.

첫째, 사전 면접 준비를 통해서 충분히 트레이닝이 되어 있는 지원자들이 있다. 해당 지원자 같은 경우 기본적인 질문을 던지면 바로바로 답변을 할 수 있을 정도로 준비가 되어 있다. 이에 면접 준비도가 높은 지원자는 해당 회사의 지원 동기, 사업 이해, 사업 이슈, 포부 등을 집중적으로 체크하는 것이 좋다. 그리고 지속적으로 면접 시뮬레이션을 하고 디테일을 잘 다듬고 준비하면 반드시 좋은 결과로 이어질 가능성이 높아진다.

둘째, 면접을 전혀 준비하지 못한 지원자가 존재한다. 아마 이 책의 독자들이 대부분 여기에 속하지 않을까 생각한다. 사기업에 비해 공기업의 면접 준비 기간이 긴 편이라서 비교적 면접을 준비하는 데에 있어서 큰 문제가 있지는 않다. 만약 10일 정도의 시간이 있다면 어떤 방식으로 플랜을 짜야 할지 제시해 보겠다. 기본적으로 혼자 진행하는 것보다는 스터디와 코칭 등을 병행하며 준비하도록 하자. 지자체 일자리센터, 대학교 일자리센터 등 다양한 곳에서 무료로 코칭을 받을 수도 있기 때문에 기회를 잘 살리기를 바란다. 어떤 지원자는 기출만 믿고 기출 문제만 준비하는 경우가 있는데 기출은 매우 제한적인 질문의 형태만 공개되어 있기 때문에 다른 공기업에서 나왔던 다양한 기출문제도 충분히 보고 가야 한다. 본서에서 제공되는 기출 문제와 예상 문제 외에도 여러 루트를 통해 다양한 질문을 살펴보도록 하자.

면접을 준비하면서 회사 공부만 하는 유형의 사람도 있다. 면접은 회사에 대한 이해와 자기 자신의 경험과 인성 등을 물어보기 때문에 복합적으로 준비해야 한다. 또 어떤 지원자는 말하는 연습을 하지 않고 면접 답변만 작성해 외우거나, 면접 답변을 써보지도 않고 생각나는 대로 말하려는 사람도 있다. 이들은 모두 면접에서 떨어질 가능성이 높다.

10일 정도의 시간이 있다면 3 ~ 4일 정도는 내용 정리를 가볍게 해보도록 하자. 이때 매일 같이 큰 목소리로 말하는 연습을 병행해야 한다. 그래야지만 본인이 말하고자 하는 것을 충분히 소화시킬 수 있을 것이다. 그리고 6 ~ 7일 정도는 집중적으로 말하는 연습을 해야 한다. 다시 강조하지만 지겨울 정도로 반복하고 또 반복하면서 연습해야 한다. 동시에 최대한 다양한 기회를 통해 모의 면접에 참가해야 한다. 모의 면접을 통해 부족한 부분을 계속 채우고 나보다 더 우수한 지원자를 벤치마킹할 필요가 있다.

특히 에너지 공기업은 발표면접과 토론면접이 있기 때문에 스터디와 코칭을 통해 발표면접과 토론면접을 경험하는 것이 중요하다. 특히 스터디 같은 경우 토론면접을 조원들과 쉽게 진행할 수 있기 때문에 꼭 참여해야 한다. 일반 구술면접 외에 발표면접과 토론면접이 굉장히 큰 부담이 될 수 있다. 하지만 생각보다 어렵진 않다. 그럼에도 불구하고 어렵게 생각하는 이유는 크게 2가지로 나누어 볼 수 있다.

첫째, 한 번도 해보지 않았기 때문에 막연하게 두려움이 몰려올 수 있다. 그러나 각 유형별 면접을 이해하고, 5 ~ 6번의 연습을 통해 스킬을 배양하면 충분히 극복할 수 있다.

둘째, 토론과 PT주제가 너무 어렵게 나오지 않을까 걱정하는 지원자가 많다. 질문의 수준은 매우 상대적인 문제라 난이도를 평가하기는 어렵지만 손도 못댈 정도의 주제는 아니다. 어느 정도 회사 사업 및 이슈에 대해 공부를 해온 동시에 관련 전공 공부를 해왔던 사람이라면 토론이나 발표면접에서 주제 때문에 어려움을 겪진 않는다. 많은 지원자들이 토론면접과 발표면접에 대한 스킬이 부족하기 때문에 알고 있는 지식을 어떻게 제대로 설명해야 할지 몰라 난감해 한다. 반드시 10일이라는 시간 동안 최소 5 ~ 6번 정도 연습하면 자연스럽게 방법을 배양할 수 있다. 이 부분에 대해서는 다른 파트에서 좀 더 집중적으로 살펴보도록 하겠다.

면접을 준비할 수 있는 시간을 적절하게 관리한다면 원하는 결과를 충분히 만들 수 있다는 것을 잊지 말고 남은 시간 동안 실전 연습을 충분히 하도록 하자.

3) 면접 준비 체크리스트

　아래의 면접 준비 체크리스트를 통해 개인평가를 해 보고 이를 바탕으로 스스로 면접을 준비할 수 있도록 하자.

면접 준비 체크리스트	
면접 준비 평가항목	개인평가(1 ~ 5)
1. 100개 이상의 면접 질문을 체크해 보았는가?	
2. 자기소개, 지원 동기, 입사 후 목표 등 핵심질문에 충분히 답할 수 있는가?	
3. 기술직일 경우, 주요한 전공질문을 체크하고 있는가?	
4. 자신의 약점을 파악하고 대처할 수 있는가?	
5. 회사의 사업이슈에 대한 명확한 이해를 하고 있는가?	
6. 자신만의 남다른 경쟁력에 대한 설명을 할 수 있는가?	
7. 이력 및 자기소개서 관련 질문에 대한 대처가 가능한가?	
8. 압박면접에 대한 대처가 가능한가?	
9. 유형별 면접의 차이점을 명확하게 이해하고 있는가?	
10. 경험관련 질문에 대한 대처를 할 수 있는가?	
11. 올바른 복장 및 헤어스타일을 갖추고 면접에 임할 수 있는가?	
12. 아이컨택을 통해 시선처리를 자연스럽게 할 수 있는가?	
13. 밝은 목소리와 명확한 발음으로 자신의 의견을 전달할 수 있는가?	
14. 면접관들에게 호감을 줄 수 있는 인상을 갖고 있는가?	
15. 모의면접 등을 통해 자신에 대한 객관적 평가를 알고 있는가?	
16. 부족한 부분을 이해하고, 개선해 나갈 수 있는가?	
17. 긴장감을 제어하며 면접에 임할 수 있는가?	
18. 기출질문을 충분히 확보하고, 준비하고 있는가?	
19. 지속적으로 발표 경험을 쌓고 있는가?	
20. 발표를 할 때에 내용을 숙지하고, 정면을 응시하며 말할 수 있는가?	

　위에 있는 면접 준비 체크리스트를 통해 자신을 객관적으로 평가할 수 있을 것이다. 모든 항목에서 4, 5점 수준으로 답할 수 있도록 최선의 준비를 하도록 하자.

에너지 공기업
면접 유형과 평가 기준

PART 2

에너지 공기업 면접 유형과 평가 기준

최신 에너지 공기업 면접 유형 파악하기

주요 에너지 공기업의 면접 유형은 아래와 같다. 이는 매년 변경될 수 있기 때문에 참조만 하길 바란다. PART 2에서는 공통된 면접방식을 살펴보고, 준비방향을 제시하고자 한다. 주요 면접방식을 파악함으로써 좀 더 철저한 준비를 하길 바란다.

■ 한국전력공사

구분	세부사항
면접 유형	• 역량면접(PT발표, 토론, 전공·실무면접 등) • 종합면접(인성, 조직적합도, 청렴수준, 안전역량 등 종합평가)
점수 반영	역량면접(150점) + 직무능력검사(50점) + 종합면접(100점)

■ 한국중부발전

구분	세부사항
면접 유형	• 1차 면접 : 직군별 직무역량평가(PT면접 / 토론면접 등) ※ 당일 현장 직무적합도평가 시행(본인 확인용) • 2차 면접 : 인성면접(태도 및 인성부분 등 종합 평가)
점수 반영	필기(20%) + 1차 면접(30%) + 2차 면접(50%)

■ 한국남동발전

구분	세부사항
면접 유형	• 직무면접 • 종합면접 ※ 코로나19 상황 지속 시 온라인 면접 시행 가능
점수 반영	직무면접(50%) + 종합면접(50%)

■ 한국남부발전

구분	세부사항

면접 유형	• 1차 면접
	   – 발표, 그룹 토의, 실무역량
	   – NCS직업기초능력 및 직무수행능력 검증
	   – 면접점수 합계 60% 미만은 불합격으로 판단
	• 2차 면접
	   – 인성 및 조직적합성 평가
	   – 사전자기소개 영상 업로드(면접 참고자료로만 활용)

점수 반영	1차 면접(300점) + 2차 면접(100점)

■ 한국동서발전

구분	세부사항

면접 유형	• 1차 면접(직무역량면접)
	   – 직무수행역량 및 분석력·문제해결능력·의사소통능력 등 평가
	   – 직무분석발표면접(50점) + 직무토론면접(50점)
	• 2차 면접(최종면접)
	   – 인성, 인재상 부합여부, 조직적합도 등 종합평가

점수 반영	1차 면접(100점) + 2차 면접(100점)

■ 한국서부발전

구분	세부사항
면접 유형	• 역량구조화 면접 – 개별인터뷰(인성면접) + 직무상황면접(그룹면접)
점수 반영	개별인터뷰(60점) + 직무상황면접(40점)

■ 한국수력원자력

구분	세부사항
면접 유형	• 직업기초능력면접(자기소개서 기반) • 직무수행능력면접(회사 직무상황 관련 주제) • 관찰면접(조별과제 수행)
점수 반영	직업기초능력면접(40%) + 직무수행능력면접(30%) + 관찰면접(30%)

위에 있는 에너지 공기업별 면접 유형을 살펴보면 다양한 형태의 면접이 진행되고 있음을 알 수 있다. 면접 유형으로는 인성면접, 상황면접, 역량구조화면접, 직무면접, 관찰면접, 발표면접, 토론/토의면접 등 다양한 면접 유형으로 면접이 구성되어 있다. 매년 조금씩 변화가 있을 수도 있고 기업에 따라 같은 유형의 면접이라도 조금씩 상이할 수 있기 때문에 개인적으로 기출문제 및 면접 형식 등을 사전에 파악해 볼 필요가 있다. 본서 PART 3에서 인성, 역량, 상황, 직무면접 등과 관련된 기출 및 예상 면접질문에 대한 Worst와 Best 답변 형식으로 구성되어 있으니 참고하길 바란다. 지금부터 간략하게 유형별 면접 특징에 대하여 살펴보도록 하겠다.

1) 인성면접

인성면접은 주로 최종 면접 단계에서 이루어진다. 물론 1차 면접에서도 인성면접은 이루어질 수 있다. 인성면접은 기업에 따라 진행방식이 매우 상이할 수 있다. 입사지원서 중심으로 질문을 던지는 기업도 있고 면접관이 필요에 따라 자유롭게 질문을 구성하여 던질 수도 있다. 혹은 가치관, 성향 관련 질문 외적으로도 역량구조화 면접에서 자주 나오는 경험관련 질문을 통하여 지원자를 평가하기도 한다. 최근에는 NCS기반 면접이라는 표현을 쓰는 기업도 있다. 이를 통해 직업기초능력과 관계된 다양한 형태의 질문을 던질 수도 있다.

혹은 인성검사를 기반으로 최종면접을 보는 기업도 있다. 지원자의 인성검사 결과를 토대로 필요한 질문을 던질 수 있도록 면접이 설계된 기업들도 있기 때문에 진솔하게 면접에 임하여야 한다. 인성면접은 딱 한마디로 정의하기가 어렵다. 사실상 인성면접은 면접관이 궁금한 것은 전부 물어보는 질문 형태라고 볼 수 있다. 이책의 PART 3에서 다루고 있는 질문 중 상당수는 인성면접에서 자주 나오는 질문형태로 이루어졌다. PART 3를 열심히 체크하고 준비한다면 인성면접에 충분히 대비가 될 것이라 확신한다.

2) 상황면접

상황면접은 크게 3가지로 나누어질 수 있다. 첫째, 인성 및 역량면접 등에서 간략하게 상황을 제시하고 지원자가 각 상황에서 어떻게 대처하는 지를 살펴보는 형태가 있다. 본서의 PART 3에서도 다양한 상황질문을 제시하고 있기 때문에 기본적으로 관련 내용을 검토해 보는 것을 권장한다. 둘째, 상황면접으로 면접이 제시된 경우 특정 상황에 대한 내용이 지문으로 제시되고 2분간 내용을 준비해서 2분간 답변을 하는 방식으로 구성되는 기업도 있다. 이후 면접관과 관련 내용을 기반으로 질의응답을 하게 된다. 셋째, 직무상황면접이 토의면접 형태로 진행되는 기업도 있다. 직무상황과 연계된 자료를 바탕으로 지원자들과 함께 논리적으로 토의를 진행해야 한다. 이와 같이 상황면접은 기업마다 진행하는 방식이 다르기 때문에 각 회사별 특성에 따라 준비를 하도록 하자.

상황면접의 주제는 직무상황에서 발생할 수 있는 일 혹은 조직상황에서 나타날 수 있는 문제들로 구성되어 있다. 조직 경험이 부족한 신입의 경우 올바른 방향으로 말하기가 쉽지 않다. 경력이 있는 지원자가 제시된 문제 상황에서 필요한 솔루션을 적절하게 제시할 가능성이 높다. 또한 상황 자체가 매우 까다롭거나 애매한 상황을 제시해주는 경우들이 많아서 솔루션을 도출하기가 어렵다.

예시 1

직무상황에서 발생할 수 있는 문제
협력업체를 통하여 10억 원 가량 비용이 들어가는 시설물 공사를 완료했다. 시설물 공사는 사전에 양사가 충분히 설계에 대한 논의를 했고 협력업체는 성실하게 설계대로 공사를 수행하고 완료했다. 하지만 우리 측의 실수로 설계에 문제가 있었다는 것을 뒤늦게 발견했다. 다시 시설물을 보수하기 위해서는 추가로 5,000만 원이 더 투자되어야 하는 상황이지만 현재 보수비용으로 쓸 수 있는 예산이 더 이상 없는 상태이다. 업체 또한 시설물 보수 공사를 무료로 해줄 경우 오히려 적자가 나는 상황이 될 수 있고 보수에 대한 의무도 없는 상태이다. 이러한 상황에서 당신이 시설물 공사의 책임자라면 어떻게 대응하겠는가?

조직상황에서 발생할 수 있는 문제

협력업체와의 설비 구축 공사가 성공적으로 완료되었다. 이에 협력업체 사장님을 포함한 4명과 우리 공사는 나를 포함하여 부장님, 과장님 3명이 회식에 참여하게 되었다. 회식은 유명 횟집에서 진행되었고 1인당 7만 원가량 하는 횟집 정식을 각자 먹게 되었다. 매우 좋은 분위기 가운데 서로의 노고에 대해서 이야기를 하며 회식은 마무리 되었다. 그리고 나서 협력업체 사장님이 술값까지 총 60만 원을 결제했다. 이에 나는 과장님께 우리 비용은 우리가 결제해야 하는 것이 아닌지를 여쭤보았다. 그러자 과장님은 이런 자리에서는 원래 그냥 먹어도 된다고 이야기해 주셨고 그런 이야기를 부장님한테까지 하게 되면 매우 안 좋아할 거라고 조언도 해주었다. 보통 이런 자리에서는 관례적으로 협력업체가 비용을 낸다는 이야기를 들은 상태이다. 당신은 이런 상황에서 어떻게 행동할 것인가?

2가지 예시를 통하여 직무상황에서 발생할 수 있는 문제와 조직상황에서 발생할 수 있는 문제를 살펴보았다. 이러한 상황이라면 어떻게 해야 하는 것이 현명한 답이 될 수 있을까? 물론 답은 존재하지 않는다. 무엇보다 중요한 것은 면접관과 질의응답을 하면서 논리적으로 그리고 일관되게 답변을 하는 것이 중요하다.

예시 1과 같은 상황이라면 필자는 다음과 같이 답변을 할 것 같다. "협력업체에게 우리의 실수를 인정하고 도움을 요청하겠다고 이야기할 것입니다. 도움을 요청할 때, 향후 우리 공사와 사업 시 비용적인 손실을 만회할 수 있도록 다양한 사업기회를 주겠다며 설득할 것 같습니다. 또한 현재 부서의 사업 외에 사내의 다른 부서 담당자에게도 당 회사를 소개시켜주거나 타 공기업 담당자들에게도 당 회사를 소개시켜주기 위해 노력할 것을 약속해 줄 것입니다. 이를 통해 단기적으로 손실이 난 부분을 회복시켜 줄 수 있도록 담당자로서 최선을 다할 것입니다." 정도로 답을 할 것 같다. 물론 이러한 논리에도 분명히 문제가 있을 것이고 그 부분을 면접관은 집요하게 파고들 것이다. 그럴 때마다 적절하게 논리성과 일관성을 갖고 답하는 연습을 하도록 하자.

예시 2와 같은 상황이라면 예시 1에 비해 답하는 것이 좀 더 수월하게 느껴진다. 아마도 대부분의 지원자가 '김영란법'에 대해 잘 알고 있을 것이다. 실제로 필자 같은 경우 공무원, 공기업에서 일하시는 분들과 종종 교류를 해야 할 때가 있다. 그럴 때마다 '밥값'이나, '찻값'을 어떻게 해야 될지 고민이 된다. 필자가 만난 대부분의 공기업 직원들은 같이 차를 한잔해야 하는 상황이면 개별 회사카드로 각자 계산하는 경우가 대부분이다. 혹은 식사 같은 경우 업무 이해관계자들과 함께 식사하는 것을 피하는 경우들이 많다. 김영란법 적용으로 서로 조심하는 분위기가 공직사회에 잘 정착되었다고 볼 수 있다. 현재 예시 2와 같은 경우, 김영란법에 어긋나는 심각한 상황으로 인식해야 한다. 이에 지원자는 이 부분을 다시 돌려놓아야 한다. 즉 과장님과 부장님을 설득해서 비용을 정확히 인원수 대로 나누어 협력업체와의 식대비용을 정확히 계산할 필요가 있다. 원칙은 반드시 지켜야 하기 때문에 이렇게 난처한 상황에서 상급자를 어떻게 설득하고 협력업체에 어떻게 양해를 구해야 하는 지를 명확하게 설명할 필요가 있다. 이런 식으로 이슈 가운데 나올 수 있는 문제를 바탕으로 면접관은 지원자에게 날카로운 질문을 던질 것이다. 그럴 때마다 적절하게 논리성과 일관성을 갖고 답하도록 하자.

3) 역량구조화면접

역량구조화면접 방식 또한 기업마다 진행방식이 조금씩 다를 수 있다. 일단 구조화면접이라는 것은 어디서나 동일하게 쓰이는 표현이다. 질문을 구조화해서 꼬리식 질문을 하는 것이 구조화면접 방법이라고 설명할 수 있다.

예시 1

구조화면접 질문 방식
1. S(Situation) – 상황 : 당시 처해있던 상황에 대해서 말씀해보세요.
   ① (학습 또는 활동을 하기 위한) 계기 또는 동기
   ② 언제, 어디서, 누구(어떤 단체)와 함께 했는지

2. T(Task) – 과업, 과제 : 당신의 역할은 무엇이었습니까?
   ① 팀원들의 역할은 무엇이었고, 당신의 역할은 무엇이었나요?
   ② 그 역할을 맡게 된 이유는 무엇인가요?
   ③ 해당업무에서 힘들었던 점은 무엇이었나요?

---

3. A(Action) – 행동 : 자신이 맡은 역할에 대한 구체적인 행동을 제시해 주세요.
　① 구체적인 추진계획
　② 어떻게 행동했는지, 왜 그렇게 행동했나요?
　③ 그 외에 더 노력하거나 추가로 행동한 점이 있나요?

4. R(Result) – 결과 : 그 행동의 결과는 어땠습니까?
　① 성과나 업적에 대해서 설명해 주세요.
　② 해당 경험을 통해서 본인이 배운 점은 무엇인가요?
　③ 그렇게 배운 점을 다른 영역에서도 발휘한 적이 있나요?

예시 1과 같이, 하나의 질문에 STAR구조로 질문을 던지는 형태를 구조화면접이라고 한다. 다만 예시에 나오는 대로 엄격하게 질문을 던질 수 있는 면접관은 거의 없을 것이다. 이에 지원자는 논리적인 흐름에 따라 꼬리질문을 던질 것이라 예측하여 면접을 준비하면 된다. 답변노트를 만들 때에 질문 한 개에 답변 1개만 쓰지 말고 차후에 이어지는 꼬리질문까지 완벽하게 예측하여 다음 질문에도 대응하려고 노력해야 한다.

역량구조화면접에서 역량이란 무엇이고 어떤 질문을 던질 수 있는가? 역량이란 주어진 업무를 수행하는 데에 필요한 능력이라 정의할 수 있다. 그 필요한 능력을 블라인드 채용에서는 직업기초능력이라 부른다. 알다시피 직업기초능력에는 문제해결능력, 대인관계능력, 자원관리능력 등 10가지 기초능력이 있다. 그리고 각 항목별로 팀워크, 리더십, 갈등관리능력 등의 하위능력이 존재한다. 바로 이 부분이 기업에서 말하는 역량이라고 이해하면 된다. 실제로 필자는 이 책을 집필하기 위해 기존 기출문제를 꼼꼼하게 분석하였다. 인성 및 개인 이력 등의 기타 질문을 빼고는 상당수의 기출 질문들이 직업기초능력과 연관되어 있다는 것을 확인할 수 있었다.

역량은 기본적으로 지원자의 과거 경험을 통해 입증할 수 있다. 이에 역량면접에서는 과거에 역경을 극복했던 경험이 있는 지원자라면 미래 회사생활의 역경도 이겨낼 수 있을 것이라 판단한다. 그래서 경험관련 질문들이 많다. 최근 출제되는 자기소개서 항목 또한 경험을 기반으로 한 역량질문으로 이루어져 있다. 이에 어떤 기업에서는 개인별 서류를 검증하는 방식으로 역량면접이 진행될 수 있다. 이러한 면접 형태는 인성면접에서 자기소개서 내용에 대해 물어보는 방식과 큰 차이가 없다. 이에 역량면접과 인성면접은 전혀 다르다고 말하기가 애매하다. 역량면접에서도 인성관련 질문을 던지고 인성면접에서도 역량관련 질문을 던지기에 탄탄한 준비를 해야 한다.

마지막으로 역량면접은 결코 만만치 않다. 역량면접을 제대로 준비하려면 누구에게나 공감을 줄 수 있을 법한 경험을 갖고 있어야 한다. 경험은 있으나 진부하거나 공감이 안가는 경험들이 많다. 자신의 경험을 좀 더 철저하게 이해하여 면접관들이 납득할 만한 경험을 말하기 위해 노력해야 한다. 특히 역량면접 시 경험을 제대로 준비하지 않고 온 지원자들은 말문이 막히는 경우가 많고 경험을 바로 바로 이야기하지 못하여 답답한 인상을 주는 경우들이 많다. 그러므로 사전에 자신의 경험을 충분히 파악하고 면접에 임해야 한다.

다시 한번 강조하지만 PART 3에서 인성, 역량, 상황면접 등을 두루두루 다루고 있음을 이해하고 관련 질문들을 철저하게 파악하도록 하자. 또한 각 질문별로 질문의 의도, 답변 가이드, 예시와 답변 TIP을 제공하고 있기 때문에 이 책을 읽고 있는 지원자는 일정 수준 이상의 답변을 만들 수 있을 것이다.

4) 직무면접

직무면접은 기술직 계통에서는 전공을 다루는 경우들이 많다. 혹은 직무 현장에서 실제로 있을 수 있는 기술적 이슈에 대한 해결방안 등에 대한 질문이 나올 수 있다. 반면 사무직 계통에서는 회사에 대한 이슈, 사업에 관련된 이해도를 측정하는 경우들이 많다. 또한, 직무 현장에서 실제로 발생할 수 있는 업무 문제 상황을 제시하여 면접을 본다. 기술직이든 사무직이든지 간에 해당 범주를 뛰어넘어 경험관련 질문, 인성관련 질문, 자기소개서 기반 질문 등이 나올 수도 있음을 대비하고 있어야 한다. 기업에 따라 다르겠지만 직무주제를 바탕으로 발표면접을 진행하는 기업들도 있을 수 있다. 이는 이 책의 발표면접에 관련된 내용을 살펴보면 도움이 될 것이다.

다음은 기술직 및 사무직의 직무 관련 질문 사례이다. 간략하게 검토 후 자신의 전공 및 지원분야에 따라 예상 질문을 준비해 보도록 하자.

- 사내 스마트워크의 실행과 관련한 이슈의 해결방안을 제시하시오.
- 해외 수주를 하는 데에 있어서 가장 중요한 점은 무엇인가?
- 녹색에너지의 정의와 녹색에너지에 대해서 아는대로 설명해 보시오.
- 신재생에너지의 미래에 대해서 어떻게 생각하는가?
- 발전소 건립을 반대하는 지역주민을 어떻게 설득할 것인가?
- 발전기 용접부에 누수가 발생하였는데 원인은 무엇이고, 누수를 방치한다면 어떤 문제점이 생기는지에 대해 발표하시오.
- 발전소 보일러 효율 저하 원인 점검사항에 대해 말해 보시오.
- 보일러 효율을 높이는 방안에 대해 말해 보시오.
- 렌츠의 법칙에 대해 말해 보시오.
- 유도 전동기와 동기 전동기의 차이를 말해 보시오.
- 페러데이의 법칙에 대해 설명해 보시오.
- 발전소 건설을 위한 지반고는 어떤 방식으로 정해지는지 설명해 보시오.
- 콘크리트를 배합할 때 시멘트 양의 산정 기준은 무엇인지 말해 보시오.
- 기능상에 문제는 없지만 설계와 시공이 다르다면 어떻게 하겠는가?

5) 관찰면접

관찰면접은 상황을 지정해 주고 조별로 서로 다른 입장에서 협상을 하는 면접이다. 협상을 하는 과정을 면접관이 관찰하고 체크하는 형태의 면접이다. 면접관과의 면접이 아니라 조원들 간에 토의하는 전 과정을 관찰하는 형태의 면접이다. 이 부분은 토론(토의)면접과 유사하다고 볼 수 있다. 해당 면접에서 중요한 것은 논리성, 의사소통능력, 경청, 포용력 등이다. 이러한 점을 좀 더 신경을 쓰면서 면접에 임하도록 하자. 관찰면접은 토론(토의)면접 형태와 유사하기 때문에 토론(토의)면접 부분에서 좀 더 자세하게 다루도록 하겠다.

6) 토론(토의)면접

토론(토의)면접은 다수의 지원자들이 토론·토의하는 형식으로 진행된다. 말 잘하는 사람이 유리할 수 있지만 토론(토의)면접은 말만 잘하는 사람을 채용하는 자리가 아니다. 주어진 토론·토의 주제에 대해 논리적으로 주장할 수 있어야 하고 다른 사람들과 협력하는 태도와 상호작용이 매우 중요하다. 몇 차례 반복되는 주장 속에서 면접관은 각 지원자의 가치와 성향을 엿볼 수 있다. 토론(토의)면접에서는 혼자서 말만 잘하는 사람이 아니라 다른 사람들과 대화를 잘하는 사람으로 평가받아야 한다. 지금부터 토론의 주요 평가포인트와 유의해야 할 사항을 체크해 보도록 하겠다.

A. 토론(토의)면접 주요 평가 포인트

토론(토의)면접 평가표				
지원자 수험번호 : 12345			면접위원 : 홍길동	
평가항목		세부 체크 포인트	항목점수	평가
주도성	가점요인	• 적극적으로 발언을 하면서 토론에 참여하고 있는가? • 전반적으로 토론을 리드하면서 원활한 소통을 이루도록 노력하고 있는가?	0 ~ 10	
	감점요인	• 발언의 기회를 거의 얻지 못하며 전반적으로 토론에 소극적으로 참여하고 있는가? • 질문 중심으로만 진행하고 전반적으로 적극적인 의견개진을 못하고 있는가?		
커뮤니케이션	가점요인	• 주제와 연관된 내용을 바탕으로 소통하고 있는가? • 대화의 논점을 명확하게 파악하며 소통하고 있는가?	0 ~ 10	
	감점요인	• 주제와 연관성이 없는 이야기를 하고 있는가? • 논리성이 결여된 발언을 지속하고 있는가?		
참신성	가점요인	• 토론에 있어서 참신한 관점을 제공했는가? • 논점해결에 도움이 될 만한 발언을 제공했는가?	0 ~ 10	
	감점요인	• 지속적으로 같은 관점만 고집하며 토론에 참여하고 있는가? • 새로운 관점을 제시하지 못하고 상대방의 약점만 파고드는가?		
포용력	가점요인	• 소수의 의견을 존중하며 토론에 참여하고 있는가? • 반대 입장의 사람들에게도 포용력을 발휘하며 토론에 임하고 있는가?	0 ~ 10	
	감점요인	• 공격적인 발언을 하면서 토론에 참여하고 있는가? • 발언을 무시하는 경향이 있는가?		
예절태도	가점요인	• 타인의 의견에 적극적으로 경청하며 토론에 참여하고 있는가? • 면접에 집중하며 겸손한 태도로 면접에 임하고 있는가?	0 ~ 10	
	감점요인	• 토론에 집중하지 못하며 산만한 느낌을 주고 있는가? • 기본적인 면접 Attitude(표정, 복장, 목소리 등)를 지키지 않고 있는가?		
총점			50	
면접위원 의견				

안심Touch

토론(토의)면접 평가표를 통해 토론·토의에서 중요하게 다루는 평가항목이 무엇인지 파악해 보길 바란다. 기업별로 평가포인트는 조금씩 다를 수 있지만 현재 평가표를 통해 스터디원들과 실전연습을 하고 상대적으로 좋은 평가를 받는다면 성공적인 결과를 만들 가능성이 높다. 현재 평가표에서는 항목별 점수를 0점에서 10점으로 표현하고 있으며 만점은 50점으로 책정되어 있다. 항목별 점수 및 총점은 임의로 설정한 것이기 때문에 큰 의미부여를 할 필요는 없다.

평가표에서 한 가지 항목이라도 6점 이하로 나왔다면 전체적으로 안 좋은 평가를 받을 가능성이 높다. 예를 들어 커뮤니케이션을 매우 잘했지만 예절과 태도 점수가 5점을 받으면 커뮤니케이션 점수도 낮게 평가될 가능성이 높다는 것을 명심해야 한다. 따라서 다양한 평가 항목에 부합하는 사람이라는 것을 면접관에게 증명하도록 하자. 지금부터 5가지 평가 항목별 유의사항을 알아보도록 하겠다.

① 주도성

30 ~ 40분이란 제한시간 동안 6명의 토론자가 토론을 한다고 가정해 보자. 과연 몇 번이나 발언 기회를 쥘 수 있을 것이라 생각하는가? 생각보다 토론에서 발언 기회를 잡는 것은 쉽지 않다. 그렇기에 주도적인 발언권 확보를 통해 적극적인 지원자로 보이는 것 역시 좋은 점수를 받는 데 도움이 된다. 또한 토론을 진행해 나가는 사회자가 없더라도 본인이 토론을 먼저 시작하는 데 도움을 주거나 중간중간 방향성을 잡아나가는 리더로서의 역할을 한다면 훨씬 매력적인 지원자로 보일 것이다.

② 커뮤니케이션

토론면접을 처음 접하는 지원자들이 저지르는 실수는 주제에 벗어나는 논리를 제시하거나 근거가 빈약한 논리로 이야기를 하는 것이다. 또는 방향성을 잡지 못하고 토론을 진행하는 시간 동안 어떠한 결론이나 합의점도 찾지 못한 채 중구난방으로 토론을 진행하는 경우가 많다. PREP 화법을 통해 본인의 주장에 필요한 적절한 이유와 근거를 명확하게 제시하는 습관을 들이자. PREP 화법은 토론 화법에서 다시 다루도록 하겠다. 또한 평소에 신문 사설이나 토론 기사들을 읽으며 충분한 시사상식과 그에 관한 자신의 견해를 표현하는 연습을 하는 것이 논리적인 지원자가 되는 지름길이다.

③ 참신성

토론을 통해 문제를 적절하게 해결해 나가는 과정을 잘 보여주는 것이 중요하다. 토론을 진행하다 보면 똑같은 관점만 고집하고 새로운 관점을 전혀 제시하지 못하는 지원자들이 많다. 그러다보니 계속 똑같은 이야기만 반복하는 경우들이 많고 10분만 지나도 더 이상 할 말이 없어 쩔쩔매는 경우들이 많다. 참신한 내용을 갑작스럽게 말하기는 어렵다. 평상시 독서와 신문을 통해 배경지식을 기르기 위한 노력을 해야 한다. 대체로 에너지 공기업의 토론주제는 회사와 연관성이 있는 주제들이 많기 때문에 회사와 연관된 이슈를 충분히 살펴보고 가는 것이 중요하다.

④ 포용력

토론은 다른 지원자들과의 진솔한 커뮤니케이션 과정이다. 너무 독단적으로 자신의 의사를 개진하거나 다른 사람의 말을 무시하거나 끼어드는 행동, 전체적인 흐름을 수용하지 않고 자신의 주장을 끝까지 고집하며 찬물을 끼얹는 행동 등은 감점 요인이다. 팀의 목표를 우선시하며 다른 팀원들의 의견을 존중하는 태도, 발언을 하지 못하는 팀원이 있을 때는 답변을 유도하거나 발언권을 넘기는 태도를 보여주자.

⑤ 예절과 태도

모든 면접에서는 지원자의 인성적인 부분을 중요시 여긴다. 인성을 파악하기 위해서는 예절과 태도가 중요하다. 깔끔한 복장, 호감 가는 표정, 밝은 목소리를 통해 긍정적인 이미지를 형성할 수 있도록 노력해야 한다. 지원자들 간에 소통을 하다 보면 집중력을 잃고 산만한 모습을 보이는 지원자들이 발견된다. 면접관이 관찰하고 있기 때문에 집중력을 잃지 않고 올바른 태도로 면접에 임해야 한다. 이 책의 PART 1에서는 예절과 태도에 대한 부분을 충분하게 다루고 있기 때문에 잘 파악해 보도록 하자.

B. 토론(토의)면접 유형

구분	유형	세부내용
진행방식에 따른 분류	토론	찬반을 나누어 경쟁적으로 의사소통하는 과정
	토의	공통의 합의점을 도출하기 위해 협력적으로 의사소통하는 과정
주제에 따른 분류	시사이슈	6개월 이내의 사회, 경제, 문화, 교육, 환경, 국제적인 이슈에 대해 출제
	회사이슈	산업 또는 기업과 관련된 이슈를 제시하고 그에 대한 해결책이나 대안점을 모색하는 방향으로 출제
	창의성	실현되지 않은 미래의 이슈나 가상의 상황을 제시하고 이에 대한 자유로운 의견을 교환하는 주제로 출제
토론 방식에 따른 분류	자료분석	다양한 데이터 분석 자료를 제시하여 분석한 내용을 토대로 토론 진행. 회사이슈 유형에서 주로 출제
	상황선택	가상의 상황과 조건이 주어지고 이를 바탕으로 자신의 의견을 개진할 수 있는 자료가 주어짐
	기본상식	추가 자료제시 없이 주제만이 제시되어 기본적인 상식을 바탕으로 토론 진행. 시사이슈 유형에서 주로 출제

① 진행방식에 따른 분류

최근 경향은 찬반토론이 아니라 공통의 결론을 도출하는 토의를 좀 더 중요시 여기는 분위기다. 또한 각 해마다 출제진행방식이 달라지는 경우도 있다. 토의 면접은 최종적으로 결론을 도출해야 한다는 점에서 찬반토론보다 좀 더 까다롭게 느껴질 수 있다. 반드시 결론을 도출해야 해야 하기 때문에 합의점을 찾기 위한 노력을 보여주어야 한다. 반면 토론면접은 찬반토론이기 때문에 찬성 및 반대의 관점에서 자신의 논리를 펼쳐나가야 한다. 그렇기 때문에 면접 중간에 자신의 기조를 바꾸어서는 안 된다.

② 주제에 따른 분류

■ 시사이슈형 : 평소 상식적으로 알고 있어야 할 다양한 시사상식 이슈들이 출제되는 경우가 많다. 예를 들어 '국민연금 개혁'과 같이 해당 산업 및 직군과 상관없는 주제가 나올 경우 지원자는 큰 혼란에 빠질 수 있다. 시사이슈 주제의 경우 직무 또는 산업에 있어 연관된 주제가 나오기보다는 광범위한 분야에서 출제되는 경향이 있으므로 신문사설, 최근뉴스 등을 꾸준히 접하면서 평상시 시사이슈 대한 지식을 쌓아두는 것이 좋다.

■ 회사이슈형 : 회사 내부 또는 외부의 이슈를 제시하고 이를 모색하도록 하는 것이 가장 자주 출제되는 주제 중 하나이다. 특히 회사 및 직무 이슈와 관련된 주제가 출제되는 경우들이 많기 때문에 관련 공부를 철저히 할 필요가 있다. 예를 들어 '녹색 에너지 기업을 지향하고자 하는 자사의 이미지를 제고하기 위한 홍보 전략', '당사는 최근 인사교육시스템을 개편하려는 중에 있다. 이를 아웃소싱하는 것이 효율적이라는 판단 하에 6개의 기업 중 한 기업을 선택하려고 한다. 가장 적합한 기업을 조원들과 협의하여 선정하라' 등이 출제 될 수 있다. 따라서 면접 전 기업에 대해 심도 있게 공부하는 것과 자신의 직군과 연관된 지식 및 이슈를 잘 파악하도록 해야 한다. 하지만 어떤 주제가 나올지 지나치게 걱정할 필요까지는 없다. 왜냐하면 기업에서는 주제에 대해 어느 정도 자료를 제공해 주어 전반적인 맥락을 이해할 수 있게 해주기 때문이다. 면접 전에 스터디 등을 통해 다양한 주제로 실전 토의면접을 자주 접해보는 것을 권장한다.

■ 창의성 토론 : 시사이슈나 회사이슈와는 관련 없는 토론주제를 제시하고 이를 통한 커뮤니케이션 능력을 평가하는 기업들이 늘고 있다. '2050년 교통사고율이 0%가 되었다. 그 이유를 논하라', '무작위로 뽑은 5가지의 키워드 중 3가지를 선정해 토론주제를 정하고 자유토론 후 결론을 도출하라', '홍길동의 의적행위는 정당한가' 등 다양한 형식의 주제가 출제되는 편이다. 주제는 누구나 접근할 수 있는 정도의 수준이지만 다양한 배경지식을 갖고 있거나 창의적 발상과 아이디어를 갖춘 지원자가 유리할 가능성이 높다.

③ 토론 방식에 따른 분류

가장 자주 나오는 토론 방식은 자료분석 토론이다. 약 5 ~ 10페이지 이상 분량의 객관적 데이터나 도표, 그래프 자료 등이 제공되며 빠른 시간 내에 해당 자료를 바탕으로 자신의 논리를 만들어 내는 것이 중요하다. 상황선택형의 경우 상황에 대한 간단한 자료들을 제시해주는 경우가 많다. 이러한 자료들에 나와 있는 데이터나 근거를 토대로 본인의 논리를 정리하는 것이 좋다. 마지막으로 어떠한 자료제시 없이 당일 주제만 출제하는 유형도 있다. 주로 시사이슈 유형에서 많이 출제되는 방식이며 기본적인 상식을 바탕으로 본인의 주장과 이유 그리고 근거를 다양한 측면에서 준비하여야 한다.

C. 토론(토의)면접 합격비법

① 5가지 토론화법을 익혀라

PREP	기조발언 때 활용하는 화법으로서 되도록 4문장 안에서 이야기하는 것이 좋다. 그 외의 발언은 RE(주장, 근거)에 맞춰서 이야기한다. • Point(주장) : 저는 야생동물 먹이주기 활동에 찬성하는 지원자 OOO입니다. • Reason(이유) : 그 이유는 먹이주기 활동을 통해 멸종에 처한 동물들을 보호할 수 있기 때문입니다. • Example(근거) : 그 근거로 강원도 철원군에서 야생동물 먹이주기 활동을 통해 멸종위기에 처했던 독수리의 수가 100여 마리에서 5,000여 마리로 늘었습니다. • Point(주장) : 그러므로 야생동물 먹이주기 활동에 찬성합니다.
쿠션화법	쿠션화법으로 상대방의 의견을 존중하고 있음을 나타내며 토론이 감정적으로 흐르지 않도록 한다. • "네, 찬성 / 반대측 이야기 잘 들었습니다. 그런데 저는 다른 생각을 갖고 있습니다." • "의견 감사합니다. 어느 정도 동의합니다만…."
질문화법	질문화법으로 상대방의 논리적 허점을 공격하되 토론의 흐름을 더욱 원활하게 만들 수 있다. **[소상공인 재난지원금에 대해 토론 중]** • 반대 측 : 소상공인 재난지원금은 세금을 가장 많이 내는 직장인을 소외시키는 결과를 낳을 것입니다. 이에 직장인에게도 공평하게 재난지원금을 주어야 합니다. • 찬성 측 : 네, 저도 동감하는 바입니다. 그러나 이상은 이상일 뿐입니다. 당장 국가 재정이 부실해 지는 문제는 어떻게 하실 겁니까? 이러한 현실적 문제에 대해서는 어떻게 생각하십니까? **[개고기문화에 대해 토론 중]** • 찬성 측 : 윤리학자 피터 싱어의 경우, 자연스러운 것을 좋은 것이라 했습니다. 먹이사슬의 최상층에 있는 인간이라면 개고기를 먹을 수도 있죠. 해리스의 문화 유물론적 시각에서 보아도 충분히 가능한 이야기입니다. • 반대 측 : 죄송하지만 잘 이해가 되지 않는데 다시 한번 논지를 정리해서 말씀해 주시겠습니까?
관점화법	• '~측면에서 말씀 드리겠다.'는 두괄식 제안을 통해 다양한 관점에서의 논리력, 사고력과 발언방향을 확보한다. • '비정규직의 정규직화'에 반대하는 이유를 2가지 측면에서 말씀드리겠습니다. – 첫째, 기존에 공채로 수년간 공부를 통해 입사한 근로자의 입장입니다. – 둘째, 취업을 준비하는 청년들의 입장입니다.
재진술	발언 시 논제와 관련된 관점을 다시 언급하면서 논지를 명확히 하고 반론의 시간을 확보할 수 있다. **[최저임금제 토론 중]** • 반대 측 : 최저임금을 1만원으로 인상한다면 제품 개발이나 생산에 투입되는 비용이 그만큼 줄어들 것입니다. 뿐만 아니라 어떤 기업이 비싼 임금을 주고 사람을 많이 채용하려고 할까요? • 찬성 측 : 반대 측에서는 기업의 경쟁력약화와 취업률 저하라는 2가지 이유로 최저임금제 인상을 반대하고 계십니다. 하지만…

② 폭넓은 시야에서 논제에 접근하라

다른 지원자들과 차별화된 발언을 통해 창의적인 사고방식과 문제해결력이 있는 지원자임을 어필해야 한다. 이를 위해서는 토론 준비 시 주제에 대하여 다각적인 측면들을 생각해 보려는 노력이 필요하다. 자신의 주장에 대한 정리뿐 아니라 예상되는 반론이 무엇인지도 생각해야 한다. 자신의 입장만 생각하면 토론에서 적극적으로 소통하기 힘들다. 상대방이 하고자 하는 주장이 무엇일지를 파악하여 그에 맞는 적절한 대응답변을 미리 생각해보는 것이 필요하다.

※ 토론 준비의 순서

이유 - 근거	⇨	예상 반론	⇨	반론에 대한 반박

③ 토론에 임하는 자세를 갖춰라

평가요소	내용
아이컨택	상대방과 골고루 아이컨택하기 위해 메모지에만 집중하지 않도록 한다. 토론은 소통이므로 상대방의 발언에 고개를 끄덕이고 은은한 미소를 보여줌으로써 상대방의 의견을 경청하고 있음을 보여준다.
제스처	가급적 제스처는 활용하지 않도록 한다. 메모할 때를 제외하고 두 손을 모아 테이블 위 또는 무릎 위에 다소곳이 올려놓는다. 지나친 제스처는 산만한 느낌을 줄 수 있다.
메모	메모하는 데 집중하다가 발언기회를 놓치지 않도록 한다. 상대방의 발언을 키워드로 간략하게 메모한다.

D. 에너지 공기업 토론(토의)면접 기출

다양한 기출 문제를 파악하여 토론 및 토의면접을 연습해 보도록 하자. 기출 문제가 생각보다 어렵게 느껴지는 것들이 있을 수 있다. 다만 다소 어렵게 느껴지는 것들은 회사에서 특정 자료를 제시해 주는 경우들이 많기 때문에 그 자료를 기반으로 면접을 준비하도록 하자.

면접을 위해 관련 자료를 살펴보고 공부하다 보면 어렵게 느껴졌던 주제들도 차츰 이해할 수 있게 될 것이다. 토론면접은 퀴즈가 아니기 때문에 어느 정도는 지원자들이 이해할 수 있는 범주에서 진행될 가능성이 높다. 앞에서도 언급했지만 주제에 너무 목말라 하기 보다는 다양한 주제를 가지고 토론 및 토의면접 연습을 충분히 하도록 하자.

① 한국중부발전
- 정부의 친환경정책과 연관하여 한국중부발전이 나아가야 할 방향을 토론해 보시오.
- 재생에너지의 효과적인 활성화 방안에 대해 말해 보시오.
- 발전소에서 일어나는 사고에는 어떤 것이 있는지 말해 보고 이에 대한 해결책에 대해 토론해 보시오.
- 미세먼지 감소 대책에 대해 토론해 보시오.
- 보일러 효율을 높일 수 있는 방안에 대해 말해 보시오.

② 한국남동발전
- 태양광 발전소 건립에 대한 주민의 반대에 관해 토론해 보시오.
- 바이오매스 발전소 건설에 대해 토론해 보시오.
- 바이오매스 발전의 효용성에 대해 토론해 보시오.
- 국가 간 계통 연결에 대해 토론해 보시오.
- 노후화된 화력발전소를 적절하게 운영·관리할 방법에 대해 토론해 보시오.
- 최근 다양한 육아정책이 적용되고 있다. 앞으로 한국남동발전은 어떤 방향으로 육아정책을 발전시켜 나아야 할지 토론해 보시오.
- 고졸채용 확대로 인한 역차별에 대해 토론해 보시오.

- 병역기피 현상을 근절할 수 있는 해결방안에 대해 토론해 보시오.
- 남자들의 육아휴직에 대한 회사의 입장에 대해 토론해 보시오.
- 청년실업과 고령자의 고용확대 방안에 대해 토론해 보시오.
- 산업개발과 환경보존의 공존방안에 대해 토론해 보시오.
- 공기업 본사의 지방이전에 따른 지역균형개발의 영향에 대해 토론해 보시오.

③ 한국남부발전
- 4차 산업혁명을 이용하여 발전소의 사고·사망재해를 줄이는 방안에 대해 토의해 보시오.
- 화학물질 안전 관리 방안에 대해 토론해 보시오.
- 가스터빈 국산화 방안에 대해 토론해 보시오.
- 리스크와 가능성이 다른 국가에 진출할 순위에 대해 토의해 보시오.
- 우리 회사의 민영화를 찬성과 반대 입장에서 토론해 보시오.

④ 한국동서발전
- 페미니즘에 대해 토론해 보시오.
- 보호무역주의와 자유무역주의에 대해 토론해 보시오.
- 사내소통방안에 대해 토론해 보시오.
- 최근 지진에 대한 불안감이 높아졌는데 어떻게 발전소 주변의 지역 주민들의 신뢰를 얻을지 토의해 보시오.
- 당진 발전소 주민 반대를 설득할 방안을 토의해 보시오.
- (설계수명, 경제수명, 전문가 의견, 발전설비 교체비용 추세 등에 관한 자료를 주고) 노후화된 발전시설에서 고장부품을 교체해야 하는데 일부만 교체할지, 전량 교체할지 토론해 보시오.
- B사에서 바이오에너지 발전소를 만들 예정이다. 우리 회사는 중소기업과 상생을 위해 분할발주를 하려고 하니 업무가 폭증할 것이라 예상된다. 하지만 일괄발주를 하게 되면 대기업에게 이익이 가기 때문에 우리 회사가 추구하는 상생과 맞지 않는다. 어떤 방식의 발주가 좋을지 토론해 보시오.
- 풍력발전소 건설지역의 주민들에게 찬성을 이끌어낼 수 있는 방법에 대해 토의해 보시오.

⑤ 한국서부발전
- 발전소 펌프의 진동 원인과 해결책에 대해 토론해 보시오.
- 카르노 사이클이 적용되기 힘든 이유에 대해 토론해 보시오.
- 랭킨사이클의 효율 향상법에 대해 토론해 보시오.
- 장마로 인한 낙뢰로 정전 시, 어떤 조치를 취해야 하는지 토론해 보시오.

⑥ 한국수력원자력
- 환경과 개발 중 무엇을 우선해야 할지에 대해 토의해 보시오.
- 해외 원전수주 방안에 대해 토의해 보시오.
- 방사선이 동·식물에 축적되는데, 이에 대해 고려할 점에 대해 토의해 보시오.
- 사용 후 핵연료의 안전하고 체계적인 수송 방안에 대해 토의해 보시오.
- 방사성폐기물 관리 시 유의점에 대해 토론해 보시오.
- 자립형 사립고에 대해 찬성과 반대 입장에서 토론해 보시오.

7) 발표 면접

발표면접은 지원자의 전문성을 평가하는 데 있어 가장 보편화된 면접방식이다. 발표면접에서 차별화를 갖추기 위해서는 문제해결능력과 프레젠테이션 스킬이 필요하다. 최근에는 다양한 방식으로 발표면접을 진행하고 있기 때문에 지원한 기업에서 어떤 유형으로 진행하는 지를 파악하여 효과적으로 대비해야 한다. 또한 발표면접에서 차별화를 갖추기 위해서는 다양한 질문을 파악하고 최대한 발표를 많이 해보는 것이 중요하다. 특히 스터디를 통하여 발표면접을 준비하는 것이 보다 효과적인 방법이 될 수 있음을 명심하자.

A. 발표면접 주요 평가 포인트

발표면접 평가표				
지원자 수험번호 : 12345			면접위원 : 홍길동	
평가항목	세부 체크 포인트		항목점수	평가
주제이해도	• 제시된 주제와 문제에 따라 답을 하고 있는가? • 제시된 주제에 대한 기본적인 지식을 갖추고 있는가? • 제시된 주제에 대한 심화된 지식 및 배경지식을 갖추고 있는가?		0 ~ 10	
문제해결능력	• 주어진 문제에 대한 차별화된 해결능력을 갖추고 있는가? • 창의적으로 문제를 해결해 나갈 수 있는가? • 문제를 해결하는 방법이 합리적이고 논리적인가?		0 ~ 10	
자료분석능력	• 주어진 데이터와 자료를 기반으로 발표를 하고 있는가? • 주어진 데이터와 자료를 유효적절하게 활용하고 있는가? • 주어진 데이터와 자료를 통해 창의적인 대안 제시 및 문제를 해결해 나갈 수 있는가?		0 ~ 10	
전달력 (발표력)	• 지원자가 알고 있는 지식 및 대안을 이해하기 쉽게 설명하고 있는가? • 적절한 목소리와 톤을 갖고 발표할 수 있는가? • 발표 내용에 대한 숙지를 잘하고 있는가?		0 ~ 10	
예절, 태도	• 적절하게 제스처를 활용하고 있는가? • 면접 예절과 발표 매너를 지키고 있는가? • 올바른 아이컨텍으로 면접에 임하고 있는가? • 밝은 표정과 자신감을 갖추며 면접에 임하고 있는가?		0 ~ 10	
총점			50	
면접위원 의견				

① 주제이해도

질문에 대한 주제를 명확히 이해하는 것은 발표의 기본이다. 전혀 모르는 주제가 나온 다면 발표면접에서 좋은 평가를 받는 것은 불가능하다. 토론면접 등에서는 잘 모르는 주제가 나오더라도 눈치껏 어느 정도 대응이 가능하다. 하지만 발표면접은 모르는게 나올 경우 눈치껏 할 수가 없다. 그래도 오랜 시간 동안 전공 공부를 하고 필기시험까지 합격한 지원자라면 전공지식 관련 문제를 푸는 것은 그리 어렵지 않을 것이다. 사전에 전공지식 중심으로 하는지, 자료를 기반으로 하여 문제를 풀어야 하는지를 꼭 확인하고 유형에 맞추어 준비하도록 하자. 사무직 계열일 경우에는 전공지식이 나오지 않기 때문에 회사이슈, 사업이슈 등

을 잘 파악하는 것이 중요하다. 혹은 제시된 자료를 잘 해석해서 답을 풀어 나가
도록 하자.

② 문제해결능력

최근 발표면접에서는 단순 지식을 측정하는 주제가 출제되기 보다는 특정 현안
에 대한 문제해결능력을 요구하는 질문들이 점차 늘어나고 있다. 지원자가 갖고
있는 전문지식과 배경지식을 기반으로 문제를 해결하는 것이 중요하다. 혹은 발
표주제에서 제공하는 자료를 기반으로 문제를 풀어나가야 한다. 필자의 경험 상
지원자들 간에 지식 차이가 크지는 않기 때문에 크게 걱정할 필요는 없다. 다만,
문제를 풀어나가는 과정에서 요구하지 않은 것을 발표하는 지원자들이 있다. 문
제해결능력을 보여줄 때, 매우 뛰어난 능력을 보여주는 경우도 있지만 대체로는
평균적이기 때문에 질문만 잘 해석하더라도 중간은 갈 수 있다. 가장 큰 문제는
질문을 잘못 해석해서 엉뚱한 답을 하는 것이다. 문제를 해결하는 과정을 논리
적으로 답변한다면 좋은 평가를 받을 수 있을 것이다.

③ 자료분석능력

문제해결력을 요구하는 질문 형태와 자료를 분석하는 형태의 질문은 약간 상이
할 수 있다. 혹은 회사의 문제 형태에 따라서 자료분석능력을 요구하지 않을 수
도 있다. 자료분석능력이 면접 평가표에 있을 경우 회사는 반드시 수치가 있는
데이터 및 문제 상황자료 등을 제공해 준다. 이에 지원자는 해당 자료를 기반으
로 문제를 풀어나가면 된다. 생각보다 시간이 부족하여 충분하게 자료를 해석하
기 어려운 경우도 있으니 준비 시간에 시간안배를 잘하면서 면접에 임하는 것이
중요하다. 자료가 없는 문제를 풀어나갈 경우 자료분석능력은 면접 평가표에서
제외해도 상관없다.

④ 전달력(발표력)

발표면접에서 가장 눈에 띄게 차별화할 수 있는 부분이 발표 영역이다. 주제에
대한 이해도, 문제해결력, 자료분석능력 등에서 확연한 차이를 주면 좋겠지만
대부분은 수준이 비슷한 경우들이 많다. 이와 같이 수준이 비슷할 경우 전달력
(발표력)에서 지원자들 간에 차이가 날 수 있다. 특히 스피치와 이미지는 매우
중요한 요소이기 때문에 한 가지 특정 주제를 가지고 대본을 만들어 수십 번 이

상 반복 연습을 하도록 하자. 이를 통해 빠른 시간 안에 발표의 프레임을 몸으로 익히는 것이 중요하다. 이와 같이 반복적이면서도 완벽한 발표 경험이 지원자의 발표 역량을 빠르게 향상시킬 수 있다. 개인적으로 할 수 있는 가장 좋은 방법은 스마트폰으로 자신의 발표 모습을 촬영하고 스터디를 조직하여 발표에 대한 불안감을 점차 줄여나가는 것이다. 남성지원자의 경우 스포츠 아나운서를, 여성지원자의 경우 기상 캐스터를 벤치마킹 해보면 좋다.

⑤ 예절, 태도

모든 면접에서 면접예절이 중요하다. 인사조차 제대로 못해서 지적받는 지원자들이 의외로 많다. 특히 발표면접에서는 다른 유형의 면접보다 기본적인 면접 매너를 지키지 못해 안 좋은 평가를 받는 경우들이 많다. 예를 들어 화이트보드를 이용하는 경우 지나치게 화이트보드 방향을 보고 발표를 해서 답답해 보이는 지원자들이 많다. 혹은 고개를 숙여 사전에 준비한 발표 자료만 읽어서 면접관과 제대로 아이컨택을 못하는 경우들이 다수 발생한다. 기본적인 면접예절을 지켜서 자신감 있게 발표를 진행해 보길 바란다.

⑥ 평가에 대한 조언

대체로 모든 유형의 면접이 마찬가지겠지만 현재 항목에서 단 한 가지라도 6점 이하로 평가를 받게 되면 떨어질 가능성이 높다. 주제이해도가 낮다면 주어진 문제를 잘 해결할 리가 없기 때문이다. 또한 발표력이 6점 이하로 떨어지면 내용적으로 우수하더라도 집중하기가 어려워져 전체적으로 안 좋은 평가를 받을 수 있다. 전반적으로 모든 항목에서 8점 이상 점수를 받겠다는 목표로 연습을 하고 면접에 임하도록 하자.

B. 발표면접의 유형과 주제

분류	세부영역	평가 주요 포인트
시간	3분 발표	비교적 짧은 시간에 자기소개, 특별한 에피소드 등이 주로 출제됨
	5분 발표	가장 보편적인 형태이며 다양한 주제로 출제됨
주제	문제해결유형	대부분의 주제가 해당 유형이며 해결방안에 포커스를 맞춰야 함
	상황제시형	업무 상황이 주어지고 이를 해결할 수 있는 방법을 제안하는 유형
	자료분석유형	자료를 분석하고 해결방안을 제시함

PT면접 시간 및 주제는 위와 같이 분류할 수 있다.

시간에 따른 분류로는 3 ~ 5분의 발표 유형이 있는데 시간 길이에 따라 주제의 난이도가 달라지기도 한다. 에너지 공기업에서는 10분 이상 길게 발표하는 경우는 거의 없고, 3분에서 5분 안에 발표를 마쳐야 한다. 그만큼 핵심을 빠르게 파악하고 시간에 맞추어 연습을 해야 한다.

주제에 따른 분류로 문제해결유형은 가장 일반적으로 기출되는 주제형식이다. 비즈니스 및 현장 상황 속에서 일어날 수 있는 다양한 문제 상황 등을 제시하고 이를 해결할 수 있는 방안을 묻는 방식이다. 전공이해의 경우 이공계열에서 주로 기출되며 전공 분야에 대한 이해와 적용능력을 평가한다. 마지막으로 자료분석유형의 경우 주어진 자료를 토대로 종합적으로 사고하여 문제를 해결하는 구조이기 때문에 자료를 해석하는 능력과 분석력이 요구된다.

C. 발표면접 8단계 프로세스

발표는 다음과 같은 순서대로 진행하는 것이 가장 이상적이다. 조금은 정형화된 틀을 가지고 그에 맞춰 정확한 프레젠테이션 능력을 구사하는 것이 효과적이다. 편안하게 발표하되 정형화된 순서에 따라 발표연습을 해 보자.

오프닝 멘트	면접관의 이목을 집중시키기 위한 오프닝 멘트를 한다.
⇩	
서론 / 주제	본론을 말하기 전에 발표 주제를 언급한다.
⇩	
판서	발표할 내용을 간략하게 정리하여 화이드 보드에 내용을 작성한다. 최대한 짧게 키워드만 도식화하여 표현하는 것이 좋다(단, 공기업은 앉아서 진행하는 경우도 있고 화이트보드를 안 쓰고 발표만 하는 경우도 많다).
⇩	
주의 환기 칠판 주목	판서 후 "기다려주셔서 감사합니다." 라고 말한 뒤, 면접관의 주목을 다시 끌기 위해 "칠판을 주목해 주시기 바랍니다."라는 멘트를 한다(단, 판서를 할 경우에만 해당 표현을 하도록 하자).
⇩	
목차 설명	앞으로 전개될 목차에 대해 간략하게 안내한다. 목차 설명은 발표의 내용이 어떻게 흘러가는 지 안내해 주는 역할을 한다.
⇩	
본론	본론을 진행한다. 본론을 진행할 때는 되도록 핵심만 간결하고 논리적으로 발표해야 한다.
⇩	
요약 및 종합	본론의 내용을 요약하고 전체적으로 종합하여 전달한다.
⇩	
클로징 멘트	내용을 마무리하고 앞으로의 포부를 간략히 전달하며 마무리한다.

D. 발표면접 합격비법

① 바른 자세와 태도로 공략하라

발표면접은 서있는 자세부터 평가에 반영된다. 자세를 바르게 하고 자신감 있는 태도를 보여주어야 한다. 앉아서 하는 경우 자세를 올곧게 하여 좋은 이미지를 전달하도록 하자.

② 면접관이 좋아하는 이미지를 만들어라

메러비안의 법칙에서는 이미지에 가장 많은 영향을 주는 요소로 시각(55%)과 청각(38%)을 꼽는다. 말의 내용(7%)은 생각보다 사람들에게 많은 영향을 주진 않는다. 면접 합격에 도달하기 위해서는 수려한 말솜씨보다 밝은 표정과 미소, 억양, 아이컨택이 중요함을 인식하자. 이에 꾸준히 자신의 모습을 관찰하고 스터디 멤버들과 피드백하길 바란다.

③ 스피치는 발표면접의 반이다

좋은 스피치 능력을 기르기 위해서는 목소리의 높낮이, 장단에 변화가 있어야 한다. 고속도로에서 졸음사고가 많이 발생하는 이유는 너무 일정한 속도로 움직이기 때문이다. 오프로드를 달린다고 생각하고 말에 굴곡을 만들어야 한다. 평소 책이나 신문 사설을 소리 내서 읽기, 쇼 호스트 대본 따라 해보기, 날씨 전달해보기 등의 스피치 연습을 통해 보다 매력적인 목소리를 들려주도록 한다. 해당 부분은 PART 1의 이미지 전략에서 다시 한번 체크해 보길 바란다.

④ 효과적인 제스처를 사용하라

과도한 제스처는 지원자를 산만한 사람으로 인식하게 만든다. 하지만 적재적소에 사용하는 제스처는 핵심 내용을 보다 강조하고 효과적인 전달을 하는 데에 도움을 준다. 이에 의식적으로 중간 중간 제스처를 넣어 강조할 핵심과 주제어를 효율적으로 전달하도록 하자. 무의식적으로 나오는 제스처는 피해야 하지만 의식적으로 하는 제스처는 적극적으로 활용해 보자.

E. 발표면접 기출

아래 출제된 발표면접 주제를 한번 검토해 보고 자신의 전공 및 지원분야와 연관성이 있다면 발표 연습을 하도록 하자. 간략하게 주제 정도만 나와 있지만 실제 면접을 볼 때에는 관련 자료와 데이터 등을 제시해 줄 수 있다. 지금 제시된 기출 질문이 너무 어렵게 느껴질 수도 있지만 현장에서는 관련 자료를 볼 수 있기 때문에 지금 보고 있는 주제보다는 현장에서 주제에 대한 이해도가 높아질 수 있다. 일단 자신이 가장 잘할 수 있는 주제를 선정하여 반복적인 연습을 하고 이를 통해 발표에 대한 자신감을 갖고 면접에 임하자.

한국남부발전

- 태양광 발전사업 확대를 위한 방안을 전기 직무와 결합시켜 말해 보시오.
- 발전소 도입방안에 예상되는 문제점을 발표해 보시오.
- 발전소의 사고·사망재해를 줄일 수 있는 실질적인 제도적 방안을 발표해 보시오.
- 고령 노동자 교육방안에 대한 귀하의 생각을 말해 보시오.
- PDCA에 대해 아는 대로 말해 보시오.
- 분권화 방식에 따른 특징과 내용을 발표해 보시오.
- 현재 환경문제의 원인으로 화력발전소가 지목되고 있다. 이에 대한 귀하의 생각을 말해 보시오.
- 지역 주민과의 갈등을 해결할 수 있는 방안에 대해 발표해 보시오.
- 주 52시간제 도입에 따른 대응방안을 발표해 보시오.
- 업무 협의제와 스마트워크의 전제요소에 대해 말해 보시오.
- 친환경 발전소를 활성화하기 위한 방안을 말해 보시오.
- 일자리 창출방안에 대해 말해 보시오.
- 부서에서 어떠한 사람이 되고 싶은지 말해 보시오.
- DR시장의 적용 및 활성화 방안을 제시해 보시오.
- 미세먼지 저감을 위한 대책을 발표해 보시오.
- 도심형 신재생에너지 발전소에 대해 발표해 보시오.
- 노후화 발전소에 대해 발표해 보시오.
- 빅데이터 활용방안에 대해서 발표해 보시오.
- 발전 연관사업에 대해서 발표해 보시오.
- 친환경 건축에 대해서 발표해 보시오.
- 한국남부발전의 해외 진출방안에 대해서 발표해 보시오.

한국중부발전

- ESG경영에 대해 발표해 보시오.
- LNG발전의 교육안에 대해 발표해 보시오.
- 신재생에너지와 화력발전소의 미래 방향에 대해 발표해 보시오.
- 한국중부발전의 발전소 안전사고 방지를 위한 대책에 대해 발표해 보시오.
- 발전기 용접부에 누수가 발생하였는데 원인은 무엇이고, 누수를 방치한다면 어떤 문제점이 생기는지에 대해 발표해 보시오.
- 발전소 보일러의 효율 저하 원인과 점검사항에 대해 말해 보시오.

에너지 공기업 면접평가 기준 이해하기

에너지 공기업을 포함하여 대부분의 공공기관들은 약간은 상이하지만 비슷한 평가기준을 갖고 있다. 에너지 공기업들의 기출문제를 영역별로 나누어 본 결과 전문성, 의사소통능력, 직업윤리, 문제해결능력, 자기개발능력, 조직이해능력, 대인관계능력, 인성 관련 질문으로 등으로 이루어진다. 그 외에 질문은 아니지만 당연히 평가요소에는 '예절 및 태도'에 대한 부분이 반영될 것이다. 대체로 질문은 직업기초능력을 기반으로 하는 문제들이 주를 이루고 있기 때문에 영역별로 예상문제를 만들어 보는 것도 큰 도움이 될 것이다.

이 책의 가장 핵심적인 구성 또한 면접평가기준에 따라 기출문제 및 예상문제 등을 수록하였고 거기에 따른 답변 예시를 통해 면접을 준비할 수 있도록 제시하고 있다. 면접 준비 혹은 면접 직전에 책에 나와 있는 다양한 질문을 참고하여 준비한다면 좋은 결과로 이어질 수 있을 것이다. 지금부터 평가기준에 대한 내용을 간략히 살펴보도록 하자.

면접평가표		
지원직무 : 사무행정직무　　　지원자 수험번호 : 12345　　　면접위원 : 김정우		
평가항목	샘플질문 및 평가포인트	평가점수 (0 ~ 5)
1 전문성	• 스마트그리드에 관해서 아는 대로 말해 보시오. • 지원 분야 관련 경험이나 준비한 사항이 있다면 설명해 보시오. • 본인을 뽑아야 하는 이유를 말해 보세요.	
2 의사소통 능력	• 커뮤니케이션에 실패한 경험에 대해 말해 보시오. • 반대되는 입장의 사람을 설득해 본 경험이 있는가?	
3 직업윤리	• 한국동서발전에서 비윤리적 요소가 있는 프로젝트를 진행하게 된다면 어떻게 할 것인가? • 공과 사 중 어떤 것을 추구해야 하는가? • 상사가 부당한 지시를 내리면 어떻게 할 것인가?	
4 문제해결 능력	• 문제를 해결한 경험에 대해 말해 보시오. • 발전소에서 문제가 발생했을 때, 귀하는 어떻게 처리할 것인지 말해 보시오. • 지금까지 살면서 힘들었던 점을 극복한 사례를 말해 보시오.	

5	열정	• 어떤 일에 몰입한 경험에 대해 말해 보시오. • 열정적으로 한 일에 대해 설명해 보시오. • 지산이 가장 성취(도전)했던 경험에 대해서 말해 보시오.	
6	자기개발 능력	• 시간 관리를 어떻게 하는지 말해 보시오. • 입사 후 단기적 혹은 장기적인 목표에 대해 말해 보세요. • 자신이 부족하다고 느껴 무엇인가를 준비하고 공부해 해결한 경험이 있는가?	
7	조직이해 능력	• 우리 회사에 대해서 아는 대로 설명해 보시오. • 우리 회사에 지원한 이유는 무엇인가? • 여러 발전회사 중 한국남동발전에 지원한 이유를 설명해 보시오.	
8	대인관계 능력	• 다른 사람과 갈등을 해결하는 자신만의 방법과 사례를 말해 보시오. • 같이 일하기 싫은 상사스타일은 어떠한 유형의 사람인지 설명해 보시오. • 나이 어린 상사가 있다면 불편할 텐데 어떻게 적응할 생각인지 말해 보시오.	
9	인성 및 기타질문	• 존경하는 인물에 대해 설명하시오. • 공부 외에 관심 분야가 있다면 무엇인지 설명해 보시오. • 다른 회사는 어디 지원했고 결과는 어떻게 됐는가?	
10	예절태도	• 올바른 태도로 면접에 임하고 있는가? • 기본적인 면접, 에티켓을 지키며 면접에 임하고 있는가? • 목소리 전달력이 우수한가? • 안정적인 시선처리를 유지하며 면접에 임하고 있는가? • 올바른 복장으로 면접에 임하고 있는가? • 밝고 편안한 인상으로 면접에 임하고 있는가?	
합산점수			
코멘트			

위의 면접평가표는 평가항목을 크게 10가지로 잡았다. 실제로는 제시된 10가지를 시간 내에 측정하는 것은 불가능하다. 실제 면접에서는 보통 4 ~ 5가지 정도 영역을 측정할 수 있다. 위에 제시된 평가표는 기업에서 자주 평가하는 유형을 전부 넣었다고 생각하면 되겠다. 이에 면접 스터디 등을 할 때에 다양한 영역을 골고루 체크하면 면접을 준비하는 데에 큰 도움이 될 것이다. 다음으로 각 항목에 대한 평가기준을 어떻게 하는 것이 좋을 지를 예시를 들어 설명하겠다. 다음 표를 확인해 보자.

평가 점수	역량항목 : 문제해결능력	
	평가 기준	체크
0	• 거짓 답변이 발각된 경우 / 윤리의식이 결여된 경우 • 질문에 대응하지 못한 경우 • 답변에 대한 일관성이 떨어진 경우 / 지나치게 자신을 포장하는 경우	
1	• 질문에 대해 동문서답하는 유형으로 의사소통에 장애가 느껴지는 경우 • 표현능력이 떨어지고, 자신의 행동을 제대로 표현하지 못하는 경우	
2	• 결과는 좋았으나, 자신의 행동 및 태도에 대해서는 불명확하게 설명하는 경우 • 지원자의 행동수준이 일반적인 상식과 수준에 머물러 있는 경우	
3	• 의사소통을 하는 데에 있어서 별다른 문제가 없으며 명확한 결과물을 제시함 • 지원자의 행동수준이 일반적인 상식과 수준을 뛰어넘는 경우	
4	• 의사소통능력이 뛰어나고 남다른 결과물을 창출함 • 문제를 해결하는 능력이 우수하며, 문제를 해결하고자 하는 집념이 강한 경우	
5	• 의사소통능력이 뛰어나고 남다른 결과물을 창출함 • 문제를 창의적 방법으로 해결하고, 경험을 통해 배운 점을 적용할 수 있음	

위의 표를 통해 면접관의 판단기준을 파악해 보도록 하자. 필자 같은 경우 대기업 및 공공기관 등에서 면접관 교육 경험을 갖고 있다. 면접관 교육을 통해서 어떤 질문을 던져야 하며 어떻게 질문을 해야 하는 지 등에 대한 교육을 진행한다. 교육을 하면서 반드시 정립해야 하는 것들이 있다. 바로 평가 기준을 확립하는 것이다. 면접관마다 지식수준, 경험수준이 다르고 사람을 판단하는 기준 자체 및 성격도 다다르기 때문에 어느 정도는 평가기준을 확립하는 것이 중요하다.

위의 표는 면접 중 문제해결능력을 측정할 경우 어떻게 점수를 매길 지에 대한 기준을 제시하고 있다. 예를 들어 '프로젝트를 하면서 가장 어려웠던 경험은 무엇이었습니까?'에 대한 질문에 답을 했을 때, 크게 5가지 정도로 점수를 평가할 수 있음을 알려주고 있다. 물론 기준점을 잡는 것은 각 회사마다 다를 수 있고 매년 달라질 수도 있다.

1) 100% 떨어질 수밖에 없는 지원자는 누구인가?

100% 떨어질 수밖에 없는 지원자는 거짓 답변을 하는 지원자이다. 면접관들은 충분한 사회경험과 나름대로의 직관을 갖고 있다. 뻔히 속이 보이는 거짓말은 위험하다. 또한 면접관은 인성검사 결과표를 갖고 면접을 진행하는 경우도 있기 때문에 거짓말은 절대적으로 피해야 한다. 검사지에 보인 나의 모습과 답변의 내용이 너무

심하게 다를 경우 면접관은 지원자가 거짓말을 하고 있다고 알아차릴 가능성이 높다. 다른 사람들이 거짓말로 면접에 합격했다는 달콤한 유혹에 절대 넘어가지 말자. 면접관의 입장에서는 세련된 거짓말보다는 다소 투박하더라도 자신의 이야기를 진실되게 하는 사람에게 마음을 주는 경우가 많다. 거짓말로 합격할 가능성 보다는 투박하더라도 자신의 이야기를 진솔하게 펼쳐 나가는 사람의 합격 가능성이 높다는 것을 명심하자. 왜냐하면 면접은 결코 말을 잘하는 사람을 뽑는 자리가 아니기 때문이다. 또한, 거짓 답변을 했다는 것은 윤리의식이 부족한 지원자라는 치명적인 평가를 내릴 수도 있다. 거짓말은 사랑으로 뭉쳐진 연인 및 부부관계 조차도 완전히 산산조각 낼 수 있을 만큼 위험하다. 혹은 거짓말이 아니더라도 지원자가 문제를 해결해 나가는 과정에서 원칙을 무시했거나, 윤리의식이 결여된 상태로 일처리한 부분이 보인다면 더 이상 물어볼 것도 없이 0점 처리할 가능성이 높다. 매우 높은 수준의 역량을 발휘했다 하더라도 단 한 가지 질문에 대해서 0점을 맞았다면 회복불가능하다.

0점을 맞는 것은 이외에도 여러 가지 상황에서 나타날 수 있다. 질문에 대한 대응을 못하는 경우가 여기에 속할 수 있다. 질문에 대응을 못하고 있다는 것은 문제해결을 한 경험이 없다고 말하는 것과 똑같다. 면접관의 입장에서는 점수를 부여할 수가 없을 것이다. 또한, 일관성 없이 이야기하는 것도 거짓말과 유사하게 0점을 맞게 된다. 예를 들어 처음에는 자신이 팀의 리더였다고 했다가 뒤에서는 다시 팀원이라고 말하는 등 오락가락 말하는 경우들이 있을 수 있다. 마지막으로 거짓말과 포장의 경계가 애매한 경우들의 지원자들이 있다. 항상 뭐든지 과유불급이다. 약간의 포장을 통해 나를 더 돋보이게 할 수도 있지만 지나친 포장은 거짓말로 인식할 수 있음을 명심하자.

2) 아쉽지만 떨어질 수밖에 없는 지원자는 누구인가?

1점밖에 부여할 수 없는 지원자들이 존재한다. 해당 지원자 같은 경우 면접 준비가 덜 되어 있는 지원자라고 볼 수 있다. 질문에 대한 답을 전혀 말하지 못하는 경우도 있지만 질문을 잘못 받아들이는 경우도 있다. 바로 동문서답을 하는 지원자이다. 엄중한 면접현장에서 의외로 동문서답을 하는 지원자들이 많다. 대체로 면접 질문을 충분히 확인하지 않고 들어왔거나 긴장함으로 나타날 수 있는 현상이다. 앞에서도 언급했듯이 면접을 제대로 준비하기 위해서는 100 ~ 200개 이상 정도의 질문을 살펴보는 동시에 질문에서 요구하는 것이 무엇인지 명확히 파악하고 들어와야 한다.

반면 질문을 이해했지만 표현을 너무 못해서 부정적인 평가를 받을 수 있다. 좋은 경험을 갖고 있지만 상대방의 수준에서 알아듣기 쉽게 설명해야 한다. 그럼에도 불구하고 본인만 이해할 수 있는 수준에서 답을 하게 되면 의사소통이 성립될 수 없음을 잊지 말자. 혹은 문제해결경험에 대한 질문에 대해서 문제 상황을 지나치게 장황하게 말하고 행동보다는 결과 중심으로 말하는 것도 면접관의 입장에서는 불충분한 답변으로 들릴 수밖에 없다. 그러므로 문제 상황에서 어떻게 문제를 해결해나갔는지를 중점적으로 설명하는 것이 중요하다.

3) 애매해서 떨어질 수밖에 없는 지원자는 누구인가?

면접을 못하는 것은 아니지만 자주 떨어지는 유형의 지원자들도 존재한다. 위의 표를 기준으로 했을 때, 필자의 경험상 합격할 만한 수준은 3점이다. 그 아래 점수인 2점을 받게 되는 경우는 어떤 경우가 있을 수 있을까? 해당 점수를 받는 사람들은 대체로 스피치는 매끄러운 편이다. 그리고 자신이 해야 할 말들을 적절하게 이야기하는 유형의 지원자이다. 그럼 어디에서 문제가 발생하는 것일까? 답변 내용이 진부할 때 이런 평가를 받을 가능성이 높다. 예를 들어 문제상황에 대한 해결 방안으로 이야기를 할 때, '본인이 주도적으로 정기적인 회의를 하자고 제안하였고 그것을 구실점으로 팀이 하나가 되고 차근차근 문제를 해결하여 공모전에서 수상을 했다.' 정도로 스피치를 하는 지원자들이 있다. 면접관이 듣고 싶어하는 것은 그 이상의 문제해결력이다. 단순하게 회의를 하자고 제안을 했던 것이 자신의 문제해결의 전부라면 아무리 성과가 좋아도 매력적으로 보이지 않는다. 좀 더 자신의 행동을 명확하게 드러내야 한다.

우리가 흔히 말하는 경험면접이라는 것은 지원자의 행동을 관찰하여 지원자가 조직에서 요구하는 역량을 갖추었는지를 파악하기 위함이다. 결과보다는 행동을 통해 지원자가 유능하다는 느낌을 주어야 할 것이다. PART 3에서 다루는 기출 및 예상 면접의 Worst 답변과 Best 답변에서도 그러한 부분을 지적한 것들이 주를 이룬다. Worst 답변은 대체로 질문을 제대로 이해하지 못하는 경우도 발생하지만 자신이 취한 행동이 누구나 할 수 있는 행동의 범주에서 말할 때에 문제가 발생할 수 있다.

지원자들은 차별화된 역량과 경험을 갖추어야 한다는 말에 혼란을 겪는 경우들이 많다. 그리고 많은 지원자들은 그러한 것을 갖추지 못했다고 말하는 경우들이 많다. 면접관이 원하는 사람은 슈퍼맨이 아니다. 차별화된 역량과 경험은 특별한 경험이라기보다는 개인이 겪었던 문제(프로젝트, 아르바이트, 사회생활, 근로, 인턴, 동아리, 학회 등) 상황에서 어떤 방식으로 문제를 해결했는지를 납득가능하게 설명할 수 있어야 한다. 면접관은 충분한 사회경험을 갖추고 있기 때문에 문제처리 상황에서 어떻게 문제를 해결해 나가는 지를 알려주면 해당지원자가 어떤 유형의 사람인지를 파악할 수 있다. 따라서 문제를 처리하는 과정 가운데 지원자가 했던 행동을 잘 요약해서 설명할 필요가 있다. 그래야 면접관이 지원자의 역량을 파악할 수 있음을 명심하자.

4) 합격하는 수준의 지원자는 누구인가?

3점 이상을 획득할 수 있는 지원자는 문제 상황에서 자신의 행동에 대해 구체적으로 설명할 수 있는 사람이다. 구체적이기 때문에 모두 좋은 것은 아니다. 지원자의 행동이 누구나 할 수 있는 범주 수준이라면 평가절하될 수 있다. 대체로 면접관들은 조직에서 일을 잘하는 사람의 유형과 비슷한지를 파악하고자 노력한다.

예시 1

일을 잘 하는 사람들의 특징

- 계획적인 일처리 능력
- 솔선수범과 희생정신
- 대인관계능력
- 높은 수준의 목표지향
- 지식이나 기술 응용능력
- 책임강과 성실함
- 끈기와 인내심
- 리더십
- 창의적인 일처리 능력
- 꼼꼼한 일처리

일을 잘 하는 사람들은 예시 1과 같은 특징을 가지고 있으며 이는 직업기초능력에서 강조하는 역량이다. 이런 역량을 경험적으로 갖추고 있다면 매우 매력적인 지원자라고 평가할 수 있을 것이다.

다시 원점으로 돌아와서 말하자면, 자신의 경험을 명확하게 설명할 수 있어야 하며 행동수준이 일을 잘하는 사람들의 특징을 갖추고 있는지가 중요하다. 그렇다면 나의 경험을 듣고 있는 면접관은 지원자의 스피치에 충분히 공감할 가능성이 높다.

다만, 면접을 준비하는 지원자의 입장에서 '일반적인 상식과 수준을 뛰어넘어야 한다.'는 표현은 다소 애매하게 느껴질 수도 있을 것이다. 예를 들어 실험을 하는 상황에서 원하는 결과물을 얻지 못하는 문제 상황에 직면할 수 있다. 이런 상황에서 친구의 도움을 받아, 문제점을 확인하고 다시 실험을 해서 좋은 결과로 이어졌다는 이야기를 할 수 있다. 문제는 해결했지만 구체적이지도 않을뿐더러 문제해결에 있어 해당 지원자의 특별한 점이 보이지 않는 다는 것이 가장 큰 문제이다. 그렇다면 합격할 만한 사람들은 어떻게 스피치를 진행할까?

"문제를 분석해 본 결과, 실험에 필요한 지식의 부족함을 느꼈습니다. 이에 저는 3가지 계획을 세워 실행했습니다. 첫 번째로 약 2주간 실험과 공부를 병행하며 관련 전공 지식과 논문을 읽어 보았습니다. 이를 통해 전반적인 지식을 쌓고 실험에 임했습니다. 그래도 막히는 부분은 1주일에 한 번씩은 교수님 및 학과 조교님께 문의를 드려 부족한 부분을 지속적으로 채워나갔습니다. 두 번째로 실험 외적으로 우리가 하는 실험이 현업에서 어떻게 활용하는지 궁금해서 현업에서 일하고 계신 분과 만나 보았습니다. 이를 통해 실험에서도 전체 1등을 했을 뿐 아니라, 우리가 진행한 실험이 업무에 어떻게 활용되는지 명확하게 이해할 수 있었습니다."

위의 예시와 같은 방식으로 말한다면 해당 지원자가 문제를 어떤 방식으로 해결하는지 가늠해 볼 수 있다. '해당 지원자는 계획적일 것이다. 자신이 맡은 업무에 대한 관심이 높고 책임감이 강해 보인다.' 등의 인식을 가질 가능성이 높다. 같은 이야기라 하더라도 어떻게 말하느냐가 중요하고 결과가 좋다 하더라도 어떤 과정을 거쳐서 일하는가가 중요한 문제라는 것을 명심해야 한다.

위에 제시한 예시 수준이 요즘 합격하는 수준의 스피치 예시라고 볼 수 있다. 경쟁이 점점 치열해져가고 있기에 역량과 능력을 갖춘 지원자가 점점 늘어나고 있다. 그 외에 지원하는 기업의 조건과 연봉이 높으면 높을수록 더 높은 수준의 지원자가 지원하고 있기에 질문 하나 하나에 제대로 대응하기 위해 준비해야 한다.

5) 반드시 합격하는 수준의 지원자는 누구인가?

4점, 5점을 받을 수 있는 지원자는 누구인가? 3점도 합격할 만한 수준이지만 밀릴 수도 있다. 특히 요즘같이 경쟁이 치열한 시대에 있어서는 어떤 지원자도 장담할 수 없다. 하지만 4, 5점을 받을 수 있는 지원자는 약 3 : 1의 이하의 면접 경쟁률을 보이는 에너지 공기업 면접에서는 거의 대부분 합격한다. 실제 그런 지원자를 만나기가 어렵기 때문이다. 3점을 받을 수 있을 정도의 수준의 예시를 위에서 잠시 살펴보았다. 4점은 해당 지원자가 위의 예시로 보여준 지원자보다 문제를 해결하고자 하는 집념이 더 강하게 보일 때다. 면접은 주관에 따라 평가하는 것이기 때문에 표현하기는 어렵지만, 면접관의 입장에서 좀 더 우수하게 보이는 지원자가 존재한다. 뿐만 아니라 의사 전달력도 매우 우수해서 좋은 평가를 받는 지원자들이 있음을 명심하자.

5점을 받을 수 있는 수준은 창의적 문제해결을 제시할 수 있는 수준이다. 한국 사람들은 대체로 성실하게 일하는 것이 가장 큰 장점 중에 하나다. 문제를 해결할 때, 끈기를 가지고 수행할 정도라면 대체로 많은 기업에서 좋게 봐줄 가능성이 높다. 반면, 특히 부족한 것은 창의적인 문제해결능력이다. 해당 질문에 대해서도 면접에서 종종 물어보긴 하지만 차별화된 답을 하는 지원자는 매우 부족하다. 그런 측면에서 일에 대한 열정뿐만 아니라 창의적인 일처리 능력까지 겸비하면서 문제를 해결하고 있다는 것을 보여준다면 최고 수준의 평가를 받을 수 있다. 물론 창의적인 부분을 보여줄 수 없는데 지나치게 여기에 집착할 필요는 전혀 없다. 가능하다면 창의적인 부분까지도 이야기하면 좋겠지만 적어도 일처리 과정에서의 계획성, 꼼꼼함, 열정 등을 잘 드러내주는 행동 중심의 스피치를 하도록 하자.

6) 답변내용 + 이미지 + 의사소통능력 + 인성

면접에서 생각보다 좋은 결과가 나오는 경우도 있고 생각보다 안 좋은 결과가 나오는 경우들이 있다. 지금까지 문제해결능력을 물어보는 항목과 관련된 예시를 통해 평가기준을 살펴보았다. 특정 질문 한 가지에 대한 답만 잘해도 좋은 평가를 받는 경우도 있지만 면접관은 전반적으로 균형 잡힌 지원자를 좋아하기 때문에 다양한 질문에 대해서 답변을 잘하는 것이 중요하다.

답변을 잘하는 것도 중요하지만 관련 내용을 어떻게 전달하느냐 또한 매우 중요하다. 지나치게 긴장을 하면 같은 말을 반복하는 문제가 나오기도 하고, 말을 더듬는 경우, 너무 느리거나, 빠르거나, 발음이 안 좋은 문제들이 발생할 수 있다. 이런 문제들로 인해 답변내용은 좋지만 소통이 잘 안돼서 저조한 평가를 내릴 수도 있다. 위의 평가 기준표를 통해 이해할 수 있는 것은 행동을 통해 지원자의 역량을 파악할 수도 있지만 의사소통을 통해 지원자에 대한 역량을 파악한다는 것을 꼭 기억하도록 하자.

그 외에 어떤 이미지로 면접관과 면접을 보고 있는지 등도 중요하다. 물론 답변내용이 불명확할수록 이미지에서도 산만하고 어수선한 느낌을 준다. 답변내용이 명확함에도 불구하고 면접에서 떨어졌다면 대체로 자신의 이미지에 문제가 있음을 인식하고 작은 것부터 개선하려고 노력해야 한다. 특히 이미지 관련 부분에서 언급을 했지만 목소리, 올바른 태도, 눈빛, 표정, 제스처 등을 제대로 준비하여 답변과 잘 어울릴 수 있도록 해야 한다.

능력은 출중하되 인성에서 안 좋은 느낌을 주는 지원자들이 간혹 있다. 일을 시키면 잘 할 것 같지만 사람들과의 관계성이 안 좋아 보이거나 스트레스가 많은 것 같은 느낌을 준다면 떨어진다. 특히 요즘 가장 많이 챙기는 요소가 있다면 팀워크 능력이다. 팀워크는 다양하게 정의를 내릴 수 있지만 필자 같은 경우 '팀워크는 조직의 목표 달성을 위해 솔선수범하는 자세'라고 정의를 내린다. 요즘 업무 현장에서의 가장 큰 애로점은 개인주의가 극대화되면서 아무도 희생하려고 하지 않는다는 점이다. 관리자의 입장에서 그러한 부하직원이 너무나 부족하기 때문에 솔선수범하는 자세를 갖춘 지원자라면 좋은 인성으로 인정받을 여지가 많다. 개인적인 역량이 아무리 뛰어나다고 하더라도 면접관에게 다소 개인적이고 이기적인 느낌을 주는 지원자라면 충분히 떨어뜨릴 수 있는 요인이 될 수 있다는 것을 꼭 명심하자. 반대로 약간은 역량적으로 아쉬운 부분은 있지만 팀워크가 매우 훌륭한 직원이라면 적극적으로 선발할 여지도 있다.

많은 취업준비생이 자신의 경험과 경력, 스펙에 대해 많은 고민을 하고 있다. 경력, 경험, 스펙이 우월하다면 분명히 유리하지만, 그렇지 못하다고 해서 실망할 필요는 없다. 자신의 경험 중 남다른 희생과 솔선수범적인 자세로 일처리 했던 것이 있으면 1분 자기소개 등에서부터 적극적으로 어필해 볼 것을 권장하고 싶다. 그런 부분들이 의외의 결과를 만들 수 있는 기회가 될 수 있다.

PART 3

에너지 공기업
기출 질문과 답변 전략

Q. 스마트그리드에 관해서 아는 대로 말해 보시오.

질문 의도 회사 및 산업과 관계된 기본적인 지식을 갖추고 있는지 확인

연관 질문 신재생에너지에 대해서 아는 대로 설명해 보시오.

답변 가이드 회사 이슈, 연관 산업에 대한 이슈, 관련 분야 새로운 기술 등에 대해서는 지원분야와 상관없이 충분히 이해하고 어필할 필요가 있다.

Worst 답변

스마트그리드란 전기 공급자와 생산자들에게 전기 사용자 정보를 제공함으로써 보다 효과적으로 전기 공급을 관리할 수 있게 해주는 서비스입니다. 전기와 정보통신 기술을 활용해 전력망을 지능화 및 고도화해 고품질 전력서비스를 제공하고 에너지 이용 효율을 극대화하는 것으로 알고 있습니다.

답변 TIP ✔

특정 분야의 이해나 지식을 요구하는 질문이 종종 나올 때가 있다. 아주 어려운 질문이라기보다는 해당 분야에서 자주 언급되는 이슈 정도는 전공과 상관없이 공부하고 가는 것이 중요하다. 관련 질문을 지나치게 간략한 정의 정도로만 설명하다 보면 다른 지원자와의 차이를 주기 어려울 수 있으므로 기본 개념 외적으로 더 공부했던 부분들은 좀 더 어필해 보길 바란다. 그 외에 해당 질문에 있어서는 꼬리질문이 두 번 이상 나올 수 있고 이를 통해 해당 분야에 대해 더 알고 있는 내용이 있는지를 물어볼 수 있다는 것을 염두하고 준비하도록 하자.

스마트그리드는 지능형 전력망으로 기존 공급자 중심의 전력망에 정보통신 기술을 접목해 공급자와 수요자 사이에 양방향으로 정보교류가 이루어지는 시스템입니다. 또한 ESS(에너지저장시스템), AMI(지능형원격검침인프라), EMS(에너지관리시스템), 전기차 및 충전소, 분산전원, 신재생에너지, 지능형 송·배전시스템으로 구성됩니다. 2008년 우리 정부는 스마트그리드 사업을 국가 8대 신성장동력 사업에 선정하였고, 2030년 국가 단위 스마트그리드를 구축할 것이라고 알고 있습니다. 마지막으로 스마트그리드가 구현된다면 우선적으로 에너지 효율이 높아져 낭비되는 에너지를 절감할 수 있습니다. 또한 기존 발전시설의 주 원료였던 화석연료 사용을 절감시켜 온실가스를 감소시키는 효과로 지구온난화도 막을 수 있을 것입니다.

답변 TIP

이 질문은 지원자가 평소에 얼마나 기업과 관련된 이슈에 대해 관심을 가지고 있는지 확인하고자 하는 질문이다. 이러한 질문 유형에는 1분 이상 답변할 수 있도록 평소에 기업 관련 기사를 자주 읽고 정리해두어야 한다. 용어의 정의는 기업에 대해 공부하면서 스스로 막힘없이 말할 수 있도록 암기하자. 그래야 면접에서 자연스럽게 대답할 수 있다. 그밖에도 더 아는 것이 있는지를 체크하는 경우들이 많기 때문에 좀 더 철저한 준비가 필요한 유형의 질문이다. 회사와 연관된 것들에 대해서는 충분히 이해하고 숙지해서 말하는 데에 부족함이 없도록 해야 한다.

Q. 지원 분야 관련 경험이나 준비한 사항이 있다면 설명해 보시오.

질문 의도) 직원으로서 갖추어야 할 경험과 역량 사항을 확인

연관 질문) 우리 회사 입사를 위해서 특별히 준비한 점이 있습니까?

답변 가이드) 공기업 지원자들은 대체로 필기시험 준비, 기사자격증 및 우대 자격증 취득에 올인하는
경향이 있다. 그 외적으로 회사나 지원분야를 위해서 준비한 사항을 구체적으로 설명할
필요가 있다.

Worst 답변

공기업을 준비하면서 한국사 1급, 토익 820점을 취득하였습니다. 또한 산업안전
기사, 전기기사를 취득하여 전문역량을 쌓고자 노력하였습니다. 또한 현장업무를
수행하기 위해서 평상시 헬스와 같은 운동을 하며 준비해 오고 있습니다.

답변 TIP ✔

현재 답변 내용은 기본적인 자격증만을 나열하고 있다. 혹은 회사를 오기 위해 운
동을 꾸준히 하고 있다는 것은 물어본 질문 의도와는 크게 엇나가는 느낌을 주고 있
다. 딱히 할 말이 없다면 회사공부를 열심히 했다는 점을 어필하길 바란다. 회사 사
업과 연관된 부분을 면접 준비 기간 동안이라도 철저하게 공부하여 회사에 대한 관
심도가 높은 지원자라는 것을 보여주도록 하자.

저는 크게 2가지 준비를 해왔습니다. 첫 번째로 회사에 대한 이해도를 쌓고자 노력했습니다. 남부발전소를 두 번 견학하면서 발전설비가 어떻게 가동되고 운영되는지에 대한 이해를 쌓았습니다. 또한 회사 관련 사업에 대한 기사를 꾸준히 스크랩하면서 회사 사업에 대한 이해를 하고자 노력했습니다. 이를 통해 제가 해야 할 역할을 파악할 수 있었고 발전설비에 대한 공부를 할 때에도 큰 동기부여가 되었습니다. 두 번째로 안전관련 분야에 대한 공부를 해왔습니다. 현장에서 가장 중요한 것은 안전이기 때문에 그 일환으로 안전기사 자격증도 취득했습니다. 그 외에도 안전관련 교육을 듣고, 안전 분야에 대한 다양한 사례를 배우며, 관련 지식을 쌓고 있습니다.

답변 TIP ✓

경험이나 준비한 것 등에 대한 질문이 나올 때에는 2가지 혹은 많게는 3가지 정도로 요약해서 설명해 주면 짜임새 있는 답변을 할 수 있다. 지식보다는 경험적인 부분이 좀 더 좋게 인정받을 수 있는 포인트가 된다. 특히 인턴 관련 경험이나, 연관 프로젝트 경험 등이 있다면 더욱 좋은 평가를 받을 수 있다. 지식, 기술, 경험, 태도적인 관점에서 어필할 수 있는 포인트를 찾아내어 답변하도록 하자.

Q. 본인을 뽑아야 하는 이유는 무엇인가?

질문 의도 지원분야에 필요한 역량을 갖추고 있는 지원자인지 확인

연관 질문 지원분야에 필요한 지식, 기술, 태도에 기반하여 준비한 것을 설명해 보시오.

답변 가이드 면접에서는 자기 PR과 관련된 질문들이 많이 나온다. 이에 비슷한 이야기를 반복해서 말하는 지원자들이 많다. 앞에서 말했던 이야기를 반복하지 않도록 주의해야 한다.

Worst 답변

우선 저는 토목직에 지원하고자 토목기사 자격증을 갖고 있습니다. 이러한 전문지식을 기반으로 토목건설사업 관리 분야에서 빠르게 적응하도록 하겠습니다. 이외에도 현재 원어민과 1 : 1 전화영어를 하면서 영어회화 실력을 기르고자 노력하고 있습니다. 무엇보다 저는 사람과의 관계를 잘 맺는 편이라서 현장에서 사람들과 잘 어울리며 일할 준비가 되어 있습니다.

답변 TIP ✔

해당 질문에 대한 답을 찾기가 쉽지는 않다. 하지만 지금과 같은 답은 지양하는 것이 좋다. 기본적인 자격증 언급은 피하도록 하자. 영어공부처럼 해당 직무에 직접적으로 중요하게 받아들여지지 않는 부분도 주의하도록 하자. 만약 해외사업에 관심이 있다고 이야기한 후, 영어 이야기를 하면 적절한 어필이 될 수도 있다. 마지막으로 사람들과 잘 어울린다는 표현은 나쁘진 않지만 다소 추상적일 수도 있다. 특히 앞에 말한 내용에서 좋은 인상을 받지 못하면 뒤에 언급한 친화력도 의미가 퇴색될 수 있다. 좀 더 현장에 필요한 역량에 대해서 구체적으로 설명해 보도록 하자.

저는 입사하기 위해 크게 2가지를 준비해왔습니다. 첫 번째로 체험형 청년인턴 생활을 하며 토목 현장에 대해 이해할 수 있었고 어떤 분야에 더 집중해서 준비해야 하는지를 알 수 있었습니다. 두 번째로 인턴 경험을 토대로 해당 직무를 이해하기 위해 전문 자격증을 취득하였습니다. 저는 토목 직무에 지원하고자 토목기사 외에도 건축설비기사, 건축기사, 거푸집기능사 자격증이 있습니다. 이를 통해 토목건설 사업 관리 분야에 있어 다른 지원자들보다 깊이 있는 전문지식을 보유하고 있다고 자부합니다. 마지막으로 무엇보다 저는 사람과의 관계를 잘 맺는 편이라서 현장에서 사람들과 잘 어울리며 일할 준비가 되어 있습니다.

답변 TIP ✔

기업은 경력과 경험을 갖춘 지원자를 선호하는 경향이 강하다. 청년인턴을 했다면 적극 강조하자. 혹은 타 분야의 인턴십이라도 해당 분야에서 배웠던 점을 적극 어필해서 설명해 보도록 하자. 당연히 이전 회사 경력이 있다면 적극적으로 어필하는 것이 좋다. 자격증 같은 경우 남들과 차별화된 점이 있으면 어필하고 없다면 이야기하지 않도록 하자. 자신을 뽑아야 하는 이유를 충분히 생각한 후 답변을 준비해 보자.

Q. 귀하가 지원한 업무에 적합한 인재인 이유를 설명해 보시오.

질문 의도 | 지원자의 역량과 적합성을 파악하여 준비된 지원자인지 확인
연관 질문 | 우리 회사가 본인을 선발해야 하는 이유를 지식, 기술, 태도 관점에서 설명해 보시오.
답변 가이드 | 지원 직무에 대한 이해도를 바탕으로 자신의 역량을 설명하는 것이 중요하다.

Worst 답변

　저는 다양한 봉사활동을 해 왔습니다. 이를 통해 공기업 직원에게 필요한 봉사정신을 함양하였으며 다른 사람들을 배려하는 자세를 가지게 되었습니다. 또한 저는 원칙을 잘 지키는 사람입니다. 사소한 거짓말도 항상 경계하여 공기업 직원에게 필요한 윤리의식을 함양하고 있습니다. 이와 같이 봉사정신과 윤리의식을 기반으로 회사에 꼭 필요한 사람이 되고 싶습니다.

답변 TIP ✔

　답변이 다소 추상적인 느낌을 준다. 자신의 봉사정신과 윤리의식을 설명하려면 위의 답변보다 좀 더 구체적으로 설명하는 것이 좋다. 또한 봉사정신과 윤리의식은 모든 공공기관에서 기본적으로 요구되는 역량이다. 따라서 이외에도 지원한 분야에 따라 필요한 지식, 기술, 태도 등을 적극 어필할 필요가 있다. 현재 답변은 지원 업무와는 직접적인 연관성이 떨어지기 때문에 좀 더 해당 업무와 관련 있는 경험이나 지식 등을 기반으로 자신을 설명하도록 하자.

저는 업무에서 요구되는 꼼꼼함과 책임감을 가지고 있습니다. 연구실에서 인턴으로 있을 당시, 학교 안전팀에서 '3일 후 연구실 환경안전관리 실태를 조사한다.'는 공문을 받고 시약을 정리하는 업무를 맡은 적이 있습니다. 먼저 연구실에 있는 시약들의 정보가 있는 부분을 사진으로 찍고 그 내용을 엑셀을 이용해 정리하였습니다. 시약의 명칭, 제조사, CAS Number, 주문업체 등을 일목요연하게 정리한 후 함께 보관해도 되는 시약과 그렇지 않은 시약으로 구분한 뒤 실험할 때 시약을 찾기 쉽도록 알파벳 순서로 정리를 하였습니다. 저는 제가 맡은 일을 책임감 있게 처리하기 위해 저녁 늦게까지 시약을 정리하였습니다. 그 결과 환경안전관리 평가에서 우수한 연구실로 선정되었습니다. 이러한 저의 역량을 회사에서도 충분히 발휘할 수 있다고 생각합니다.

답변 TIP ✅

적합한 이유는 여러 가지 방향으로 생각해 볼 수 있다. 해당 답변 같은 경우 대체로 태도적인 역량을 강조하고 있다. 자신이 했던 업무와 미래 업무와의 연관성은 다소 떨어질 수도 있겠으나 업무를 대하는 태도 또한 우리가 어필해야 하는 포인트가 될 수 있다. 전공이 정확히 맞고 해당 분야에서의 경험이 있다면 그것을 그대로 이야기하면 된다. 하지만 전공이 맞지 않을 경우 태도적인 관점을 적극적으로 설명할 수 있도록 하자.

난이도 ★★★ / 중요도 ★★★

Q. 새로운 에너지(신재생에너지) 패러다임을 맞이해 공사의 추구방향, 전략을 제시해 보시오.

질문 의도 │ 회사의 중요 사업이슈에 대한 이해도를 측정

연관 질문 │ 신재생에너지 관련하여 공사가 추진하는 사업에 대해 알고 있는 것을 설명해 보시오.

답변 가이드 │ 회사사업 관련 이슈를 철저하게 공부하여 다른 지원자들에 비해 관련 분야에 대한 지식이 많다는 점을 강조하고 이를 통해 충성도가 높은 지원자임을 증명하자.

Worst 답변

신재생에너지는 우리 국가가 나아가야 하는 방향이자 공사가 나아가야 할 방향이라고 생각합니다. 풍력에너지, 태양광에너지, ESS개발을 통해 경쟁력을 갖추어 미세먼지 절감을 하는 데에 앞장서야 한다고 생각합니다. 입사 후, 신재생에너지 관련 부분에 대한 공부를 하여 회사에 도움이 되도록 하겠습니다.

답변 TIP ✓

틀린 답은 아니다. 하지만 다소 내용의 깊이가 떨어져 보일 수 있다. 또한 에너지 공기업별로 중점적으로 추구하는 방향이 다르다. 회사가 더 적극적으로 추진하고 있는 부분들을 파악하고 앞으로 어떤 부분들을 개선해 나가야 할지 대안을 제시할 필요가 있다. 그리고 풍력, 태양광, ESS등에 대한 세부질문이 나올 수 있기 때문에 지원자가 언급하고자 하는 부분에 대해서는 좀 더 깊이 있는 지식을 갖추기 위해 노력하자.

Best 답변

정부에서 추진하고 있는 제5차 신재생에너지 기본계획에 따라 신재생에너지를 보급하기 위해 시장을 형성하고 수요에 맞는 에너지를 생산할 수 있는 산업과 인프라를 구축하는 데 앞장서야 한다고 생각합니다. 균형적인 발전이 필요하지만 그중에서도 저는 특히 기존의 화석에너지보다 변동성이 큰 신재생에너지를 효율적으로 사용하기 위해서 ESS(에너지저장장치) 개발이 우선시 되어야 한다고 생각합니다. 제가 연구했던 리튬이온배터리 경험을 바탕으로 리튬금속을 음극재로 사용하는 전고체 배터리를 개발하여 별도의 재충전이나 교체 과정 없이도 장기간 사용이 가능한 배터리를 개발하는 데 기여하고 싶습니다.

답변 TIP ✔

최근 에너지 산업이 급변하고 있다. 이에 패러다임의 변화를 잘 파악하여 정부의 정책과 연관시켜 설명하는 것이 중요하다. 단순히 공기업이 나가야 할 방향만을 제시하지 않고 지원자가 어떤 분야에 기여할 수 있는지를 경험에 근거하여 제시한 부분이 인상적이다. 위의 예시처럼 자신의 경험과 역량을 연결시킬 수는 없다고 하더라도 공사의 방향성을 파악하여 자신만의 견해를 잘 만들어 보도록 하자.

Q. 입사 후, 가장 하고 싶은 일과 해당업무를 잘할 수 있는 이유를 설명해 보시오.

질문 의도 관심 있는 업무를 파악하고 직원으로서 필요한 역량이 준비되었는지 확인

연관 질문 희망하는 업무에 있어 본인의 강점은 무엇인가?

답변 가이드 간혹 하고 싶은 일에 대한 이야기를 할 때, 공사와 전혀 상관없는 업무를 이야기하는 지원자들이 있다. 지원하는 회사 및 직군에 대한 이해를 바탕으로 답변을 준비해야 한다.

Worst 답변

현장에서 평소 전기설비를 유지보수하면서 교체나 증설, 보강공사가 필요한 설비가 있는지 확인하는 실무 경험을 바탕으로 우리 기관의 사업을 기획해 보고 싶습니다. 저는 맛집 탐방 동호회 회장으로 5년 이상 활동하면서 동아리의 살림을 책임지기 위해서 노력했습니다. 지난해를 되돌아보고 동호회를 유지·관리하기 위해서 평소 회원들과 자주 대화를 나누어 필요한 사항이 있는지 확인하였습니다. 확인한 내용은 엑셀에 일정별로 작성을 하였고, 이는 연말모임에서 다음 해에 필요한 활동, 개선해야 할 사항, 회비 인상 여부 등을 결정할 때 유용하게 사용하였습니다. 사업계획을 세우고 설계하는 것은 어떤 조직의 살림을 관리하는 것에 비유할 수 있습니다. 제가 활동한 동호회 경험이 모든 업무를 다 포괄할 수는 없지만 이러한 경험을 바탕으로 사업계획서를 기획해 보고 싶습니다.

답변 TIP ✔

동아리에서의 기획업무와 회사에서 특히 기술이슈를 다루는 기획을 서로 연결시키는 것은 무리수가 될 수 있다. 에너지 공기업에서의 사업기획을 하고 싶다면 기본적으로 재무회계에 대한 이해가 필요한 동시에 기술적인 동향에 대한 이해가 필수이다. 업무에 더 적합한 사례 혹은 근거를 기반으로 답변을 구성해 보도록 하자.

Best 답변

현장에서 평소 전기설비를 유지보수하면서 교체나 증설, 보강공사가 필요한 설비가 있는지 확인하는 실무 경험을 바탕으로 설비업무에 대한 자신감을 갖고 있습니다. 설비업무를 수행하는 데에 있어서 제가 적합한 이유는 크게 2가지가 있습니다. 첫째, 발전설비에 대한 지식이 있습니다. 플랜트 교육을 기반으로 발전설비에 대한 지식을 갖추고 있으며 앞에서도 언급했던 것처럼 관련 업체에서 일하며 설비 현장 경험이 있습니다. 둘째, 현장 경험과 지식을 기반으로 현장에서 발생하는 기술적인 이슈를 협력업체와 원만하게 소통할 수 있습니다. 또한 원만한 관계 형성과 역지사지의 자세를 통하여 관계를 매끄럽게 풀어나갈 자신이 있습니다.

답변 TIP ✅

하고 싶은 업무를 막연하게 말하기보다는 자신의 경험과 지식을 기반으로 희망업무를 설정하는 것을 권장한다. 또한 해당 업무를 잘할 수 있는 이유 또한 명확한 근거를 가지고 설명할 수 있어야 한다. 물론 경험과 근거에 대해서 꼬리질문이 이어질 수 있기 때문에 그 부분도 항상 추가적으로 준비해야 한다.

Q. 커뮤니케이션에 실패한 경험에 대해 말해 보시오.

질문 의도 의사소통 관련 실패 경험을 통해 지원자의 소통방식의 문제를 파악
연관 질문 주변 사람들에게 오해를 받아 어려움을 겪었던 적이 있는가?
답변 가이드 실패를 통해 새롭게 배우고, 문제를 개선시킬 수 있는 사람임을 어필하자.

Worst 답변

팀 프로젝트의 팀장으로 일했을 때, 한 명의 조원과 불화가 생긴 적이 있었습니다. 약속을 잘 지키지 않는 조원으로 인해 저 뿐만이 아니라 함께 하는 조원들도 화가 나 있는 상태였습니다. 이때 저는 그 친구의 잘못을 단톡방에서 공개적으로 질책을 했고 그로 인해 그 친구는 팀 프로젝트에서 이탈하였습니다. 나머지 팀원들과 힘을 합쳐 팀 프로젝트를 마무리 했지만 그 이후로 그 친구와 연락이 단절되었던 것이 실패로 기억됩니다.

답변 TIP

상대방을 공개적으로 칭찬하는 것은 좋은 소통의 기술이지만 공개적으로 질책하는 것은 최악의 방법이 될 수 있다. 그리고 무엇보다 실패를 통해 배운 점이 드러나지 못한 점이 아쉽다. 실패했지만 이를 바탕으로 역지사지의 자세를 배웠다거나 그 친구와 진심어린 대화를 통해 화해를 했다는 식으로 표현하면 더 좋았을 것이다.

　학생회 회장으로 일할 당시, 저를 잘 따라와 주고, 솔선수범해서 일하는 후배를 유독 아끼고 공개적으로 칭찬을 아끼지 않았습니다. 그러자 그 후배와 다른 부원들 간에 보이지 않는 갈등이 생겼습니다. 다른 부원들은 저에게 자신들도 보이지 않게 일을 해왔는데 너무 서운했다는 피드백을 주었습니다. 이로 인해 팀워크를 해친 적이 있습니다. 저는 다른 부원들의 피드백에 대해 즉각적으로 사과를 했고 세심하게 행동하지 못한 점에 대해서도 용서를 구했습니다. 그리고 선의의 행동이라 할지라도 타인의 입장에서 생각해 보는 것이 얼마나 중요한지 다시 한번 깨달을 수 있는 계기가 되었습니다.

답변 TIP ✔

　공개적인 칭찬도 상황과 때에 맞추어 하는 것이 중요하다. 때에 따라서는 공개적인 칭찬이 조직원들 간에 위화감을 조성할 수 있다. 이러한 점을 소통의 실패로 뽑은 것은 면접관들에게도 충분히 공감을 살 수 있을 것이다. 그리고 그 이후의 상황에서도 문제를 빠르게 개선하고 배우고자 하는 자세를 취한 부분이 인상적이다.

난이도 ★★★ / 중요도 ★★☆

Q. 반대되는 입장의 사람을 설득해 본 경험이 있는가?

질문 의도 다양한 이해관계자들을 설득할 수 있는 능력을 갖추고 있는가를 확인

연관 질문 상사와 지속적으로 업무 관련해서 의견충돌이 일어난다면 어떻게 할 것인가?

답변 가이드 회사라는 조직은 다양한 이해관계자들 가운데 일을 해야 한다. 그러므로 반대되는 입장의 사람을 논리적 혹은 감정적으로 설득할 수 있는 능력이 있음을 증명해야 한다.

Worst 답변

제 경험에 따르면 반대되는 입장이 누구냐에 따라 제 태도는 다를 것 같습니다. 만약 상사가 저와 반대 입장을 표한다면 경험이 많은 상사의 의견을 따를 것입니다. 하지만 동기나 부하직원이 저와 다른 의견을 가진다면 설득을 시도해 보겠습니다.

답변 TIP ✔

공기업의 특성상 수평적인 구조보다 수직적인 조직 문화를 갖고 있기 때문에 위와 같이 답변을 했을 수도 있다. 하지만 아쉽게도 문제를 해결하기 위해 소통을 하려는 의지가 보이지 않는다. 그리고 문제의 요점은 경험에 대해서 이야기를 해야 하는데 미래 상황에 대해서 표현을 하고 있다. 이와 같이 동문서답하는 것을 조심해야 한다.

동아리 축제 사업을 할 당시 항상 주점을 운영해 왔지만, 저는 아기자기한 디저트 판매를 통해 새로운 사업을 하자고 주장한 적이 있습니다. 축제 사업에서 가장 중요한 것은 수익성을 높여서 부족한 동아리 자금을 확보하는 것이었습니다. 이에 저는 모두가 하는 주점보다는 새로운 방식으로 사업을 하자고 제안했습니다. 그러자 약 70% 이상이 이전에 했던 방식으로 그대로 진행하자며 반대를 했습니다. 이에 저는 모두가 하는 주점보다 아무도 하지 않는 디저트를 판매하여 매출을 더 확대할 수 있을 것이라 이야기했습니다. 축제를 할 때에 데이트하는 사람들도 있고 종종 지역 주민들이 가족단위로 참여하는 경우들이 있기 때문에 그러한 고객층도 잡을 수 있다고 주장했습니다. 또한 수제로 만든 디저트의 수익성이 주점보다 2배 이상 높다는 점도 강조했습니다. 마지막으로 제가 직접 만든 디저트를 함께 시식하는 시간을 가졌고 반대하던 부원들을 설득할 수 있었습니다. 이를 통해 평균 80만 원 정도의 수익을 남기던 동아리 축제사업에서 180만 원 이상의 수익을 남길 수 있었습니다.

답변 TIP ✓

경험에 대해서 이야기를 할 때에는 상황 – 행동 – 결과 중심으로 이야기가 구성된다. 설득하기 위한 과정 자체가 공감이 되어야 한다. 좋은 설득 경험의 사례는 설득하기 위해 다양한 시도를 하는 것이다. 예시에서도 자신의 제안을 설득하기 위해 다양한 시도를 하고 있는 점을 발견할 수 있다. 이와 같이 다양한 시도를 통한 설득의 과정이 면접관에게는 논리적인 설득과정으로 느껴질 수 있다. 결과는 좋지만 설득의 과정을 한 가지로만 표현하는 것은 결과와 상관없이 설득 과정의 논리가 빈약하게 느껴진다.

Q. 본인만의 소통방법에 대해서 설명해 보시오.

질문 의도 다양한 이해관계자들을 설득할 수 있는 능력을 갖추고 있는가를 확인
연관 질문 이해관계자와 소통을 할 때 가장 중요하게 여기는 점은 무엇인가?
답변 가이드 소통의 핵심은 역지사지의 자세이다. 역지사지의 관점에서 소통을 할 수 있다는 점을 강조하자.

Worst 답변

저는 상대방의 입장을 진정으로 이해하고자 노력합니다. 동네 마트에서 여름방학 동안 건강음료를 판매하는 아르바이트를 한 적이 있습니다. 판매 실적이 좋으면 인센티브가 추가로 지급된다고 하여 용돈을 더 벌고 싶어 손님들에게 물건을 적극적으로 권했습니다. 하지만 판매로 이어지지 않아 고민을 하고 있을 때, 옆 코너에서 저와 비슷한 건강음료를 판매하시는 여사님은 재고가 없어 내일 다시 찾아와 달라고 손님들에게 이야기하고 있었습니다. 점심시간에 음료수를 들고 여사님께 찾아가 인사를 드리며 혹시 물건을 파는 팁을 공유해 주실 수 있는지 여쭤보았습니다. 여사님은 상대방의 입장에서 이 물건이 왜 필요한지를 고민해보면 답을 얻을 수 있을 것이라고 말씀해 주셨습니다. 집에 돌아가 다음날 어떻게 건강음료를 판매할 것인지 구상하였습니다. 손님의 관점에서 생각해 보고 멘트도 작성하였습니다. 아르바이트를 하는 동안 점점 판매량이 늘었고 월급에 덤으로 명절 용돈까지 받을 수 있었습니다. 고객의 입장에서 생각하는 것이 무엇인지 직접 깨달을 수 있는 귀한 시간이었습니다.

답변 TIP ✔

해당 답변은 이야기 분량이 너무 길어서 좀 더 축약시킬 필요가 있다. 가벼운 답변은 40초 정도 이내에 답할 수 있을 정도로 이야기하는 것이 좋다. 또한 소통방법에 대한 부분을 좀 더 구체적으로 설명하고 사례를 짧게 언급할 필요성이 있다. 지원자들 같은 경우 지나치게 사례중심으로 이야기를 하려고 하는 경향이 있다. 그러다보면 말이 길어지는 경향이 있어 주의를 해야 한다. 현재 물어본 질문의 핵심은 구체적 사례보다는 소통방법적인 부분이다. 사례는 추가질문이 나왔을 때, 구체적으로 설명해도 괜찮다.

저는 소통을 할 때 크게 2가지를 고려합니다. 첫 번째는 역지사지의 자세입니다. 제 입장에서만 이야기를 한다면 오히려 갈등을 겪는다는 것을 알고 있기 때문에 타인의 관점에서 이해하고 이야기해서 더 나은 소통을 하고자 노력합니다. 두 번째는 상대방의 수준에 맞추고자 노력합니다. 타 학과 학생들과 프로젝트 등을 할 때에 서로 알고 있는 지식이 달라서 어려움이 있었습니다. 이때 서로 간에 전공지식을 알려주는 시간을 가져 좀 더 원활한 소통을 이룰 수 있었습니다. 이러한 방식이 제가 소통하는 주요한 방법이라고 말씀드리고 싶습니다.

답변 TIP ✔

소통에서 가장 중요한 것은 역지사지이다. 타인의 관점에서 소통을 할 때에 우리는 더 협력적인 관계를 만들 수 있고 문제의 실마리를 풀어갈 수 있다. 또한 소통을 위해서는 높은 수준의 지식도 요구될 수 있다. 특히 업무적인 소통에서는 지식적인 부분이 중요하다. 현재 지원자 같은 경우 간략한 사례를 통해 소통의 방법에 대해서 충실하게 설명하고 있다. 물론 지금 답변처럼 방법론 중심으로 이야기를 하면 추가 질문을 통해 지원자에게 구체적 사례를 요구할 수 있다는 것을 명심하자.

Q. 상사와 업무적으로 의견이 맞지 않는다면 어떻게 할 것인가?

질문 의도 상사의 권위를 존중하는 동시에 원만하게 의사소통을 할 수 있는가를 확인

연관 질문 객관적으로 자신의 의견이 맞지만 상사가 반대한다면 어떻게 하겠는가?

답변 가이드 직장 생활 중에는 상사라 할지라도 업무적으로 마찰이 있을 수 있다. 하지만 이를 원만하게 극복하고 명확한 소통을 할 필요성이 있음을 인식하자.

Worst 답변

상사님은 저보다 나이도 많고 경력도 많기 때문에 저보다는 업무적인 부분에 있어서 더 뛰어난 판단을 할 가능성이 높습니다. 저는 경험과 지식이 부족하기 때문에 상사님의 의견에 따르는 것이 맞다고 생각합니다. 이에 상사님을 적극적으로 서포트하여 업무적인 부분에 문제가 없도록 하겠습니다.

답변 TIP ✔

면접평가에서 상사에 대한 충성도를 측정하는 질문은 없다. 그 보다는 상사와도 원만하게 문제를 해결할 준비가 되어 있는지를 체크할 수는 있다. 미래 상사가 될 면접관에게 잘 보이기 위해 무조건적인 충성도를 보여주기 보다는 합리적인 태도로 소통할 수 있는 지원자임을 강조하자.

Best 답변

상사님은 저보다 나이도 많고 경력도 많기 때문에 우선 상사님의 의견을 존중해야 한다고 생각합니다. 하지만 제 의견에도 어느 정도 일리가 있고 객관적으로 업무 수행에 도움이 될 만한 것이 있다면 상사님께 공손하게 업무적인 부분에 대해 어필하도록 하겠습니다. 의견이 서로 다르지만 공손한 태도와 팀과 회사를 위하는 자세로서 의견을 드린다면 필요한 부분들을 관철시킬 수도 있다고 생각합니다. 의견이 맞지 않음이 갈등으로 이어지는 것이 아니라 더 좋은 방향으로 갈 수 있도록 노력하겠습니다.

답변 TIP ✅

해당 답변은 상사의 권위를 존중하면서도 합리적인 의사결정을 보여주고 있다. 그러한 점에서 긍정적인 평가를 받을 수 있다. 또한 상사와의 의사소통을 어떤 방식으로 할지 알려주고 있기 때문에 지원자의 소통방식을 체크할 수 있게 한 점이 인상적이다.

Q. 상사의 부정에 대해 어떻게 대처하겠는가?

질문 의도 원칙을 준수하며 업무를 수행할 수 있는지를 확인
연관 질문 상사가 비윤리적인 업무를 시킨다면 어떻게 하겠는가?
답변 가이드 공기업에서는 윤리적인 측면을 가장 중요하게 생각하기 때문에 원칙 중심의 행동을 하는
사람임을 잘 드러내 주는 것이 중요하다.

Worst 답변

1) 사기업에서는 이윤을 가장 중요시 여기기 때문에 때로는 원칙에서 벗어나는 행
   동을 할 수도 있지만 공기업은 국민의 공익을 위해서 존재하기 때문에 원칙은
   반드시 지켜져야 한다고 생각합니다. 이에 저는 상사의 부정에 대해 상부에 보
   고하도록 하겠습니다.
2) 상사의 부정을 제가 정확히 파악할 수는 없다고 생각합니다. 주변 사람들의 의
   견을 물어보고 결정하도록 하겠습니다.
3) 상사의 부정은 상사의 개인적인 문제이기 때문에 드러내기보다는 모른 척 넘어
   갈 것 같습니다.

답변 TIP ✔

크게 잘못된 사례 3가지 유형을 살펴보았다. 첫째, 사기업 또는 공기업에 따라 다
른 행동 방식을 취하는 것은 윤리적인 가치관이 제대로 확립되지 않은 느낌을 줄 수
있다. 둘째, 주변 사람들의 의견을 청취한 후 행동하겠다는 것은 명확한 개인의 의사
를 드러내지 않기 때문에 문제가 될 수 있다. 셋째, 모른 척 하겠다는 것은 상사와
의 관계를 지극히 우선적으로 고려를 하고 있으나 윤리성이 없는 지원자로서 인식될
가능성이 높기 때문에 절대 해서는 안 되는 표현이다.

Best 답변

상사의 부정을 알게 되었다면 같이 일하는 구성원으로서 매우 안타까울 것 같습니다. 저는 상사와의 관계도 중요하지만 윤리와 원칙, 법에 어긋난 행동이라면 회사의 감사팀이나 상부에 보고해서 잘못된 점들을 빠르게 개선시키기 위한 노력을 해야 한다고 생각합니다.

답변 TIP ✓

윤리성을 강조하기 위해 지나치게 차갑게 말하기 보다는 일단 부하직원으로서의 안타까움을 표현해 주는 것을 권장한다. 이후 이 부분을 어떻게 바로잡을 것인지에 대한 답을 하도록 한다. 해당 질문은 "그렇게 행동할 경우 사내에서 왕따가 될 수 있는데 괜찮은가?" "그 문제가 오래된 조직 내 관습적인 부분이라면 어떻게 할 것인가?" 등으로 꼬리질문이 나올 가능성이 높다. 압박감을 주더라도 원칙을 끝까지 지킬 수 있는 지원자임을 강조하도록 하자.

Q. 한국동서발전에서 비윤리적 요소가 있는 프로젝트를 진행하게 된다면 어떻게 할 것인가?

질문 의도 원칙을 준수하며 업무를 수행할 수 있는지를 확인

연관 질문 원칙에서 어긋나 있지만 조직 내에서 암묵적으로 용인되는 일이 있다면 어떻게 대처할 것인가?

답변 가이드 모든 조직의 업무 수행 시 비윤리적인 요소들이 불가피하게 나타날 때가 있지만 원칙을 지키며 업무를 수행할 수 있는 지원자임을 강조해야 한다.

Worst 답변

비윤리적인 요소가 법에 크게 저촉되지 않는 정도라면 프로젝트는 계속 진행되어야 한다고 생각합니다. 프로젝트 종료 후, 비윤리적인 요소에 대해서 분석하여, 차후에는 그러한 문제가 다시 나타나지 않도록 해야 한다고 생각합니다.

답변 TIP ✔

공기업에서는 비윤리적인 요소에 대해 매우 민감하게 생각한다. 특히 에너지 공기업 같은 경우 협력업체와의 관계에서 금품이 오고갈 수도 있고, 작은 운영 실수가 대형 사고로 이어질 수 있다. 이에 작은 비윤리적인 요소라도 발견되었다면 그것을 정확하게 바로 잡고 나서 프로젝트를 진행해야 함을 강조하자. 직업윤리에 있어서 원칙보다 앞서는 가치는 없다는 것을 명심하자.

Best 답변

작은 비윤리적인 요소라도 민감하게 반응해야 한다고 생각합니다. 작은 것 하나가 나비효과를 일으켜 회사에 큰 파장을 불러일으킬 수 있기 때문입니다. 이에 비윤리적인 부분을 어떻게 보완할 수 있을지를 고민하고 반드시 개선책을 찾아내야 한다고 생각합니다. 이후, 프로젝트에 다소 차질을 빚게 된다면 프로젝트 일정관리를 좀 더 타이트하게 잡아 문제를 해결해 나갈 수 있도록 하겠습니다.

답변 TIP ✅

이 답변이 가장 정석적인 답변일 것이다. 이에 면접관은 꼬리질문을 계속 던질 가능성이 높기 때문에 지원자는 꼬리질문에 대한 철저한 대비가 중요하다. 비윤리적인 요소를 개선하면 좋지만, 막대한 피해가 일어날 수 있는데 어떻게 하겠는가? 비윤리적인 요소를 개선하면 좋은데 이로 인해 상사가 회사를 그만둘 수도 있는 상황이라면 어떻게 하겠는가? 등 까다로운 꼬리질문이 나올 가능성이 높다. 그럼에도 불구하고 원칙 중심의 사고를 하겠다는 것을 알려주고 그로 인해 발생하는 문제를 어떻게 해결할지에 대한 답을 하는 것이 중요하다.

난이도 ★☆☆ / 중요도 ★★☆

Q. 공과 사 중 어떤 것을 추구해야 하는가?

질문 의도 공직에서 일하는 사람으로서 필요한 공적 가치를 이해하고 있는지를 확인

연관 질문 공기업의 직원으로서 사익과 공익 중 무엇이 더 중요하다고 생각하는가?

답변 가이드 공적인 가치의 중요성에 대해 말하는 것은 너무나 당연하기 때문에 이를 좀 더 경험적으로 혹은 논리적으로 설명하는 것이 중요하다.

Worst 답변

공과 사 중 제가 추구해야 할 것은 공적인 일이라고 생각합니다. 공기업은 국민을 위해서 존재하기 때문에 사사로운 일에 얽매여서는 안 된다고 생각합니다.

답변 TIP ✔

해당 답변은 틀린 답은 아니다. 대부분의 지원자가 지금과 같이 반응할 가능성이 높기 때문에 면접관에게 꼬리질문을 받을 가능성이 높다. 만약 개인적으로 공과 사가 충돌했던 경험 중에 공적인 일을 우선시했던 과거 경험을 말하지 못할 경우 곤란함을 겪을 수 있다.

공과 사 중 제가 추구해야 할 것은 공적인 일이라고 생각합니다. 공기업의 일원으로서, 사회의 일원으로서 공적인 일을 우선시하는 태도는 필수라고 생각합니다. 대학 시절 학생회 임원으로 활동을 할 때, 개인적인 약속이 있어도 공적인 일인 학생회 일에 집중했던 경험이 많습니다. 이를 통해 주변 사람들에게 신뢰받을 수 있었습니다. 물론 사적인 일에 대해서도 항상 책임감 있게 행동하여 공과 사 두 개의 문제를 모두 원활하게 풀어나가도록 하겠습니다.

답변 TIP ✔

공과 사라는 문제 가운데 공적인 가치의 중요성을 설명하는 동시에 개인적인 경험으로 이를 실행해 왔다는 점에서 인상적이다. 또한 사적인 부분에 대해서도 언급하며 공과 사 모두 조화롭게 추구할 수 있음을 말하는 것도 신뢰감을 줄 수 있다. 위와 같이 답할 경우 좀 더 학생회 관련하여 공적인 일을 어떻게 처리했는지 꼬리 질문이 나올 가능성이 높고 이에 적절한 답을 한다면 더욱 좋은 평가를 받을 수 있을 것이다.

Q. 상사가 부당한 지시를 내리면 어떻게 할 것인가?

질문 의도 조직 내에서 부당하다고 느끼는 상황에 대해서 어떻게 행동할지 확인
연관 질문 상사가 개인적인 부탁을 한다면 어떻게 할 것인가?
답변 가이드 회사에서 겪을 수 있는 부당한 상황을 2가지 정도로 나누어 각각 답변하도록 하자.

Worst 답변

1) 상사가 부당한 업무 지시를 했다면 상사가 나름대로의 생각이 있다고 판단하여 어느 정도는 상사의 업무 지시를 따르도록 하겠습니다.

2) 상사가 부당한 업무 지시를 한다면 해당 업무를 수행하지 않겠습니다. 그리고 이러한 부분이 반복된다면 회사 내에 보고하여 시정 조치하도록 하겠습니다.

답변 TIP ✓

첫 번째 사례 같은 경우 부당한 업무 지시가 어떤 것인지 따지지 않고 따르겠다는 것은 다소 윤리적인 의식이 약해 보일 수 있다. 왜냐하면 부당한 업무 지시가 법적, 도덕적으로 문제가 될 수 있기 때문이다. 두 번째 사례 같은 경우 부당한 업무 지시가 법적, 도덕적인 문제 차원이 아니라 개인이 느낄 수 있는 수준일 수도 있기 때문에 다소 유연하지 못한 지원자로 인식할 수도 있다. 결론적으로 좀 더 사려 깊게 답변하는 것이 필요하다.

제가 생각하기에 회사에서 발생할 수 있는 부당함은 크게 두 가지로 나누어 볼 수 있을 것 같습니다. 첫째, 법적, 도덕적으로 문제의 소지가 있는 업무 지시가 있을 수 있습니다. 이 부분은 저와 상사님 그리고 회사에 피해를 줄 수 있기 때문에 문제가 있음을 알려드리고 따르지 않을 것 같습니다. 둘째, 개인적으로 부당하다고 느끼는 일들도 있을 것 같습니다. 하지만 이 부분에 대해서는 상사님이 저한테 그러한 지시를 시키시는 데에는 이유가 있다고 판단하여 어느 정도는 따라야 한다고 생각합니다.

답변 TIP ✔

대체로 해당 질문은 직업윤리적인 부분을 체크한다고 볼 수 있다. 이에 상사의 부당한 지시가 법적, 도덕적으로 문제가 있을 경우 원칙대로 일을 처리하겠다는 자세를 보여줄 필요가 있다. 하지만 회사에서는 개인이 느낄 수 있는 부당한 상황들도 많이 겪을 수 있다. 자신이 부당하다고 느낄 때마다 상사에게 시정할 것을 요청하는 것은 다소 까다로운 지원자라는 느낌을 줄 수 있다. 현재 답변과 같이 부당한 상황에 대해서 적절하게 대처할 방안을 말한다면 충분히 긍정적인 평가를 받을 수 있을 것이다. 또한 해당 질문은 꼬리질문으로 자주 등장하기 때문에 일관성을 잘 유지하며 답변하는 것이 중요하다.

Q. 우리 공기업은 공익과 사익 중 어느 것을 먼저 추구해야 한다고 생각하는가?

질문 의도 공익을 우선시하는 공공기관의 직업적 특수성을 이해하고 있는지 확인
연관 질문 타인을 도왔던 경험 혹은 희생했던 경험에 대해서 설명해 보시오.
답변 가이드 공익을 위해 노력했던 경험을 통해 말하면 좋은 평가를 받을 수 있다.

Worst 답변

에너지 공기업은 대표적인 시장형 공기업으로서 스스로가 수익을 창출하는 것이 중요합니다. 그렇기 때문에 공익도 중요하겠지만 사익을 먼저 추구해야 회사가 원활하게 운용될 수 있다고 생각합니다.

답변 TIP ✔

시장형 공기업은 총 수입액 중 자체 수입액이 85% 이상인 기업을 일컫는다. 그렇다 하더라도 공익적인 부분보다 사익을 더 추구하는 것은 위험하다. 발전소 자체가 정부의 정책에 따라 운영되는 동시에 독과점 형태로 운영되고 있기 때문이다. 만약 발전소를 민간에서 운영한다면 우리나라의 전기요금이 훨씬 더 비싸게 책정되어 서민 경제 및 국가 경제에 악영향을 끼쳤을 것이다. 이에 공기업은 공익적인 부분을 더 중요한 가치로 생각할 수밖에 없음을 고려하도록 하자.

Best 답변

둘 중에 하나를 선택해야 하는 문제라면 공익을 더 우선시해야 한다고 생각합니다. 에너지 산업은 개인과 기업 모두에게 너무나 큰 영향을 끼치기 때문입니다. 특히 수출 중심의 산업구조를 갖춘 국내 경제의 특성상 에너지 가격을 인상한다면 수출에 직격탄을 줄 수 있을 것입니다. 또한 사익을 중심으로 하다 보면 가장 중요한 안전관리, 환경관리 등에도 소홀해 질 수 있다고 생각합니다. 그렇기 때문에 저는 공익을 더 우선시해야 한다고 생각합니다. 물론 수입과 지출적인 측면에서는 균형을 이루는 것이 중요하고 사익적인 측면에서는 앞선 기술을 바탕으로 해외에 적극적으로 진출하거나 현재의 에너지 가격 선상에서 비용을 더 절감시킬 수 있는 방안을 추구하는 것이 바람직하다고 생각합니다.

답변 TIP ✓

시장형 공기업이라 하더라도 공익을 우선시하는 것은 너무나 당연한 논리이다. 이러한 질문에 있어서는 위의 답변처럼 그렇게 생각하는 이유를 논리적으로 설명하는 것이 중요하다. 우선 공익이 왜 중요한 것인가를 말했다면 사익적인 측면에 대한 것도 고려해서 추가 설명해 볼 필요가 있다. 그럴 경우 기관의 특수성과 사업구조에 대해서 이해를 잘하고 온 지원자라는 느낌을 심어줄 수 있을 것이다.

Q. 자신의 직업관에 대해 말해 보시오.

질문 의도 공직에서 일하는 직원으로서의 직업적인 가치관을 확인

연관 질문 직업을 선택하는 기준이 무엇인가?

답변 가이드 조직의 일원으로서 적합한 직업적 가치관에 대해 고려하여 설명하도록 하자.

Worst 답변

제가 생각하는 직업관은 '워라밸'을 통해 균형 있는 직장생활을 영위하는 것입니다. 지나치게 일 중심적으로 흘러가다보면 '번아웃'이 될 수 있고 그러다보면 직장생활에도 문제를 일으킬 수 있다고 생각합니다. 적절한 휴식을 통하여 업무에서 효율을 높이고 자기개발을 하면서 회사에 기여할 수 있다고 생각합니다.

답변 TIP ✓

직업관은 직업을 선택하는 가치기준이다. 직업을 선택할 때 가장 중요시 여겨야 하는 점을 예로 들자면, 1) 가장 잘할 수 있는 일인가 2) 재미있게 일할 수 있는 일인가 3) 내가 하는 일을 통하여 사회에 좋은 영향력을 줄 수 있는가라는 관점이 있을 수 있다. 워라밸은 개인에게는 매우 중대한 문제이지만 면접을 평가하는 관리자의 입장에서는 별로 듣고 싶지 않은 이야기가 될 수 있다. 면접 답변의 핵심 포인트는 면접관이 듣고 싶어 하는 이야기를 하는 것이다. 이에 조직에서 원하는 가치가 무엇인지를 파악하고 자신의 가치관도 필요하다면 다시 한번 정립해 볼 필요가 있다.

제가 중요하게 생각하는 직업관은 제가 '가장 잘할 수 있는 일인가'와 제가 하는 일을 통해서 '사회에 기여할 수 있는가'입니다. 잘할 수 없는 일을 한다면 조직에서도 인정받지 못할뿐더러 개인적인 성장을 이룰 수 없다고 생각합니다. 또한 제가 하는 일이 사회적인 공익에 기여할 때에 자부심을 가지며 업무에 몰입할 수 있다고 생각합니다.

답변 TIP ✅

위의 예시처럼 명확한 직업관을 제시한다면 좋은 평가를 받을 수 있을 것이다. 직업 선택에 대한 기준과 가치는 사람마다 상이할 수 있다. 하지만 어떤 것을 이야기하든지 간에 조직의 일원으로서 필요한 가치관을 잘 정립하고 있다는 것을 이해시키는 것이 중요하다.

난이도 ★☆☆ / 중요도 ★★☆

Q. 봉사활동 경험에 대해서 말해 보시오.

질문 의도 공익을 우선시하는 공공기관의 직업적 특수성을 이해하고 있는지 확인
연관 질문 타인을 도왔던 경험 혹은 희생했던 경험에 대해서 말해 보시오.
답변 가이드 봉사활동은 자발적이고 지속적으로 수행한 경험을 말하면 좋은 평가를 받을 수 있다.

Worst 답변

학교에서 학점으로 인정해 주는 봉사활동을 한 적이 있습니다. 제가 했던 봉사활동은 외국인 친구들의 도우미 역할을 하는 것이었습니다. 봉사활동을 통해 저는 제가 담당했던 중국인 친구와 좋은 관계를 유지할 수 있었습니다. 언어 교환을 통해 중국어 실력을 쌓았을 뿐 아니라, 중국 문화에 대해 이해할 수 있었습니다. 학점을 목적으로 시작한 봉사활동이었지만, 오히려 저의 좁았던 시야를 넓혀주고 자기개발을 할 수 있는 계기를 마련해 준 것 같습니다.

답변 TIP ✔

간혹 봉사활동을 통해 자신의 역량을 어필하는 경우가 있다. 현재 답변과 같이 봉사활동이 자기개발에 도움이 되었다는 식의 답변은 면접관의 의도를 파악하지 못하고 지나치게 자신의 능력을 어필하려고 하는 것처럼 보일 수 있음을 유의하자. 면접은 공감이 중요하다는 것을 다시 한번 명심하자.

저는 대학 시절 봉사활동에 많은 관심을 갖고 다양한 봉사활동에 참여했습니다. 그중 가장 기억에 남는 봉사활동은 혼자 사시는 할머니, 할아버지들에게 도시락을 배달하는 일이었습니다. 처음에는 방학을 이용하여 약 2개월간 일주일에 한 번씩 봉사활동을 갔습니다. 그러나 봉사활동을 하면 할수록 나눔이 더 필요하다는 생각을 갖게 되어 학기 중에도 도시락 배달을 했고 일주일에 두 번으로 횟수도 늘렸습니다. 봉사활동을 하며 제가 담당한 어르신들과 친밀한 관계를 맺을 수 있어서 좋았고, 제가 누군가를 도울 수 있는 능력과 건강함이 있다는 것에 감사함을 느낄 수 있었습니다. 회사에 입사해서도 항상 겸손한 자세로 일하는 직원이 되겠습니다.

답변 TIP ✔

봉사활동을 통해 파악하고자 하는 점은 사회인으로서 건전한 가치관을 함양하고, 타인을 배려하며 도울 수 있는 자세를 갖추고 있는가이다. 예시와 같이 자발적이고 지속적인 봉사활동을 수행한다면, 사회생활 중에도 타인을 배려하고 이해하는 구성원이 될 것이라고 예측할 수 있을 것이다.

난이도 ★★☆ / 중요도 ★★☆

Q. 문제를 해결한 경험에 대해 말해 보시오.

질문 의도 문제에 직면했을 때, 어떤 방식으로 문제를 해결하는 사람인지 유형을 파악

연관 질문 프로젝트를 하면서 어려운 문제를 해결한 경험이 있는가?

답변 가이드 간혹 문제에 대한 결과만 좋다면 좋을 것이라 판단하는 지원자가 있다. 그러나 면접관이 주목하고 있는 것은 문제를 해결해 나가는 과정이다.

Worst 답변

디저트 카페에서 아르바이트를 할 때 일입니다. 디저트 보관 냉장고는 보통 고객이 제품을 바로 확인할 수 있게 놓여 있습니다. 더불어 고객이 디저트를 편하게 주문할 수 있게 디저트 이름을 잘 보이게 적어둡니다. 그런데 정작 직원들이 손님들이 주문한 디저트 이름을 알아듣지 못해서 빠른 응대를 하지 못하는 경우가 많았습니다. 저는 이 부분을 매니저님께 말씀드려 직원들이 보는 부분에도 디저트 이름을 적어두는 것이 좋을 것 같다고 건의드렸고 바로 잘 보이게 이름을 적어 쟁반 밑에 부착했습니다. 그 결과 손님들은 빠른 응대를 받을 수 있어 만족했고 직원들은 지체하는 시간 없이 서비스를 제공할 수 있었습니다.

답변 TIP ✔

해당 답변은 좋은 결과로 이어지긴 했지만, 문제해결 과정이 너무 짧게 기술되어 있다. 즉, 낮은 수준의 문제해결 경험이라고 볼 수 있다. 에너지 공기업은 최상위 수준의 연봉을 제시하고 있다. 그만큼 높은 수준의 경쟁자와 함께 우리는 면접을 보고 있다. 낮은 수준의 문제해결보다는 높은 수준의 문제해결을 보여줄 필요가 있다.

저는 꼼꼼한 업무태도로 문제를 해결한 경험이 있습니다. 학교 연구실에서 재학 당시 수십억 원에 달하는 연구실 장비를 다른 공간에 성공적으로 이전시킨 경험이 있습니다. 당시 ICP – OES로 미량 중금속을 분석하고 평소 장비를 관리하는 업무를 수행하고 있었습니다. 이에 교수님께서 장비 전문이사업체 후보를 선정하는 일을 제게 부탁하셨습니다. 먼저 장비 5개의 제조사에 전화를 해서 조언을 얻었습니다. 평소에 거래하던 과학상사 사장님과도 논의를 하여 후보 업체 3곳을 선정하고 각 업체에 견적을 요청하여 비교하였습니다. 또한 업체를 선정함에 있어서는 저렴한 가격도 중요하지만 플라즈마 장비를 이전시킨 경험이 있는지를 계속 확인하였습니다. 이와 같이 꼼꼼하게 살펴서 교수님이 받았던 견적보다 80만 원의 비용을 절감시키고 관련 경험이 있는 업체를 섭외하여 성공적으로 장비를 이전시켰습니다. 입사 후에도 제가 전문적으로 수행하는 직무에서 해결안을 낼 수 있는 적극적인 인재가 되도록 노력하겠습니다.

답변 TIP ✔

본인의 경험을 구조적으로 잘 풀어 답변하고 있다. 이런 종류의 질문을 받았을 때 다음과 같은 구조로 답변을 해야 한다. 첫째, 문제 상황에 대해서 이야기해야 한다. 둘째, 문제를 해결하기 위해 본인이 어떤 노력을 했는지를 말해야 한다. 마지막으로 실제 결과가 어떠했는지 결론을 이야기해야 한다. 또한 가장 핵심 포인트는 '어떤 방식으로 일을 처리하는가'이다. 해당 답변 같은 경우 꼼꼼하게 일처리를 하는 지원자라는 느낌을 줄 수 있을 것이다.

난이도 ★★☆ / 중요도 ★★☆

Q. 발전소에서 문제가 발생했을 때, 귀하는 어떻게 처리할 것인지 말해 보시오.

질문 의도 │ 문제가 발생했을 때 어떤 방식으로 일을 처리하는지를 확인
연관 질문 │ 한 번도 해 보지 않은 일에 대한 책임자가 된다면 어떻게 하겠는가?
답변 가이드 │ 정확한 답보다는 자신만의 문제처리 노하우를 명확하게 설명하는 것이 중요하다.

Worst 답변

제가 처리할 수 있는 일이 아니기 때문에 경험이 풍부하신 선배님들에게 빠르게 보고하도록 하겠습니다. 보고를 한 다음에 선배님들이 시키는 일을 따르도록 하겠습니다.

답변 TIP ✔

발전소에서 일한 경험이 없는데 이러한 질문을 받게 되면 매우 당황하게 된다. 면접관이 원하는 것은 정확한 답이라기보다는 문제가 발생했을 때, 어떤 방식으로 일 처리하는지를 살펴보고자 함이다. 현재 질문에서는 거대한 발전소 내에서 어떤 특정한 문제가 발생했는지를 알려주고 있지 않기 때문에 구체적인 발전소 내의 지식을 측정함이 아님을 이해할 수 있다. 그러므로 문제처리에 대한 명확한 자신만의 노하우가 보이지 않으면 문제에 대해 소극적인 자세를 취하는 지원자로 비칠 수 있다.

Best 답변

　문제가 발생할 경우 우선 두 가지 노력이 필요하다고 생각합니다. 첫째, 그 상황에서 업무 담당자로서 제가 해야 할 일들에 대해 매뉴얼을 다시 체크하겠습니다. 그래서 제가 할 수 있는 범주 내에서는 최대한 문제에 대응하기 위해 노력하겠습니다. 둘째, 이와 같이 제 업무를 수행하는 동시에 관련 분야의 내외부 전문가를 찾아 도움을 요청하도록 하겠습니다. 이를 통해 신속하게 발전소 내의 문제를 해결해 나가도록 하겠습니다.

답변 TIP ✔

　해당 지원자 같은 경우 문제에 대해 능동적으로 대응하는 동시에 내외부를 활용하여 문제를 빠르고 정확하게 해결하려는 의지가 강해 보인다. 물론 면접관도 이 정도에서 끝나지는 않을 것이다. 그래도 해결이 안 되면 어떻게 할 것인가에 대한 질문이 두 번 정도 연속해서 나올 수 있다. 연속된 질문에 대해서도 당황하지 말고 문제를 해결할 수 있다는 의지를 보여주는 것이 중요하다. 반드시 꼬리질문에 대한 대비도 하도록 노력하자.

Q. 지금까지 살면서 힘들었던 점을 극복한 사례를 말해 보시오.

질문 의도 직장 생활에서 매우 힘들거나 어려운 과업을 맡을 때, 극복할 수 있는지를 확인

연관 질문 가장 도전적으로 수행했던 업무는 무엇이었는가?

답변 가이드 프로젝트, 근로, 아르바이트, 회사 업무, 동아리 경험 등에서 목표를 이루는 상황 가운데 발생한 어려움을 극복해 나갔던 과정을 설명한다면 어느 정도 공감을 형성할 수 있다.

Worst 답변

독일로 어학연수를 갔을 때가 가장 힘들었습니다. 부모님과 처음으로 떨어져 살았고 혼자 독일에 갔을 때 독일어를 제대로 구사하지 못해 새로운 친구를 사귀지도 못 했습니다. 정말 그때는 유학을 괜히 왔다는 생각이 들 만큼 힘들었습니다. 지금은 다시 유학을 가고 싶다는 생각이 들 만큼 소중한 추억으로 기억됩니다.

답변 TIP ✅

회사에 발생하는 다양한 어려움에 대처할 능력이 있는지를 확인하고자 던져진 질문이다. 빈번하게 사용되는 배낭여행, 어학연수와 같은 소재는 피하자. 살면서 큰 어려움을 겪은 일이 없었다면 자신의 한계를 뛰어넘는 도전적인 과제를 직접 만들고 실천해 보자. 그리고 다음의 베스트 답변을 보면서 본인에게 적용할 수 있는 부분도 찾아보자.

Best 답변

　제가 겪었던 가장 어려운 문제 중에 하나는 경제적인 문제였습니다. 아버지가 실직이 되고 나서 약 1,000만 원 정도 수준의 학비를 제 스스로가 책임져야 했고 부모님을 경제적으로 서포트할 필요가 있었습니다. 이에 저는 하루에 5시간씩 자면서 학업과 일을 병행했습니다. 학교생활은 최대한 충실히 하고자 학교에 있을 때에는 최대한 집중해서 공부를 하고 공강 시간을 활용하여 해야 할 과제도 빠르게 해결하려고 노력했습니다. 그리고 새벽 시간과 밤에는 배송 아르바이트를 하여 한 달에 180만 원 정도의 돈을 벌었습니다. 특히 주말에는 학교조원들과 프로젝트에 집중하여 공동의 성과에도 적극적으로 참여했습니다. 이렇게 노력한 결과 아버지가 새로운 직장으로 가시기 전까지 경제적으로 서포트를 할 수 있었고 학업에서도 장학생으로 선발될 수 있었습니다. 이를 통해 시간 관리와 끈기의 중요성을 배울 수 있었습니다.

답변 TIP ✅

　지원자들은 이와 같이 역동적인 경험을 갖고 있는 경우가 드물다. 해당 지원자 같은 경우 가정사이긴 하지만 경제적인 문제를 해결하고자 노력했던 부분이 인상적이다. 또한 학생으로서 학업과 공동의 과업에 대한 부분에서도 노력하고 있다는 점을 강조하고 있다. 이를 통해 힘든 고난이 오더라도 끝까지 책임지고 자신의 일을 수행할 수 있을 것 같은 느낌을 전달하고 있다. 어떤 경험을 이야기하든지 간에 강한 문제해결력을 갖춘 지원자라는 점을 강조해 보자.

난이도 ★★☆ / 중요도 ★★☆

Q. 기존의 조직 문제 중 본인이 노력해서 바꾼 경험을 말해 보시오.

질문 의도 조직의 문제를 자발적으로 해결하려는 의지를 갖추었는지 확인

연관 질문 본인이 속한 조직에서 기존과는 다른 방식으로 업무를 수행한 경험이 있는가?

답변 가이드 어느 조직이든 자발적이고 적극적인 동료와 함께 하고 싶어 한다는 점을 인식하고 조직을 위해 자발적으로 노력한 경험에 대해서 설명하자.

Worst 답변

기타 동아리에서 부회장으로 활동한 적이 있습니다. 기타 동아리는 매년 축제에서 공연을 하는데 실력에 상관없이 2학기 이상 활동을 한 회원만 무대에 올라갈 수 있었습니다. 이에 신입회원들의 불만이 많았습니다. 특히 실력이 있는 신입 회원들은 무대에서 공연할 수 있는 기회를 공평하게 갖기를 원했습니다. 이에 저는 제비뽑기를 제안했고 그 결과에 따라 무대에 설 공연자를 선출하였습니다. 이를 통해 신입회원들의 불만을 해소시킬 수 있었고 비교적 수준 높은 신입회원들의 공연으로 더 높은 관객 호응을 얻어낼 수 있었습니다.

답변 TIP ✓

제비뽑기는 일회성에 가까운 해결안이다. 또한 제비뽑기는 최선책이 아니라 차선책에 가깝다. 또한 신입회원의 문제는 해결할 수 있었지만 기존 회원의 문제는 해결하지 못한 것으로 보인다. 단순 제안보다는 지원자의 시간과 노력이 포함된 이야기를 전달하도록 노력하자.

　신입생부터 활동해 온 기타 동아리에 많은 애정을 갖고 동아리의 문제를 적극적으로 해결한 경험이 있습니다. 당시 동아리는 공간의 협소함으로 항상 아쉬움이 있었습니다. 협소함의 원인을 분석한 결과 불필요한 오래된 장비와 가구들이 혼재되어 있음을 파악했습니다. 이에 저는 불필요한 물건과 가구 리스트를 조사하였고 이후 버려도 되는지 여부를 동아리원에게 확인하였습니다. 그러고 나서 시간이 되는 동아리원 2명과 함께 하루 종일 동아리 공간을 정리했습니다. 또한 오래된 장비 문제와 필요한 가구 구입 문제를 해결하기 위해 동아리 최초로 축제 행사에 참여하여 수익사업을 시도했습니다. 또한 선배들과의 협주 공연을 기획하여 끊겼던 선배들과의 교류도 다시 이어지고, 이를 통해 100만 원의 후원금도 추가적으로 확보하여 공간과 장비 등의 문제를 모두 해결할 수 있었습니다.

답변 TIP ✅

　조직의 문제를 찾아내고 해결하려는 의지가 강한 지원자로 보인다. 단순하게 '동아리방을 정리해서 쾌적하게 공간을 만들었다.'라는 수준에서 동아리의 재정적 문제에도 적극 참여하여 다양한 방법으로 조직의 문제를 해결했다는 점이 인상적이다. 특히 자발적으로 문제를 해결하고자 노력한 점들이 인상적인 지원자로 각인될 수 있다. 개인의 경험 중 조직 안에서 발생한 문제를 자발적으로 처리하기 위해 지속적으로 노력한 경험이 있는지를 반드시 파악하도록 하자.

Q. 귀하는 교대근무 상세 일정을 작성하는 업무를 담당하고 있다. A선배가 편한 시간대에 근무 배치를 요구할 때 후배 사원인 C와 D가 피해를 보게 된다면 어떻게 하겠는가?

질문 의도 현장에서 나타날 수 있는 문제를 효과적으로 처리할 수 있는지 확인할 수 있는 상황 질문
연관 질문 상사와 업무적으로 의견이 맞지 않는다면 어떻게 하겠는가?
답변 가이드 불합리한 요구를 유연하게 대처할 수 있는 방안을 제시할 수 있도록 하자.

Worst 답변

선배의 요구 사항을 거절할 수는 없을 것 같습니다. 이에 선배의 의견을 최대한 따르도록 하겠습니다. 이후 후배사원의 불만이 있다면 선배의 요구라 어쩔 수 없었다고 양해를 구하도록 하겠습니다. 이후에도 문제가 제기된다면 더 높은 상사에게 조언을 구하고 시정할 수 있는 부분은 시정하도록 하겠습니다.

답변 TIP ✔

선배의 요구 사항을 거절할 수 없다고 단정 짓는 것은 합리적인 의사결정을 못하는 지원자처럼 보일 수 있다. 그 외에도 더 높은 상사에게 말을 하기 전에 적어도 해당 선배와 업무 조율에 대한 부분을 먼저 이야기할 필요가 있다. 지금처럼 의사결정을 할 경우 선배 사원과 후배 사원 모두 불만을 가질 가능성이 높다. 또한 더 높은 상사에게 이야기를 하겠다는 것은 문제해결에 대한 의지가 보이지 않는다는 점에서 아쉽게 느껴질 수 있다.

선배의 요구사항에 대해 유연하게 대처할 필요가 있을 것 같습니다. 자칫 원칙만을 내세우면 선배와의 사이가 안 좋아질 수도 있을 것 같습니다. 이에 선배와의 친분을 통해 제 입장에서 그렇게 근무 일정을 짜기가 매우 어렵다는 것을 솔직하게 말씀드리겠습니다. 대신 일정을 짤 때, 편한 시간대에는 다른 직원과 골고루 배치하되 원하는 일자에 근무할 수 있는 방안을 제시할 것 같습니다. 그리고 선배와 종종 티타임 등을 가지면서 관계에도 문제가 없도록 하겠습니다.

답변 TIP ✓

부당한 지시가 무조건적으로 불법적인 것만은 아니다. 불법적인 행위에 대해서는 단호하게 대처해야겠지만 이와 같이 애매한 상황에서는 최대한 유연하게 행동을 하면서 필요한 원칙을 지키는 것이 중요하다. 상사의 의견을 100% 반영한다면 무책임한 직원이 될 수 있고 이를 불법적인 행위로 간주하여 회사에 보고한다는 식으로 이야기를 하는 것은 지나치게 까다로운 지원자로 비칠 수 있다. 지원자로서 지킬 것은 지키되 개선할 수 있는 것은 최대한 개선할 수 있는 부분을 강조하자.

Q. 협력 업체와 갈등이 생길 경우 어떻게 해결하겠는가?

질문 의도 현장에서 흔하게 발생하는 협력업체와의 문제를 어떻게 해결할 수 있을지를 평가

연관 질문 타인을 도왔던 경험 혹은 희생했던 경험에 대해서 말해 보시오.

답변 가이드 갈등은 역지사지의 자세로 상대방을 이해하고 배려하며 관계를 이완시키기 위해 노력해야 하는 것임을 숙지하자.

Worst 답변

솔직한 대화를 통하여 문제를 해결해 나가도록 하겠습니다. 협력업체의 이야기도 충분히 듣고 우리가 겪고 있는 문제도 충분히 이야기하여 문제를 해결해 나가도록 하겠습니다. 그래도 문제가 해결되지 않는다면 업체에 요청하여 직원 교체를 요청해 나가도록 하겠습니다. 이를 통해 업무적으로 문제가 되지 않도록 노력하겠습니다.

답변 TIP ✔

갈등에 대한 문제에 대해 지나치게 업무적인 차원에서만 문제를 해결하려고 하는 것은 문제를 더욱 악화시킬 수 있다. 갈등 문제에 있어서는 배려하는 자세가 필요하고 인간적으로 접근하려고 노력하는 자세가 필요하다. 특히 최근 공공기관들은 갑질 문제로 논란이 될 때가 있다. 협력업체와의 관계에서도 원만하게 문제를 해결할 수 있음을 보여주도록 하자.

Best 답변

협력업체와의 갈등이 생길 경우 우선 갈등해결을 위해 역지사지의 자세를 발휘하도록 하겠습니다. 협력업체의 입장에서 협력업체 담당자분의 상황과 감정을 이해하기 위해 먼저 노력을 하겠습니다. 그쪽에 무엇인가를 요구하기 전에 제가 먼저 협력업체 및 담당자의 입장을 최대한 고려하여 업무를 진행해 나가도록 하겠습니다. 이와 같은 배려하는 자세가 갈등이라는 긴장감을 풀어줄 수 있을 것이라 생각합니다. 이후 서로 갈등이 좀 더 진전된다면 적극적으로 대화를 하면서 문제의 근본적인 원인을 파악하며 협력할 수 있도록 노력하겠습니다.

답변 TIP ✅

개인이든 조직이든 갈등해결의 기본 열쇠이자 핵심 키워드는 역지사지의 자세이다. 협력업체를 떠올리면 공기업 직원이 '갑'이라는 인식을 가질 수 있다. 회사가 원하는 방향으로 일처리를 하다 보면 갈등은 극대화될 수 있다. 갑과 을의 관계를 떠나서 파트너로서 올바른 갈등해결 방법을 제시해 준다면 좋은 평가를 받을 수 있을 것이다. 역지사지 → 배려 → 대화라는 갈등해결의 프로세스를 적용해 보길 바란다.

Q. 창의적으로 문제를 해결한 경험에 대해서 말해 보시오.

질문 의도 공익을 우선시하는 공공기관의 직업적 특수성을 반영하기 위한 질문

연관 질문 어려운 문제를 해결하는 자신만의 방법은 무엇인가?

답변 가이드 아이디어의 수준에 따라 다르겠지만 일을 함에 있어 시간, 비용, 인력이 부족한 경우 등이 있을 때, 본인이 취했던 방법을 떠올린다면 조금 더 쉽게 답을 찾을 수 있다.

Worst 답변

친구들과 함께 온라인 영상 콘텐츠 공모전에 작품을 출품하기 위해 준비했던 적이 있습니다. 콘텐츠의 방향성과 목적을 정한 뒤 함께 일정에 맞추어 준비해 나가기로 했습니다. 하지만 서로가 어떤 일을 해야 할지 갈피를 잡지 못하고 있었습니다. 이때 저는 친구들에게 각자의 능력에 맞는 역할을 분배해 콘텐츠 제작에 박차를 가할 수 있었습니다. 먼저 글짓기를 잘 하는 친구에게는 우리가 주제로 정한 소재가 잘 나타날 수 있게 세련된 제목과 자막 내용을 준비하게 했습니다. 외국어에 능통한 친구에게는 영어 자막 및 해외 사례 조사를 하여 벤치마킹할 수 있는 자료를 수집하게 했습니다. 그 결과 효율적으로 일이 진행되어 양질의 콘텐츠를 제작할 수 있었습니다.

답변 TIP ✔

해당 질문은 창의적인 아이디어로 문제를 어떻게 해결했는지를 물어보고 있다. 현재 내용은 창의적이기 보다는 일반적인 문제처리 과정을 보여주고 있다. 각자 팀원들에게 업무 분담을 하여 일을 처리하는 것은 일반적인 문제처리 방식이다. 해당 질문에서는 좀 더 창의적인 관점을 요구하고 있다는 것을 체크하고 창의적인 아이디어로 문제를 해결한 경험을 제시해 보도록 하자.

　군에서 장교로 복무를 했을 때, 편한 근무시간을 요구하는 상병 및 병장들이 많았습니다. 이로 인해 일·이병들은 새벽시간에 집중적으로 근무를 하게 되었습니다. 문제가 있는 것을 알고 있었지만 강제적으로 변화를 주면 계급 간에 갈등이 생길 수도 있다고 판단했습니다. 이에 저는 동기부여를 하기 위해 노력했습니다. 어려운 새벽 근무를 서는 병사에게 포인트를 주어 일정 이상 포인트가 쌓이면 포상휴가를 줄 수 있는 조치를 취했습니다. 이후, 상병 및 병장들이 자발적으로 새벽 근무를 하려고 노력했습니다. 덕분에 일·이병들의 근무부담을 줄여 나갈 수 있었습니다. 이와 같은 창의적인 아이디어를 기반으로 조직에 변화를 주는 직원이 되겠습니다.

답변 TIP ✅

　창의적인 발상으로 모두가 WIN – WIN하는 구조를 만든 점이 인상적이다. 대단한 아이디어라기보다는 조직의 특성을 잘 파악하여 일처리를 했다는 점이 배울 점이라고 볼 수 있다. 또한 조직의 특성에 맞추어 사려 깊게 고민하며 일처리를 한 부분도 우수하게 평가 받을 수 있는 부분이다. 자신의 경험 중 아이디어를 통해 좋은 결과를 만들었던 경험을 잘 떠올려 보길 바란다.

난이도 ★☆☆ / 중요도 ★★☆

Q. 체계적으로 계획을 세워 일을 수행한 경험에 대해 말해 보시오.

질문 의도) 체계적으로 계획을 세워 일을 추진하는 사람인지 확인

연관 질문) 졸업 프로젝트를 진행할 때 어떤 방식으로 계획을 세워 일했는지 말해 보시오.

답변 가이드) 가급적이면 장기간 수행해야 하는 업무 목표 달성을 위해 체계적으로 계획을 세운 경험에 대해 답변해 보도록 하자.

Worst 답변

영어도 배우고 외국 문화도 체험하고 싶어 호주 워킹홀리데이를 계획했습니다. 가정 형편이 넉넉하지 못해서 떠나기 전에 비행기 푯값과 호주에서 사용할 생활비 마련을 위해 아르바이트를 했습니다. 떠나기 3개월 전 500만 원을 모으자고 계획을 세우고 수학 과외, 카페 아르바이트를 병행하며 경비를 모두 마련하였습니다. 스스로 발전하고자 했던 고민이 새로운 도전과 결과를 만든 계기가 된 것 같습니다.

답변 TIP ✓

해당 답변은 다소 진부하게 느껴질 여지가 있다. '여행경비를 마련하고자 아르바이트 등을 했다.'라고만 하는 것은 다소 아쉬운 답변이다. 만약 해당 답변을 살릴 것이라면 경비 문제 외적으로 현지에서 일할 곳들에 대한 철저한 조사, 어학능력 배양, 문화 습득 등을 동시다발적으로 수행하기 위해 어떻게 계획을 세워나갔는지를 설명했더라면 좀 더 효과적인 답변이 될 수 있었을 것이다.

학교에서 주최하는 해외 탐방 프로그램에 선발되기 위해 3명의 팀원들과 체계적으로 일을 처리한 경험이 있습니다. 이를 위해 약 6개월간의 준비가 필요했습니다. 이에 저는 팀장으로서 가장 중요한 우선순위를 영어능력 함양으로 뽑았습니다. 아무리 우수한 계획을 세웠더라도 팀원들이 영어 인터뷰에 실패하면 모든 것이 무용지물이기 때문에 매일 2시간씩은 팀원들끼리 계획한 대로 영어 인터뷰 준비를 했습니다. 또한 다른 팀과는 차별화된 탐방 계획을 세우고자 팀원들이 가장 관심 있어하는 주요 국가들의 전력회사에 대한 조사를 실시했습니다. 이후 팀원 간의 협의 끝에 미국의 전력회사를 벤치마킹 회사로 정하고 가시적인 발표를 위해 한 달간은 포토샵과 PPT작성 기법을 제가 직접 배우며 문서를 작성했습니다. 뿐만 아니라 남은 10일 동안 총 20번의 발표 리허설을 함으로써 체계적인 준비를 했습니다. 그 결과 우리 팀이 원했던 미국 전력회사 탐방에 선발될 수 있었습니다.

답변 TIP ✅

학교를 통해 해외탐방에 대한 지원을 받는 것은 결코 쉬운 목표는 아닐 것이다. 요구하는 것들이 많은 만큼 체계적인 준비가 필요하다. 체계적인 준비를 할 때 가장 중요한 것은 우선순위를 선정하는 것이다, 그리고 우선순위에 따라 책임감을 갖고 일처리를 하는 것이 중요하다. 해당 답변은 그러한 부분들이 충실하게 담겨져 있다. 더불어 일에 대한 열정까지 잘 표현되어 있다. 계획을 세우고, 실행하는 과정을 통해 지원자가 미래에도 기업에서 좋은 성과를 낼 수 있을지 여부를 파악할 수 있다.

Q. 어떤 일에 몰입한 경험에 대해 말해 보시오.

질문 의도 과거 몰입 경험을 통해 지원자가 맡은 일에서도 몰입하여 좋은 성과를 낼 수 있는지를 평가
연관 질문 살면서 가장 열정적으로 수행했던 경험은 무엇인가?
답변 가이드 조직에서 성공적인 업무 수행을 하는 직원들 같은 경우 맡은 일에 대한 강한 책임의식과
목표의식을 기반으로 몰입하여 성과를 내는 경향이 있음을 이해하고 답변을 만들어 보자.

Worst 답변

저는 한 달 안에 토익 800점을 목표로 스터디 회원들을 모아 공부했던 경험이
있습니다. 매일 새벽 5시에 일어나 인터넷 강의를 3개씩 듣고 내용을 바로 복습하였
습니다. 오후에는 팀원들과 함께 이해가 되지 않는 부분을 서로 묻고 답하고 매일
외운 단어로 쪽지시험을 봤습니다. 제가 리더였기 때문에 단어 시험지를 준비했고
채점은 서로 돌아가며 했습니다. 스터디를 끝내고 집으로 돌아와서도 쉬지 않고 목
표를 달성하고자 집중하여 공부하였습니다. 그 결과 한 달 만에 토익 820점을 취득
할 수 있었습니다.

답변 TIP ✓

목표를 세우고 이를 달성하기 위해 노력한 점은 인정받을 수 있다. 하지만 열정을
발휘한 부분이 단순히 공인어학성적을 얻기 위한 부분이 아쉽게 느껴진다. 어학성적
은 취업준비생의 입장에서는 지극히 기본적인 요건 갖추기에 가깝다. 해당 분야에서
바로 적용할 수 있는 전문성과 관련된 몰입 경험이었다면 가장 좋은 평가를 받았을
것이다. 가급적 진학과 취업 준비를 위한 학습과정에 대한 몰입과정은 피하도록 하
자. 대부분의 사람들이 비슷한 경험을 갖고 있기 때문이다. 회사 및 직무와 연관된
경험이 아니더라도 몰입과정을 통해 지원자의 역량을 표현할 수 있는 경험에 대해
고민해 보자.

졸업 작품을 만들 때에 가장 크게 몰입한 경험이 있습니다. 기계 관련 분야 프로젝트였지만 저는 프로그래밍까지 같이 가미하여 프로젝트를 수행해 보고 싶었습니다. 팀원들은 모두 반대했지만 졸업하기 전에 프로그래밍에 대한 것을 배우면 개인적으로도 크게 도움이 될 것이라 판단했습니다. 이에 저는 6개월의 시간 동안 프로젝트에 적용할 정도의 수준을 갖추기 위해 노력했습니다. 시험과 다른 기타 과제를 하다 보면 목표가 흐려질 것이라 판단했습니다. 이에 학교를 다닐 때에는 보통 저녁 9시부터 새벽 1시까지는 틈틈이 책을 보며 공부하였으며 주말에는 스터디 모임에 참여하여 하루에 8시간 이상 투자했습니다. 그리고 방학 때에도 2개월간 프로그래밍 학원 수강을 하면서 부족했던 점을 보완했습니다. 2학기에는 실제로 적용해 보고 작동이 안 되는 부분은 컴퓨터공학 교수님께 자문을 받아 해결했습니다. 그 결과 졸업 작품에서 최고점을 받았습니다.

답변 TIP ✅

지원 분야와 반드시 연관성 있는 경험일 필요는 없다. 그러나 장시간 동안 한 가지 목표를 달성하고자 노력한 경험을 말한다면 충분히 공감을 줄 수 있을 것이다. 몰입을 한다고 했을 경우에는 지원자가 들인 기간과 시간에 대한 표현을 하면 더욱 좋은 효과를 줄 수 있다. 대체로 특별한 경험이 없는 지원자라면 학과 프로젝트에서 했던 경험 그리고 동아리 행사를 기획하는 과정 등을 떠올려 보길 바란다.

Q. 열정적으로 한 일에 대해 설명해 보시오.

질문 의도 맡겨진 일을 열정적으로 수행할 수 있는 사람인지 확인

연관 질문 무언가에 몰입했던 경험에 대해 말해 보시오.

답변 가이드 결과적으로 실패를 했더라도 열정적으로 일을 수행한 경험이 있다면 실패 경험도 인정받을 수 있지만 가급적이면 성공적인 경험을 소개하자.

Worst 답변

저는 댄스 동호회에 가입해서 수상한 경험이 있습니다. 평소 공부만 한다는 이야기를 자주 들어 새로운 취미를 가져봐야겠다고 결심했습니다. 1개월 정도 활동을 하던 중 3개월 뒤에 아마추어 살사 댄스 대회가 있다는 것을 알게 되어 파트너와 함께 동호회 활동 시간 외에도 홍대역 연습실에 나가서 3달 동안 매일 3시간 이상 연습을 하였습니다. 주변 사람들에게 이미지를 쇄신한 모습도 보여주고 싶은 취지에 시작을 했지만 댄스 동호회 활동을 하면서 체력도 기르고 다양한 사람들을 만나 춤을 추며 스트레스도 풀 수 있었습니다. 그 결과 대회 날 아마추어 부문에서 2등을 하는 영예도 얻었습니다. 저는 새로운 목표를 세우고 어떻게 하면 더 잘 할 수 있을지 늘 고민하는 사람입니다. 이러한 저의 열정을 중부발전에서도 보여드리고 싶습니다.

답변 TIP ✓

자신의 취미 분야에서 열정을 발휘했다는 점에서는 좋은 평가를 내릴 수 있다. 하지만 지원자의 열정 경험을 통해 미래 회사 생활을 예측할 수 있도록 해주는 것이 중요하다. 현재 댄스 동호회 활동을 열정적으로 했기 때문에 회사 생활도 열정적으로 할 것이라 예측하기는 어렵다. 물론 취미활동이 업무적인 것과 연결이 된다면 표현해도 좋을 것이다. 해당 경험은 회사 생활과 연결 짓기가 어렵기 때문에 가급적 피하는 것이 좋다.

제가 가장 열정적으로 수행했던 경험은 경제적인 어려움을 갖고 있는 초등학생을 위한 교육 봉사활동이었습니다. 저는 아이들에게 최선의 교육을 제공하기 위해 봉사활동을 재정비했습니다. 우선 봉사자가 절대적으로 부족했고 이탈하는 경우들이 많았습니다. 이 문제를 해결하고자 교육 봉사의 취지를 알려주는 영상 콘텐츠를 만들었고 이를 통해, 3 : 1의 경쟁률을 갖출 정도로 지원자 모집에 성공했습니다. 또한 면접을 통해 봉사자의 의지를 명확하게 파악하여 봉사자의 이탈을 막을 수 있었습니다. 마지막으로 팀원들과 일주일에 6시간씩은 콘텐츠 개발에 힘을 썼습니다. 저는 집중을 잘 못하는 아이들을 위해 쉬운 교재 편집을 시도했고 동영상 콘텐츠를 만들어 집중력을 높이고자 했습니다. 이러한 과정을 1년간 지속하니 아이들의 90%가 성적이 향상되었습니다. 이와 같은 경험을 토대로 주어진 일에 항상 최선을 다하여 회사에 기여할 수 있도록 하겠습니다.

답변 TIP ✓

교육 봉사활동 경험에서 가장 자주 언급되는 것 중에 하나는 학생을 가르쳤던 내용에 대한 기술이다. 해당 답변은 가르치는 것에 포커스를 맞춘 것이 아니라 본인이 속한 조직을 개선시키기 위해 열정을 쏟았던 경험이기 때문에 좀 더 의미가 있다. 중요한 것은 열정 경험을 통해 앞으로 미래 회사 생활을 예측할 수 있게 만드는 것이다. 현재 지원자는 조직의 문제를 열정적으로 개선시킬 수 있다는 느낌을 전달해 줄 가능성이 높다.

난이도 ★★☆ / 중요도 ★★☆

Q. 도전을 통해 성취해낸 경험에 대해서 말해 보시오.

질문 의도 성취 및 도전의 과정을 통해 어떤 방식으로 일을 처리하는지 관찰
연관 질문 학교 생활 중 세웠던 도전목표는 무엇이고, 결과는 어떻게 되었는가?
답변 가이드 결과 그 자체보다는 진행 과정에서 차별화된 역량을 잘 보여주기 위해 노력하자.

Worst 답변

친구 3명과 함께 한 제주도 자전거 여행이 가장 기억에 남습니다. 처음에는 단순하게 자전거를 타며 좋은 풍경을 볼 수 있을 것이라 생각했습니다. 하지만 언덕을 올라갈 때에는 너무나 힘들고 육체적인 고통을 느꼈습니다. 그래도 끝까지 목표를 달성하려고 노력했습니다. 넘어지기도 하고 자전거가 고장이 나서 위기를 맞기도 했지만 적절한 조치를 하여 제주도 자전거 여행을 마칠 수 있었습니다. 이를 통해 어떠한 고난이 와도 이겨낼 수 있다는 자신감을 갖게 되었습니다.

답변 TIP ✔

다소 진부한 소재이다. 역량을 측정할 수 있는 경험으로 보기에는 적합하지 않다. 개인의 좋았던 추억 정도 수준으로 밖에는 의미부여하기가 어렵다. 여행 경험담도 가급적이면 피하길 바란다.

공모전에 참여하여 우수상을 수상했던 것이 가장 큰 성취 경험입니다. 친구 4명과 함께 미세먼지 저감 방안 공모전에 참여했으며 저의 역할은 신기술 동향과 전체 문서 편집 담당이었습니다. 신기술 동향을 살펴보기 위해 한 달간 하루에 6시간씩은 중국, 미국, 일본, 한국 관련 논문을 약 30개 이상 검토하였습니다. 이에 주요 기술 7가지를 추려 장단점을 파악하고 가장 현실 가능성이 있는 기술 한 가지를 선택하였습니다. 다음으로 팀원들이 만든 100페이지 분량의 자료를 20페이지로 요약, 정리해야 했습니다. 이를 위해 우선 제가 관련 자료를 전부 살펴보고 한 명씩 만나서 작성자의 의도를 파악하고, 넣어야 하는 내용인지 아닌지를 파악하여 편집했습니다. 또한 편집을 위해 전체 회의를 5번 이상 열어 전체 내용의 연결성과 개연성을 살펴보고 최종적으로 편집을 마무리할 수 있었습니다. 처음에는 매우 엉성했지만 지속적으로 노력하고 시간을 들인 결과 우수한 평가를 이끌어 낼 수 있었습니다.

답변 TIP ✅

해당 답변을 통해 지원자가 한 가지 일에 몰입하여 일처리하고 있음을 볼 수 있을 것이다. 또한 구체적인 일처리 과정을 설명함으로써 지원자가 매우 꼼꼼하게 일처리 하는 사람임을 확인할 수 있다. 자신의 성취 경험을 통해 유능하게 일할 수 있는 지원자임을 면접관에게 알리도록 노력해야 한다.

Q. 시간 관리를 어떻게 하는지 말해 보시오.

질문 의도 　시간을 효율적으로 관리할 수 있는 유능한 인재인지 확인
연관 질문 　체계적으로 시간 계획을 세워 일을 추진한 경험에 대해 말해 보시오.
답변 가이드 　우선순위에 따라 시간을 관리하고 있음을 설명하자.

Worst 답변

　저는 다이어리에 매일 해야 할 일의 목록을 작성하고 이를 실천합니다. 목록을 적으며 해야 할 일들이 무엇인지 파악하고 우선순위를 정해서 매일의 목표를 이룹니다. 이루지 못한 목표는 다음 날 다시 적고 또 우선순위를 정해서 진행합니다.

답변 TIP ✔

　답변은 최대한 자세하게 해야 한다. 매일 해야 할 일을 정하고 우선순위를 정해서 목표를 이룬다는 말은 참 좋은 말이다. 하지만 본인만의 경험이 녹아있는 답변이 아니다. 면접관의 고개를 끄덕이게 할 수 있는 답변은 자신만의 스토리와 공감대가 형성되는 소재가 담긴 답변이다. 그 외에도 지나치게 단기적인 목표 달성에만 치우쳐져 있다는 느낌을 주고 있다.

　저는 보통 단기, 중기, 장기 목표를 세워서 시간 관리를 하는 편입니다. 장기적인 목표는 영어능력향상, 전문지식을 갖추는 것이며, 중기 목표는 기사자격증 취득 혹은 학교 시험공부 등의 계획을 세웁니다. 단기 목표는 보통 일주일이나 하루 단위로 시간계획을 세워 제가 처리해야 할 일들을 정리해서 필요한 일들을 할 수 있게 만들어 줍니다. 목표를 세울 때에는 항상 우선순위를 중요하게 생각하며 해야 할 리스트를 모바일 다이어리에 체크하며 시간을 효율적으로 사용하고자 노력하고 있습니다.

답변 TIP ✓

　시간 관리를 잘하는 사람이 사회생활에서 성공한다. 그렇기 때문에 기업에서 지원자가 어떻게 시간을 활용하는지에 대한 관심이 많다. 답변하는 방식은 여러 가지 방법이 있을 수 있겠으나 현재 제시된 답변의 핵심은 단기, 중기, 장기 계획을 갖고 있는 지원자이자 우선순위에 따라 시간을 활용할 수 있는 지원자임을 보여주고 있다. 체계적으로 시간 관리를 할 수 있는 나만의 시간 관리 비법에 대해 정리해 보자.

Q. 입사 후, 단기적 혹은 장기적인 목표에 대해 말해 보시오.

질문 의도 장단기 목표를 갖추고 살아가는 지원자인지 확인

연관 질문 입사 후, 계획에 대해 말해 보시오.

답변 가이드 많은 심리학자들에 의해 밝혀진 사실은 목표를 명확히 갖고 있는 사람이 성공한다는 것이다. 이에 명확한 목표가 있는 지원자임을 고려하여 답변을 하도록 하자.

Worst 답변

저는 입사 후 3년 뒤에는 제가 맡은 직무에 대해 잘 알고 발생할 수 있는 이슈를 정확하고 빠르게 처리할 수 있는 전문가가 되고 싶습니다. 또한 신입사원과 선배님들을 이어주는 연결고리가 되고 싶습니다. 10년 뒤에는 제가 쌓은 경험과 노하우로 해외 현장에서도 일을 하고 싶습니다.

답변 TIP ✔

준비 없이는 바로 답변하기 어려운 질문이다. 3년 뒤, 10년 뒤를 나누어 언급한 부분은 좋았지만 대체로 뚜렷한 목표이기 보다는 다소 추상적이라는 느낌이 든다. 본인이 지원하는 직무에 대해 많은 공부를 통해 장단기 목표를 정리해 보자.

입사 후 3년까지는 다양한 순환업무를 하면서 발전 현장에서 갖추어야 할 기본 지식을 이해하도록 하겠습니다. 또한 다양한 이해관계자들과 원활하게 소통하며 맡겨진 업무를 충실히 하도록 하겠습니다. 10년 후에는 다양한 업무를 경험하는 동시에 특별히 설비 및 안전 분야 전문가로 활동하고 싶습니다. 발전소의 특성상 설비의 유지보수가 가장 중요한 업무라고 생각합니다. 거대한 설비에 대해 꾸준하게 학습하고 현장에서 경험을 갖추어 설비가 안정적으로 운영될 수 있도록 노력하겠습니다. 또한 현장에서의 불안전한 요소들을 지속적으로 체크하여 무사고 현장을 만드는 데에 일조하겠습니다.

답변 TIP ✓

해당 지원자는 회사 업무에 대한 이해도를 어느 정도 갖고 있으며 자신이 해야 할 일들을 잘 체크하고 있다. 공기업의 특성인 순환업무에 대한 이해와 앞으로 자신이 해야 할 업무 중 설비와 안전 분야에 대한 관심을 보여주는 것도 인상적이다. 회사와 업무 특성을 어느 정도 이해하여 답변을 할 수 있도록 노력하자.

Q. 자신이 부족하다고 느껴 무엇인가를 준비하고 공부해 해결해낸 경험이 있는가?

질문 의도 자발적으로 자기 자신을 개발하려는 의지가 강한 지를 확인

연관 질문 지원 분야에서의 부족함은 무엇이고 보완하기 위해 어떤 노력을 해왔는가?

답변 가이드 미래 직장인으로서 부족한 점에 대한 부분을 강조하고 꾸준히 준비한 경험을 설명하자.

Worst 답변

사무직 지원자로서 문서작성 역량이 다소 부족하다고 생각했습니다. 이에 컴퓨터 활용능력 1급 자격증을 취득하였습니다. 이를 통해 엑셀에 대한 기본지식을 쌓을 수 있었습니다. 또한 전기에 대한 체계적인 지식을 쌓고자 6개월간 전기기사 자격증 시험 준비를 하여 전기에 대한 기본 지식을 쌓을 수 있었습니다.

답변 TIP ✔

대체로 공기업 지원자들은 필기시험 준비와 자격증 취득 등으로 자기개발에 충분한 시간을 갖지 못한 경우가 많다. 이로 인해 공기업 필수자격증에 대한 언급을 많이 할 때가 많다. 그러나 필수자격증에 대한 언급은 피하는 게 좋다. 딱히 할 말이 없다면 에너지 시장에 대한 동향관련 기사와 보고서 등을 면접 준비기간 동안이라도 열심히 읽어서 그 부분을 어필해 보길 바란다. 그리고 좀 더 고민하여 답을 해보도록 하자.

Best 답변

저는 제 전공인 공학은 자신이 있었지만 경영에 대한 이해도가 낮아 이 부분을 꼭 보완하고 싶었습니다. 이에 경영학이 무엇인지 알고자 경영학을 부전공으로 선택하였습니다. 자존심을 회복하기 위해 시작했던 공부였지만 너무 재미있었습니다. 공부를 즐기면서 했기 때문인지 재무회계와 재무관리 과목에서는 시험 답안에 작성한 내용이 본과 학생들보다도 명확하다는 교수님의 칭찬을 받기도 했습니다. 또한 성실히 노력한 결과, 모든 과목에서 A+를 받았습니다. 이를 통해 공학을 전공했지만 경영이라는 새로운 분야에 대한 지식을 넓힐 수 있었습니다. 회사에 입사해서도 모르는 부분이 있다면 적극적으로 공부해서 깨우치는 인재가 되기 위해 노력하겠습니다.

답변 TIP ✔

공학 전공자 혹은 공학계열 지원자들은 비즈니스에 대한 이해가 필요하고, 비즈니스 및 인문계열 전공자들은 기술적인 동향에 대한 부분을 공부하고 있다면 도움이 될 수 있을 것이다. 실제 현장에서는 공학적인 지식도 중요하지만 함께 업무를 수행하는 데에 필요한 효율적인 업무처리 능력이 요구될 수 있다. 해당 답변은 공학을 전공한 지원자로서는 충분히 어필할 수 있는 포인트가 될 수 있다. 작은 것이라도 부족한 점을 개선하고자 노력했던 것들을 떠올리며 답변을 만들어 보자.

Q. 감명 깊게 읽었던 책은 무엇인가?

질문 의도 책 읽기를 통하여 자기 자신의 삶에 변화를 주고, 발전시켜나갈 수 있는 지원자인지를 확인
연관 질문 자신의 삶에 영향을 준 책과, 그 책을 통하여 어떤 변화가 있었는지 말해 보시오.
답변 가이드 책을 읽은 경험이 부족하다면 면접 기간 중에라도 책을 요약해서 읽고, 자신의 견해를 말할 수 있는 정도까지는 준비가 필요하다.

Worst 답변

저는 책을 많이 읽지 않은 편이지만 최근 가장 감명 깊게 읽은 책은 '유리멘탈을 위한 심리책'입니다. 제가 취업 준비를 하면서 멘탈 관리하는 것이 쉽지 않았습니다. 이에 앞으로 사회생활을 하면서 멘탈 관리가 필요할 것 같다는 생각에 책을 직접 사서 읽었습니다. 책을 읽고 나서 회사 생활을 할 때 어떤 자세로 임해야 하는지에 대해 많이 생각해 보게 되었습니다.

답변 TIP ✓

본인의 단점을 면접에서 굳이 이야기할 필요가 있을까? 감명 깊게 읽은 책을 통해서 자신에게 일어난 변화 등을 중심으로 답변을 만들 필요가 있다. 그리고 책에 대한 간략한 요약정리는 필요하다. 멘탈 관리에 도움이 되었다 정도 수준보다는 그 이상의 변화를 이야기할 수 있다면 더욱 효과적일 것이다.

제가 최근에 읽었던 책 중 가장 감명 깊게 읽었던 책은 김형석 교수님의 '백년을 살아보니'라는 책입니다. 저자는 실제로 지금 100세가 넘으셨고 윤동주 시인과는 같은 학교에서 선후배 사이로 지낼 정도로 우리나라 역사의 산 증인이기도 합니다. 교수님의 에세이를 통해 어떻게 하면 만족하며 살 수 있는지, 어떻게 일을 선택해야 하는지, 인간관계는 어떻게 해야 하는지 등에 대한 기본적인 철학적 질문에 명쾌하게 답을 얻게 되었습니다. 이 책을 통해 제가 조금 더 자극을 받았던 것은 어떤 상황 속에서도 만족하는 자세가 필요하다는 것이었습니다. 또한 평생 공부를 통해 자기 자신을 개발해야 함을 알게 되었습니다.

답변 TIP ✔

간혹 책에 대한 이야기를 할 때에 소설책을 이야기하는 경우가 있는데 가급적이면 소설은 피하는 것이 좋다. 물론 고전 문학을 통해 깊은 통찰이 있었다면 이야기를 해도 괜찮다. 종종 추리소설에 대한 줄거리를 이야기하는 지원자들이 있는데 면접관의 입장에서는 긍정적인 평가를 주기가 쉽지 않다. 위의 예시처럼 본인의 삶에 긍정적인 영향을 주었던 책, 가치관에 영향을 주었던 책이라면 더할 나위 없이 좋을 것이다.

Q. 가장 큰 실패의 경험에 대해 말해 보시오.

질문 의도 실패를 겪었지만 실패를 기반으로 다시 배우고 도약할 수 있는 유형의 지원자인지를 평가

연관 질문 실패를 통해서 가장 크게 배운 점은 무엇인가?

답변 가이드 실패를 통하여 성장하는 사람들이 있는 반면에 전혀 발전이 없는 사람들도 있다. 이에 실패를 통해 배워나가는 사람임을 강조하며 답을 해보도록 하자.

Worst 답변

저에게 있어 가장 큰 실패는 원하는 학교에 입학하지 못한 것입니다. 이로 인해 자신감이 하락하고 지인들과 만나는 것을 꺼리게 되었습니다. 그러나 이 실패를 극복하기 위해서 편입을 준비하였고 목표했던 학교에 합격하였습니다. 합격 후 자신감을 회복하여 지금은 어떤 일이 주어지더라도 해낼 수 있다고 자부합니다.

답변 TIP ✓

인생의 쓴 맛을 경험하지 못한 사람과는 인생을 논하지 말라는 말이 있다. 어려운 일을 만나서 극복한 사람은 회사에서도 다양한 어려움에 대처가 가능하다고 평가할 수 있다. 이 답변은 면접관에게 공감을 주긴 어렵다. 답변을 듣고 나서 해당 지원자가 돋보이기보다는 오히려 자존감이 부족한 지원자라는 느낌을 준다. 진학 실패나 여행지에서 계획대로 일이 되지 않을 때 등은 친구들과 이야기할 만한 사안이기 때문에 회사에서는 좀 더 도전적인 목표 수행 중 열정을 다해 노력했지만 실패했던 경험을 고려하자.

Best 답변

자동차 동아리 활동을 했을 때, 저는 동아리의 유일한 전기과 학생이었습니다. 당시 동아리에서는 여름방학 때 전기 자동차 제작 공모전에 참여했습니다. 총 18명의 학생이 참여했고 제가 유일한 전기과였기에 팀원들이 걱정을 많이 했습니다. 일의 분량이 너무 많을 수 있으니 다른 전기과 학생들을 더 섭외해서 하자고 했습니다. 하지만 저는 지금 다른 사람들이 들어오면 팀 분위기를 해칠 수 있기에 제가 공부하면서 전기 지식이 요구되는 부분과 전체를 감당하기로 했습니다. 처음 한 달간은 저도 충분히 집중할 수 있었기 때문에 힘들더라도 모든 업무를 도맡았습니다. 밤을 새우더라도 제가 해야 될 일들을 수행했습니다. 그렇게 노력을 해왔지만 물리적으로 도저히 업무 시간을 확보하기가 어려웠습니다. 이에 마지막 한 달이 남은 시기에 새로운 회원들을 모집했습니다. 다행히 2명의 지원자를 구했지만 한 달 이상 업무가 진행된 터라 의사소통하기가 매우 어려워서 자동차 제작은 완료했지만 참가에 의의를 두어야 했습니다. 이때의 경험을 통해 업무적인 욕심을 너무 부리기보다는 정확한 시간 및 인원 계획을 세워 업무를 수행해야 함을 배울 수 있었습니다.

답변 TIP ✔

노력했지만 끝내 얻지 못한 것이 실패이다. 노력의 정도가 크면 클수록 배우는 점도 많이 있을 것이다. 해당 지원자의 결과는 실패로 끝났지만 일에 대한 열정과 일에 대한 욕심이 있다는 점은 긍정적인 측면으로 작용할 수 있다. 현재 상태로 답변을 마무리하면 100% 꼬리질문이 나올 가능성이 높다. 차후에 진행할 때에는 시간 계획이나 인원 계획을 세워 성공적으로 일을 수행한 경험이 있는 지에 대한 질문을 받을 수 있다. 그러므로 꼬리질문에 대한 답변 준비를 하는 것이 중요하다.

난이도 ★★☆ / 중요도 ★★☆

Q. 현재 하고 있는 자기개발 활동에 대해서 말해 보시오.

질문 의도 | 자기개발에 대한 관심도를 확인
연관 질문 | 직무를 위해 자기개발을 하고 있는 점이 있다면 무엇인지 말해 보시오.
답변 가이드 | 직무와 연관성이 있는 자기개발에 대해 설명하도록 노력하자.

Worst 답변

2년 동안 꾸준히 헬스를 해오고 있습니다. 최근에는 홈트를 통해 꾸준하게 운동을 하여 체지방률을 12%까지 유지하고 있습니다. 게다가 입사 후에는 취미로 트레이너 자격증도 준비하여 더 체계적으로 운동을 해보려고 합니다. 저는 무엇보다 꾸준한 운동 덕분에 강력한 체력을 갖게 되었습니다. 이것을 바탕으로 현장에서 더욱 인정받는 직원이 되겠습니다.

답변 TIP ✔

현재 답변 같은 경우 직무와의 연관성이 다소 떨어진다. 현재 답변은 개인적인 관심 분야 혹은 취미에 대한 질문으로 답변하면 좋을 것이다. 하지만 채용면접 상에서 헬스 한 가지만 자기개발로 말하는 것은 아쉽게 느껴진다. 물론 지식과 기술역량을 쌓기 위한 자기개발을 이야기한 다음에, 개인의 신체를 단련하고자 헬스를 한다고 하면 괜찮은 소재가 될 수도 있다. 지금처럼 직무와 연관성이 없는 헬스에 대한 부분만 언급하면 답변이 아쉽게 느껴질 수 있다.

Best 답변

업무 수행 시 엑셀 활용도가 높다는 이야기를 접했기 때문에 저는 틈날 때마다 엑셀을 배우고 있습니다. 현재 엑셀을 활용하여 다양한 서식을 만들어 보면서 필요한 역량을 꾸준히 쌓고 있습니다. 또한 필기시험을 준비할 때에 집중이 안 되면 습관적으로 에너지 산업 관련 기사를 읽어오고 있습니다. 이를 통해 급변하는 에너지 시장의 기술적 트렌드를 파악해 오고 있습니다. 마지막으로 전화영어를 통해 하루에 20분씩은 외국인 튜터와 꾸준히 영어로 소통하며 글로벌한 역량을 쌓고자 노력하고 있습니다. 이를 통해 앞으로 진행하는 해외 사업에서도 역량을 발휘하도록 하겠습니다.

답변 TIP ✅

직무와 관련된 업무 경험을 통해 자신의 부족한 부분을 채우고자 노력하는 모습에서 면접관에게 호감을 줄 수 있다. 사무직이든 기술직이든 기본적으로 문서활용능력은 필수이다. 하지만 단순 자격증 취득으로는 인정받기가 어렵다. 위의 답변처럼 현장에서 활용 가능한 문서작성 기술을 위해 노력하는 점은 충분히 어필할 수 있다. 또한 지원자들은 기본적으로 에너지 산업에 대한 관심을 기울이며 준비하고 있을 것이다. 그런 부분을 어필하면 좋은 평가를 받을 수 있을 것이다. 마지막으로 영어공부는 취준생들이 기본적으로 하고 있기 때문에 회사의 해외사업과 연결시켜서 설명한다면 어느 정도는 답변을 만들 수 있을 것이다. 그 외에 준비하고 있는 것이 있다면 적극 어필하도록 하자.

Q. 개인적으로 이루고 싶은 인생의 목표에 대해 말해 보시오.

질문 의도 개인의 목표가 직장생활과 어느 정도 연계되고 있는지를 확인

연관 질문 입사 후, 이루고 싶은 자신만의 목표는 무엇인지 말해 보시오.

답변 가이드 목표를 갖고 살아가는 사람들이 성공할 가능성이 높지만 직업과의 괴리가 커질수록 직장생활에 적응하지 못할 수도 있기 때문에 신중하게 답해야 한다.

Worst 답변

대학교 1학년 때 '한 달에 한 도시'라는 책을 읽은 적이 있습니다. 신혼부부가 결혼식을 올리지 않고 그 비용으로 전 세계를 여행하며 겪은 이야기를 담은 책이었습니다. 저는 이 책을 읽고 다른 나라의 문화를 직접 체험하고, 다양한 음식도 먹어 보고 싶다는 생각이 들었습니다. 저의 개인적인 인생 목표는 일을 하면서 휴가를 통해 제가 가고 싶었던 지역에 방문하여 새로운 체험을 꾸준히 해 보고 싶습니다. 이러한 새로운 체험을 통해 남다른 시각으로 일을 하도록 하겠습니다.

답변 TIP ✔

개인이 특정한 목표를 갖고 살아간다는 것은 긍정적인 요인이다. 하지만 한 가지 고려해야 할 사항은 직장생활과 그 부분이 연계될 수 있는가가 중요하다. 지원자가 개인적으로 이루고자 하는 목표와 직장생활과의 괴리가 커질수록 부정적인 평가를 받을 수 있다. 그러므로 좀 더 주의해서 설명을 해야 한다. 해당 답변은 지나치게 여행이야기 중심으로 되어 있어서 부정적인 평가를 받을 수도 있다.

개인적으로 이루고 싶은 목표는 두 가지입니다. 첫째, 제 전공을 살린 분야에서 전문가로 활동하는 것입니다. 특히 저는 설비 분야에 관심이 많고 복수 전공으로 했던 컴퓨터공학을 살려 설비 자동화 업무 분야에서 성장하고 싶은 목표가 있습니다. 둘째, 사회적으로 기여를 하는 것입니다. 학창 시절을 돌이켜보면 어렵게 살아가는 친구들을 많이 봐 왔습니다. 이에 저는 틈틈이 교육봉사활동에도 참여해 왔습니다. 이에 좀 더 어려운 환경에 처한 사람들을 돕는 활동도 꾸준히 해보는 것이 목표입니다.

답변 TIP ✔

개인적인 인생의 목표와 입사 후 포부는 다른 형태의 질문이다. 간혹 개인적인 인생의 목표에 대해 답할 때, '입사하게 된다면'이라는 표현을 쓰는 지원자가 있다. 그러나 인생의 목표를 묻는 질문에 '입사하게 된다면'이라는 표현은 절대 써서는 안 된다. 필자 같은 경우 인생의 목표를 두 가지 정도로 나누어서 설명하는 것을 권장한다. 첫 번째는 직업분야에서의 목표설정을 하는 것이며 두 번째는 개인적으로 본인이 관심 있는 영역에 대한 비전을 제시하는 것이다. 어느 정도 방향성이 설정되었다면 답변을 적절하게 준비해 보길 바란다.

Q. 최근의 사회적 이슈와 그것에 대한 본인만의 견해를 설명해 보시오.

질문 의도 직원으로서 갖추어야 할 기본적인 사회적 소양을 갖고 있는지를 확인

연관 질문 공공기관 비리 문제에 대해 어떻게 생각하는지 말해 보시오.

답변 가이드 사실, 사건에 대해서만 설명하지 말고 자신의 명확한 견해를 말할 수 있어야 한다.

Worst 답변

대기업 총수들이 자신들의 재산 절반 이상을 사회에 기부하는 기사를 감명 깊게 읽은 적이 있습니다. 대부분 기업에서는 사회적 책임을 다한다는 명분 아래 재단을 세우고 본인들이 관리하는 체계를 갖추고 있습니다. 이를 통해 자신의 기업을 홍보하여 이미지를 제고합니다. 하지만 이 기사에서는 객관적인 시각을 가진 제3의 기관에 개인의 재산을 기부함으로써 관리의 투명성을 높인 것이 고무적이라고 생각합니다.

답변 TIP

대체로 해당 이슈는 사실 그 자체를 기반으로 하고 있으므로 자신의 견해가 잘 보이지 않는 게 가장 아쉽다. 이런 경우에는 사회 이슈에 대한 이야기를 함으로써 지원자의 지적 수준과 사회적 관심 수준을 파악할 수 있게 해주어야 한다. 현재 답변 정도는 지나치게 무난한 느낌이 든다. 개인적인 견해를 좀 더 충분하게 설명할 필요가 있다. 이슈를 회사와 연결시켜서 설명할 수 있다면 더할 나위 없이 좋을 것이다.

제가 가장 관심 있게 봤던 이슈는 우리나라 에너지 공기업들이 경쟁력 있는 신재생 발전사업 역량으로 해외에 적극 진출한다는 것이었습니다. 특히 유럽, 미국 등에도 우리의 기술이 활용되고 있다는 기사를 접해 우리나라의 신재생 에너지 기술이 세계 최고 수준이라는 생각이 들었습니다. 이러한 해외 진출은 우리 발전소에도 매우 유익할 것이며, 앞선 기술로 해외에 진출함에 따라 국익에 도움이 될 수 있을 것입니다. 또한 해외에 단독으로 진출하기보다는 국내 대기업과 함께 동반 진출함으로써 시너지효과를 내어 국가경제에도 큰 도움이 될 수 있다고 생각합니다. 또한 해외 수주에서 가장 유리한 위치를 차지하기 위해서는 다양한 설비와 부품들을 국산화시켜 더 높은 수준의 경쟁력을 가져야 한다고 생각합니다. 마지막으로 기술력 있는 중소·중견기업에도 적극 투자하여 국내 기업들의 역량을 키우는 것도 중요하다고 생각합니다.

답변 TIP ✅

사회 이슈는 다양한 측면에서 이야기해 볼 수 있다. 특별히 회사 이슈에 대해서 물어본 것은 아니기 때문에 다양한 관점에서 이야기를 해도 좋다. 하지만 채용 면접을 보고 있기 때문에 가급적이면 회사와 연결 지어서 설명해 보는 것도 고려하는 것이 좋다. 그러나 정치적, 종교적으로 매우 예민한 주제나 당 회사를 비판하는 이야기는 피해야 한다. 이슈에서 중요한 것은 단순 팩트보다는 팩트에 대한 자신의 견해를 드러내 주는 것이 중요하다. 이를 통해 지원자의 수준을 가늠해 볼 수 있다. 현재 답변 같은 경우 회사와 연관된 주제를 바탕으로 개인의 견해를 적극적으로 드러내주고 있어 긍정적으로 평가받을 가능성이 높다.

Q. 우리 회사(한국남동발전)의 최근 이슈와 해결방안에 대해 말해 보시오.

질문 의도 회사의 다양한 이슈에 관심을 갖고 준비해 온 지원자인지 확인

연관 질문 최근 우리 회사에 대한 부정적인 뉴스를 본 적이 있는가? 있다면 대안을 제시해 보시오.

답변 가이드 이슈는 사실이기 때문에 말하기는 어렵지 않다. 하지만 해결방안에 대해서는 좀 더 다양한 자료를 검색하여 명확한 방안을 제시하는 것이 좋다.

Worst 답변

한국남동발전은 에너지 공기업 취업 준비를 하면서 처음 알게 되었습니다. 한국전력공사 자회사로 삼천포, 영흥, 영동, 여수, 분당에 복합 화력발전소 5곳을 운영하고 있습니다. 6개 자회사 중 세 번째로 급여가 높고 사무·행정직에 비해 기술직군의 급여수준이 높아 더 호감도가 높아졌습니다. 최근 전력중개사업을 실시하고 있는데 외부전문기관의 도움 없이는 사업을 진행하는 데 어려움이 있을 것 같지만 저는 독립적으로 기술을 개발하는 것이 필요할 것 같다고 생각합니다.

답변 TIP ✔

아마도 해당 답변에서 가장 핵심적인 부분은 독립적인 기술 개발에 대한 이슈가 아닐까 한다. 하지만 해당 부분은 너무 빈약하게 답을 하고 있다. 그리고 인트로 부분은 완전한 동문서답이다. 한국남동발전에 대한 이해도가 아니라 남동발전의 이슈를 끄집어냈어야 했는데, 불필요한 언급을 하고 있음을 확인할 수 있다. 동문서답을 조심하자.

Best 답변

저는 'KOEN형 전력중개사업' 관련 이슈에 관심을 갖고 자료를 살펴보았습니다. 한국형 FIT제도 시행으로 소규모 태양광 발전사업자와 농민, 축산인, 어민의 태양광 사업의 참여가 확대되는 이 시점에서 'KOEN형 전력중개사업'은 매우 선제적인 대응이라고 생각합니다. 하지만 프로젝트를 진행하면서 발전단가를 상승시키는 요인들이 여전히 존재하고 있습니다. 첫 번째는 지역 주민들의 신재생에너지 인프라 설치 반대가 있습니다. 이를 해결하기 위해서는 마을 이장님과 같은 지역 대표들에게 본 사업의 필요성과 지역 주민들이 받을 수 있는 혜택들을 설명하여 마을 주민들의 인식을 개선하는 데 힘써야 한다고 생각합니다. 두 번째로 계통지연에 따른 발전단가 상승 문제가 있습니다. 초기 물리적인 인프라 구축 시에는 막대한 비용이 들기 때문에 정부의 직접적인 재정 지원이 필요하다고 생각합니다. 또한 정부의 직접적인 투자를 통해 전기세 인상 문제로 이어지는 2차적인 문제도 해결할 수 있다고 생각합니다. 이해관계자들을 설득하는 데 있어 제가 준비해 온 역량들을 발휘하여 한국남동발전의 발전에 기여하고 싶습니다.

답변 TIP ✅

명확한 이슈를 제시하고 해결방안을 적절하게 답변하도록 하자. 해결방안은 순수한 자신의 생각이기보다는 다양한 분석자료 등을 확인한 후, 객관적인 방안을 제시하는 것이 좋다. 자칫 자신의 생각이 전혀 먹혀들지 않을 수도 있다. 해당 질문을 위해 자료 등을 충분히 확인하고 면접에 임하자.

난이도 ★★☆ / 중요도 ★★★

Q. 우리 회사(한국남동발전)에 대해서 아는 대로 말해 보시오.

질문 의도 회사에 대한 전반적인 이해도를 파악하고 지원자가 기업에 얼마나 많은 관심이 있는지 확인
연관 질문 우리 회사 사업에 대해서 아는 대로 말해 보시오.
답변 가이드 조직이해도를 측정하는 질문은 가급적 외워서라도 충분히 숙지하고 들어가는 것이 더 많은 자료를 보고 들어가는 것보다 중요할 수 있다.

Worst 답변

국내 발전사를 대표하는 한국남동발전은 전력중개사업을 진행하고 있으며 한국형 통합발전소(VPP)를 도입하기 위해 가상 발전소 플랫폼 개발에 집중하고 있습니다. 이때 AI를 기반으로 하여 발전량을 정확하게 예측하기에 앞서 한국남동발전에서 집중하여 쌓아 온 발전소 건립 노하우를 십분 발휘하여 인프라 구축에 집중해야 한다고 생각합니다. 저는 동계 체험형 청년인턴 시 체득한 실무 경험과 전자계산기 조직응용기사와 품질경영기사를 취득하며 쌓아 온 전문지식을 바탕으로 전력 분야의 새로운 비즈니스 모델을 창출하는 데 기여하고 싶습니다.

답변 TIP ✔

해당질문에서 굳이 자신의 역량을 어필하기 보다 회사에 대한 다양한 이해를 하고 있음을 알려주는 것이 효과적이다. 지금 정도 수준의 분량으로는 회사에 대한 이해를 했다고 보기에는 부족하게 느낄 수 있다. 다양한 관점에서 회사에 대한 이해를 하고 면접에 임하는 것을 권장한다. 회사의 전반적인 개요, 사업, 이슈 등을 파악하여 체계적으로 답변할 수 있도록 하자.

한국남부발전에 대해 세 가지로 정리하여 말씀드리겠습니다. 첫 번째로 안전하고 깨끗한 에너지로 지속가능한 미래를 창출하여 국민 삶의 질 향상에 기여한다는 설립 목적 아래 현재 2,640명의 임직원이 근무하고 있습니다. 두 번째로 발전건설, 설비보강, 정보통신, 무형자산, 투자자산 분야의 5개 사업을 수행하고 있습니다. 발전건설 사업에서는 삼척을 비롯해 총 5개 지역에서 회사 신성장 동력을 확충하기 위해 건설 사업을 추진하고 있습니다. 설비보강 사업에서는 전 사업소 발전설비를 대상으로 하여 개선 사업 전체를 보강하는 사업을 수행하고 있습니다. 정보통신 부문에서는 통신설비 및 IT시스템을 구축하여 효율적 업무처리 기반을 구축하는데 매진하고 있습니다. 무형자산 부문에서는 전력거래, ERP 등 업무용 프로그램을 구축하고 개선하고자 수행되고 있습니다. 또한 사업다각화 및 지속성장의 기반을 마련하고자 미국 Nils 복합, 요르단, 타필라 풍력 사업을 추진하고 있습니다. 세 번째는 나눔으로 사회적 가치를 창출하기 위해 노력하고 있습니다. 남전나눔빛봉사단은 총 17개의 봉사단과 35개의 봉사팀으로 이루어져 있으며 지역과 소통하고 에너지 복지 봉사활동을 실현하고 있습니다.

답변 TIP ✅

충성도를 확인하고 '묻지마 지원자'를 가려내기 위한 질문이다. 해당 질문은 다른 항목에 비해서 좀 더 길게 이야기를 해도 괜찮은 질문이다. 충분한 답변을 할수록 회사에 대한 관심과 준비성이 높은 지원자로 인식할 가능성이 높다. 약 1분 정도 내외로 구성하는 것을 권장한다. 대체로 회사의 사업 부분을 좀 더 강조해서 설명하는 것을 권장하고 그 외적으로 회사와 연관된 정보를 이해하고 답변하면 좋은 평가를 받을 수 있다. 그리고 해당 질문은 다양한 꼬리질문으로 이어지는 경우들이 많기 때문에 철저한 준비가 필요함을 꼭 명심하자.

Q. 우리 회사(한국수력원자력)에 지원한 이유에 대해 말해 보시오.

질문 의도 회사에 대한 입사 의지가 명확한지 확인

연관 질문 반드시 우리 회사에 입사해야 하는 이유가 무엇인지 말해 보시오.

답변 가이드 지원 동기는 가장 중요한 질문 중에 하나이다. 회사에 대한 명확한 이해를 바탕으로 지원자가 회사에 어떻게 기여할 수 있을지 설명해 주어야 한다.

Worst 답변

저는 어렸을 때부터 기계를 조립하는 것을 좋아했습니다. 발전기계 직무에서 저의 흥미를 적용할 수 있을 것 같고 제가 전공에서 배운 지식도 응용해 볼 수 있을 것 같아 매력적이라고 생각합니다. 그리고 여러 발전사 중 앞으로 발전가능성이 가장 크고, 공기업의 특성상 안정적으로 장기간 근속할 수 있다는 장점이 있습니다. 저의 흥미와 지식을 한국수력원자력에서 펼쳐보고 싶습니다.

답변 TIP ✔

면접관의 공감을 얻기에는 내용의 구체성이 다소 부족해 보인다. 직무와 관련된 지식, 기술, 태도 등 본인을 돋보이게 할 수 있는 역량을 중심으로 답변을 구체화했다면 더 설득력이 있었을 것이다. 대답을 할 때는 꼭 지원자의 경험과 역량이 중심이 되어야 한다. 현재 답변에서는 자신의 경험이나 지식에 대한 부분이 구체적이지 못하기도 하고, 회사에 대한 이해도 잘 보이지 않는 문제점이 있다.

한국수력원자력에서 에너지 자립에 일조하고 싶어 지원하였습니다. 평상시 핵분열과 핵융합에너지에 대해 공부하여 어떻게 전력이 생산되는 지에 대해 공부를 했습니다. 또한 2년 전에는 한국수력원자력 한빛원자력 본부에 방문한 적이 있었습니다. 학교 강의에서만 이론으로 듣던 부분들이 실제 현장에서 구체적으로 사용되고 있는 모습을 보면서 저의 전공지식을 한수원에서 활용해 보고 싶다는 생각을 했습니다. 이후에 원자력에 대한 관심을 갖고 감속재 및 냉각재에 심층 공부를 하였습니다. 이와 같이 저는 원자력에 대한 관심과 지식을 바탕으로 한수원에서 전력생산 효율을 향상시키는 데 기여하고 싶습니다.

답변 TIP ✔

회사에 대한 관심이 있으며, 회사에서 하고 싶은 일도 명확한 편이다. 지원 동기를 이야기할 때, 논리적인 공감을 주는 것이 중요하다. 그리고 회사 이야기만 해서도 안 되고, 회사 이야기를 빼서도 안 된다. 회사에 대한 관심, 지원자의 학업 및 경험 등과 잘 믹스해서 설명하는 것이 중요하다. 지원 동기 또한 추가 질문이 많이 나오는 질문유형이다. 다른 이유는 또 없는지 1~2번 더 반복해서 물어보는 경우들이 많다. 지금처럼 지원 동기를 설명하고 또 다른 이유에 대해서 적절한 답변을 하게 되면 회사에 대해서 많은 관심을 갖고 지원했다는 평가를 받을 수 있다. 하지만 추가적으로 물어보는 지원 동기에 대답을 못하면 답변을 외워서 온 듯한 느낌을 줄 수도 있으니 주의해야 한다. 회사에 대한 관심과 준비도가 높을수록 대체로 꼬리질문에도 편하게 대응할 수 있을 것이다.

난이도 ★★☆ / 중요도 ★★★

Q. 여러 발전사 중 한국남동발전에 지원한 이유를 말해 보시오.

질문 의도 │ 회사에 대한 기본적인 이해를 하고 있는지 확인

연관 질문 │ 우리 공사의 장단점에 대해서 말해 보시오.

답변 가이드 │ 특별히 왜 우리 회사에 지원했는지를 물어볼 가능성이 높다. 회사의 사업적인 측면, 조직 문화 등 다양한 관점에서 지원한 이유를 명확히 설명해 주어야 한다.

Worst 답변

저는 현재 한국남동발전 본사가 있는 경남 진주에서 태어나고 자랐습니다. 진주에 있는 공기업에서 일하게 된다면 부모님과 떨어져 살지 않아도 되고 친한 친구들과도 자주 만날 수 있어 좋을 것 같다고 생각했습니다. 또한 총 채용 인원의 27%를 경남지역 소재 학교 졸업예정자와 졸업자 중에서 뽑고 있는 것으로 알고 있습니다. 진주토박이인 제가 살아온 지역에서 기여할 수 있다고 판단하여 특별한 애정을 갖고 지원했습니다.

답변 TIP

보시다시피 불필요한 언급이다. 뻔한 내용은 지양하는 것이 좋고 회사에 대한 공부를 많이 하는 것이 중요하다. 특별히 회사가 중점을 두고 있는 사업에 대한 관심을 두고 이야기해 보는 것을 권장한다. 왜냐하면 복지, 문화 등으로 설명하기에는 에너지 공기업들이 갖고 있는 시스템 등이 비슷한 경우가 많기 때문이다.

　제가 한국남동발전에 지원한 이유는 국내 최초로 조성된 상업용 해상풍력단지에서 일해 보고 싶기 때문입니다. 한국남동발전은 해상풍력단지를 통해 질 좋은 전기를 저렴하고 안정적으로 공급하여 전력산업이 지향할 방향을 명확히 제시해 주었다고 확신합니다. 또한 2021년 26개 공기업 중 지속지수 TBL 총점이 가장 높은 기업으로 선정되기도 했습니다. 제가 입사하게 된다면 풍력발전소 발전설비를 설립하고 관리하는 직무를 담당하고 싶습니다. 업무에서도 전문가가 되어 전력 생산 효율을 높여 한국남동발전이 다른 발전공기업보다 RPS제도에 선제적으로 대응할 수 있게 기여하고 싶습니다.

답변 TIP ✅

　회사의 사업적인 측면을 좀 더 파고들어 답변한 예시이다. 특히 최근에는 에너지 산업이 큰 변화 가운데 있기 때문에 전망이 밝은 사업에 대한 견해를 이야기해 보는 것도 괜찮다. 물론 제대로 사업에 대해 이해하지 못할 경우 최악의 상황에 직면할 수 있다. 철저한 회사 공부를 통하여 자연스럽게 회사에 대한 로열티가 높은 지원자임을 어필하자.

난이도 ★★★ / 중요도 ★★☆

Q. 4차 산업혁명에서 한국남동발전이 나아가야 할 방향에 대해 말해 보시오.

질문 의도 회사의 미래 방향에 대한 이해도를 갖추고 있는 지원자인지 확인

연관 질문 4차 산업혁명에 맞춰야 하는 미래 직원으로서 본인은 어떤 준비를 하고 있는지 말해 보시오.

답변 가이드 에너지 공기업은 4차 산업혁명의 파도 가운데 있기 때문에 사전에 4차 산업혁명과 각 공기업과의 연관성을 잘 파악하여 답변을 준비하도록 하자.

Worst 답변

4차 산업혁명에서 한국남동발전이 나아가야 할 방향은 AI 전문업체에 외주를 주어 새로운 시스템을 빠르게 구축해나가는 것입니다. 최근 차세대 지능형 출입통제 시스템 개발 사업을 IT 전문기업에 발주를 준 기사를 읽었습니다. AI 딥러닝 기반 얼굴 인식, 모바일 출입솔루션 기술을 보유한 팀에서 추가적으로 코로나 19에 대응하기 위한 발열감지 및 비대면·비접촉 방식의 시스템을 개발하고 관리·운영해준다면 정말 효율적으로 일을 할 수 있을 것 같습니다.

답변 TIP ✓

틀린 말도 없고, 실제로 진행되고 있는 것에 대해 설명하고 있다. 하지만 외주 개발보다는 자체 개발을 통해 나아가야 할 방향성을 말할 수 있다면 좀 더 나은 답변이 될 수 있을 것이다. 그 외에 비대면·비접촉 등의 표현은 4차 산업혁명과는 별개의 답이다. 4차 산업혁명을 통한 효율적인 설비 및 운영관리 등을 이야기한다면 좀 더 효과적인 답이 되었을 것이다. 해당 질문은 최대한 4차 산업혁명과 연결된 다양한 기사를 접해 보는 것을 권장한다.

한국남동발전에서 도입하고자 노력하는 한국형 발전소가 4차 산업혁명을 가장 잘 반영한 시도라고 생각합니다. 우선적으로 빅데이터를 기반으로 하여 발전량을 예측하는 업무가 원활히 이행되기 위해서는 발전계통과 송배전계통의 플랫폼이 확실히 구축되어야 합니다. 지금까지 발전소를 설립하여 전력을 생산하면서 쌓아 온 한국남동발전소의 노하우를 적극 활용하여 디지털인프라를 구축하는 데 집중해야 한다고 생각합니다. 스마트미터기, 데이터관리시스템, 과금시스템 등 지능형 원격 검침시스템 또한 지속적으로 발전해야 된다고 생각합니다. 배전설비 상태진단 등 현장에서 단순하고 반복적으로 이루어지는 업무 역시 자동화 처리시스템을 개발하여 상황을 실시간으로 확인할 수 있다면 좋을 것 같습니다.

답변 TIP ✔

4차 산업혁명 시대에 맞추어 회사가 변화하는 방향에 대한 이야기를 잘 정리하였다. 지원자가 관련 분야에 대한 높은 수준의 지식이 있다면 본인의 견해를 그대로 드러내도 무관하다. 하지만 우리는 대체로 관련 지식이 매우 부족할 가능성이 높다. 이에 전문가들의 의견을 모아놓은 자료를 잘 체크하고 요약 정리하여 논리적인 답변이 될 수 있도록 노력하자. 혼자만의 생각은 망상이 될 수도 있기 때문에 주의해야 한다.

Q. 한국남동발전의 비전을 제시하고 그 비전에 자신이 어떻게 기여할 것인지 말해 보시오.

질문 의도 회사에 대한 이해도와 관심도를 측정

연관 질문 우리 회사의 인재상 가운데 본인과 가장 잘 어울리는 것은 무엇인지 말해 보시오.

답변 가이드 비전은 외우면 되지만, 비전에 어떻게 기여할 것인가는 매우 까다로울 수 있다. 회사의 비전을 잘 파악하고 본인이 기여할 수 있는 내용을 곰곰이 생각해 보자.

Worst 답변

한국남동발전의 비전은 기술로 미래를 창조하는 친환경 에너지 리더입니다. 저는 꼼꼼한 성격을 통해 발전 시설을 관리하고 운영하는데 기여할 수 있다고 자부합니다. 수시로 현장에 방문하고 점검하여 안전하게 발전소가 유지될 수 있도록 노력하겠습니다. 또한 제게 주어진 업무 외에도 찾아서 할 수 있는 일은 주인의식을 가지고 수행하는 인재가 되겠습니다.

답변 TIP ✔

해당 답변은 지나치게 일반적이거나 동문서답이라고 볼 수 있다. 비전은 이해하고 있으나, 비전에 어떻게 기여할지 전혀 답을 하지 못하고 있다. 답변을 좀 더 논리적으로 구성하여 공감을 줄 필요가 있다.

한국남동발전의 비전은 기술로 미래를 창조하는 친환경 에너지 리더입니다. 해당 비전을 달성하는 데에 있어서 기술혁신적인 부분에 제가 기여하는 것은 아니지만 가장 기본이 되는 안전관리 부분에 있어 기여할 자신이 있습니다. 저는 입사 후 발전소를 설립하고 운영함에 있어 근거가 되는 국내외 법조항을 먼저 숙지하여 제가 담당하게 될 안전 직무 업무를 정확하게 수행할 것입니다. 조금 더 구체적으로 말씀드리면 안전관리 기본계획과 안전보건교육 계획을 수립하고, 재해예방 수립 및 점검 등에 적절한 기준을 제시하고 싶습니다. 이를 통해 발전소 안전과 관련된 모든 부분에 있어 전문가가 되기 위해 노력할 것입니다.

답변 TIP ✓

비전과 지원자를 연결시켜서 설명하는 것은 다소 억지스러울 수도 있고 껴맞추기도 쉽지 않다. 아마도 그것은 지나치게 거창한 것을 생각해서 그럴 수도 있다. 회사의 비전을 만들어가는 데에 중추적인 역할을 하는 사람들도 있지만 해당 분야에서 기본기를 지키며 일을 해야 하는 직원들도 있을 것이다. 회사의 비전을 위해 자신의 업무에서 기본을 지키며 회사의 발전에 서포트할 수 있다는 점도 충분히 어필이 가능하다. 너무 어렵게 생각하기 보다는 좀 더 쉽게 접근해 보는 것도 하나의 방법이 될 수 있다.

난이도 ★★★ / 중요도 ★★☆

Q. 한국남동발전이 다른 에너지기업과 비교하여 가지고 있는 강점은 무엇이라고 생각하는가?

질문 의도 회사에 대한 명확한 이해를 하고 있는 지를 확인

연관 질문 다른 에너지 공기업과 비교하여 한국남동발전의 장단점은 무엇인지 말해 보시오.

답변 가이드 신사업적인 부분이라든지, 4차 산업분야의 투자이슈, 해외사업 이슈 등을 비교하여 설명해 보도록 하자.

Worst 답변

한국남동발전은 다른 에너지 공기업에 비해 혁신적인 성과를 보이는 행보가 강점이라고 생각합니다. Clean & Smart Energy Leader라는 비전 아래 화력발전으로만 국한되던 에너지 산업에서 탈피하고자 선제적으로 대응하고 이외에도 Digitalization, Decarbonization, Decentralization 등 KOEN형 뉴딜 사업에 저도 동참하고 싶습니다.

답변 TIP ✔

비교되는 강점이 무엇인지 명확하게 설명해야 한다. 해당 답변은 어떤 점이 강점인지를 명확하게 드러내지 못하고 있다. 다양한 사업 중에서도 회사가 집중하고 있으며 차별화된 역량이 있는 사업이 있다면 그 부분을 적극적으로 어필하도록 하자.

Best 답변

한국남동발전의 강점은 한정된 자원을 적극적으로 활용하여 성과를 낸다는 점이라고 생각합니다. 최근 에너지 신사업을 활성화하고자 다양한 외부기관과 MOU를 체결한 기사를 봤습니다. 한국남동발전이 신재생에너지 사업 초기 단계의 가장 큰 장애물인 지역 주민들과의 갈등 해결에는 외부전문가의 역량을 적극 활용하고, 전력계통 확보 및 인프라 구축에 집중하는 전략은 매우 효율적이라고 생각했습니다. 또한 이를 통해 일자리를 창출하고 지역 소득 증대에 기여하는 새로운 비즈니스 모델을 제시하여 다른 에너지 공기업의 모범이 되고 있습니다. 저는 앞으로 한국남동발전이 재생에너지 3020 이행을 조기 실현하는 데 든든한 조력자가 되고 싶습니다.

답변 TIP ✅

해당 질문은 지원 기업에 대한 관심도를 알아보기 위한 질문이다. 에너지 공기업 특성상 비슷비슷한 사업을 영위해 나갈 가능성이 높다. 하지만 각 사업에 대한 접근 방법에 따라 비교우위를 갖고 있는 부분이 분명히 있을 것이다. 그러한 점을 회사의 차별화된 강점으로 설명해 보도록 하자. 이 부분도 역시나 회사 공부를 열심히 해야 답변을 찾아낼 수 있을 것이다.

Q. 한국서부발전에 입사한다면 어떤 일을 하고 싶은지 말해 보시오.

질문 의도 회사의 조직과 업무특성을 잘 이해하고 있는지 확인

연관 질문 원하는 분야에서 구체적으로 하고 싶은 일은 무엇인지 말해 보시오.

답변 가이드 직무기술서를 기반으로 하고 싶은 업무에 대해 충분히 이해를 하고 답변을 만들어 보자.

Worst 답변

화력발전설비를 설계하는 업무라면 어떤 일이든 열심히 하겠습니다. 업무 특성상 야근이 많기 때문에 해야 할 일을 모두 완수하기 위해 꾸준히 운동도 하겠습니다. 체력도 겸비한 신입사원으로 꼭 한국서부발전에 입사하고 싶습니다.

답변 TIP ✔

면접에 정답은 없지만 하지 말아야 할 답변은 있다. 위와 같이 답변을 한다면 면접관에게 좋은 평가를 받을 수 없다. 지원 회사에 대한 관심을 보여주는 부분도 전혀 없고 직무에 대해 알아 본 흔적도 찾아볼 수 없다. 면접관은 오로지 지원자의 답변을 통해서 평가를 할 수 밖에 없다. 직무에 대한 열정과 관심을 드러나는 답변을 준비해 보자.

  제가 가장 하고 싶은 업무는 발전설비 업무입니다. 해당 업무를 하고 싶은 이유는 제가 갖고 있는 지식과 경험을 잘 활용하여 누구보다 잘 할 수 있는 업무라고 판단했기 때문입니다. 우선 첫 번째로 CAD, 캡스톤 디자인 과목을 수강하며 기계설계 시 필요한 프로그램 활용능력을 키웠습니다. 다음으로 설비 관련 전공과목과 기계설계기사를 취득하면서 설계의 전반적인 기초지식을 함양할 수 있었습니다. 마지막으로 학부 연구생으로 인턴을 하면서 기계 조달에 필요한 견적 의뢰, 구매발주 등 사무적인 업무도 수행할 수 있는 역량을 길러 왔습니다. 한국서부발전에 입사하여 저의 전문적인 지식을 기반으로 우리나라의 에너지 산업 발전에 이바지하는 엔지니어가 되겠습니다.

답변 TIP ✅

  가장 기초적으로는 '직무기술서'를 파악하여 세부적인 업무요강을 살펴볼 필요가 있다. 해당 업무요강 내에서 하고 싶은 업무를 찾아보는 것을 권장한다. 또한 해당 업무에 있어서 지원자의 적합성을 파악하기 위해, 직무기술서 상에서 지식, 기술, 태도부분을 반드시 확인해 보길 바란다.

안심Touch

Q. 만약 싫어하는 직무에 배치된다면 어떻게 할 것인가?

질문 의도 순환보직의 특성을 이해하고 주어진 업무에 잘 적응할 수 있는지 확인

연관 질문 주어진 업무가 적성에 맞지 않는다면 어떻게 할지 말해 보시오.

답변 가이드 과거에 실제로 피하고 싶었던 일을 해야 될 때, 적응했던 경험에 대해서 말할 수 있다면 해당 질문에서는 가장 적절한 답이 될 수 있을 것이다.

Worst 답변

싫어하는 직무에 배치된다면 사실 받아들이는 것이 쉽지는 않을 것 같습니다. 하지만 조직에서는 제가 원하는 일만 할 수 있다고 생각하지 않습니다. 회사에서 정해 준 직무에 적응하도록 준비하겠습니다. 그럼에도 불구하고 적응하기 어렵다면 회사 인사팀 혹은 상사님과 상의 후에 다시 결정해 보도록 하겠습니다.

답변 TIP ✔

인트로 답변에서는 큰 문제가 없다. 하지만 그래도 적응이 안 되면 상사 및 인사팀에 이야기하겠다는 표현은 문제가 있다. 실제로 필자가 공기업에서 면접관 교육을 할 때, 어떤 면접관은 힘든 일만 요리조리 피해 다니는 직원은 정말 뽑고 싶지 않다는 이야기를 한 적이 있었다. 회사의 상사와 인사팀에 건의하고 상의하는 행위는 자칫 조직에서 떼를 쓰는 사람처럼 느껴질 수도 있다. 자신에게 주어진 업무를 유연하게 받아들이고 싫어하는 분야에서도 성과를 내기 위해 노력하는 것이 직원의 바른 자세임을 명심하자.

제가 하고 싶은 일보다는 회사가 원하는 일을 하는 것이 직장인의 덕목이라고 생각합니다. 또한 회사의 모든 일은 유기체처럼 모두 연결이 되어 있기 때문에 타 직무에서도 다양한 역량을 기를 수 있다고 생각합니다. 더 나아가 나중에 제가 원하는 직군에서 일하게 될 때도 타 직무에서의 경험이 업무를 수행함에 있어 큰 도움이 될 것 같습니다. 다른 직무가 주어지더라도 긍지를 갖고 열심히 임하겠습니다.

답변 TIP ✔

순환보직은 필수이기 때문에 피하고 싶은 업무에도 배치될 수밖에 없다. 그러한 여러 가지 조직적 특성과 환경을 이해하고 어떤 직무에서든 적응하고자 하는 의지를 보여주는 것이 중요하다. 원치 않는 직무 분야에서도 잘 적응할 수 있는 유연함을 갖춘 인재임을 어필하도록 하자.

Q. 한국중부발전의 장단점에 대해 말해 보시오.

질문 의도 회사에 대한 명확한 이해를 하고 있는지를 확인

연관 질문 우리 회사에 대한 부정적인 기사를 본 적이 있다면 해결방안은 무엇인지 말해 보시오.

답변 가이드 치명적이지 않으면서도 단점에 대한 개선안까지 이야기할 수 있을 정도의 답변을 만들기 위해 노력하자.

Worst 답변

한국중부발전의 장점은 풍력에너지와 같은 신재생에너지를 개발하는 데 특화된 지리적 특성을 가지고 있는 것이라고 생각하며 제주발전본부가 가장 대표적인 예라고 생각합니다. 하지만 신재생에너지가 기존 화석에너지를 대체하는 것은 단시간에 해결하기 어려울 것 같습니다.

답변 TIP ✓

회사의 사업적인 장점은 표현하고 있으나 단점에 대한 부분이 명확하지 않다. 면접의 가장 기본은 의사소통이다. 의사소통의 핵심은 물어보는 질문에 간단명료하게 답하는 것이다. 현재 '신재생에너지가 기존 화석에너지를 대체하는 것은 단시간에 해결하기 어려울 것 같습니다.'는 표현은 단점인 듯 아닌 듯 애매하다. 그리고 단점에 대한 개선안이 없어서 아쉽다. 가급적이면 단점에 대한 개선안까지 이야기 할 수 있도록 답변을 준비하자.

한국중부발전의 장점은 풍력을 이용해 탄소 중립을 이끌어 갈 수 있는 기술 개발에 적극적으로 투자하는 것이라고 생각합니다. 2017년부터 수소에너젠을 비롯해 9개 기관과 풍력발전 계통 안정성을 확보하기 위해 노력해 왔습니다. 그 결과로 2020년 12월에 국내 최초로 풍력 그린수소를 생산하였습니다. 하지만 여전히 신재생에너지로 만든 수소가 시장 경쟁력을 가지기 위해서는 해결해야 할 부분들이 너무나 많습니다. 이를 해결하기 위해서는 지속적인 투자와 민간 기업과의 연계가 매우 중요하다고 생각합니다. 이를 통해 빠른 기술 개발과 새로운 수요처를 확보할 수 있을 것이라 확신합니다.

답변 TIP ✔

회사에 대해 꾸준히 관심을 갖고 회사와 관련된 기사를 읽고 정리했을 때, 답변할 수 있는 질문이다. 단점을 제시할 경우에는 이를 보완할 수 있는 방안까지 제시해 보는 것을 권장한다. 단점에 대한 해결방안까지 말하게 되면 면접 준비를 철저히 해 온 지원자로 인식할 가능성이 높다. 회사공부를 통하여 해당 답변을 말할 수 있도록 노력하자. 해당 답변도 꼬리질문이 계속 붙어 나올 가능성이 높기 때문에 또 다른 장점과 단점을 충분히 생각하고 면접에 임하자.

Q. 순환근무에 대해 어떻게 생각하는가?

질문 의도 순환보직 근무 여부가 가능한 지를 확인

연관 질문 지방근무를 할 수 있는지 말해 보시오.

답변 가이드 순환근무에 대한 확실한 이해와 조직 적응력이 매우 우수하다는 느낌을 전달할 필요가 있다.

Worst 답변

순환근무에 대해서 아직까지 생각해 보진 않았습니다. 하지만 일을 하게 된다면 순환근무에도 열심히 잘 적응하겠습니다.

답변 TIP ✓

대체로 순환근무에 대해서 답을 하는 데에는 큰 문제는 없을 것이다. 하지만 간혹 생각하지 못하고 왔다는 지원자를 만날 때가 있다. 에너지 공기업에서 순환근무는 필수라는 것을 이해하고 답을 하도록 하자. 답변을 할 때는 긍정적인 어휘를 사용하고 수긍적인 태도로 임하는 것이 좋다. 위에 답변은 아마도 긍정적인 평가를 받기는 어려울 것 같다. 공기업 근무 환경을 이해하고 유연하게 대처할 수 있는 태도를 갖춘 지원자임을 보일 수 있게 답변을 해야 한다.

Best 답변

 공기업에서 순환근무는 필수로 알고 있고, 그러한 부분을 충분히 생각해 왔습니다. 무엇보다 저는 도심보다는 한적한 곳에서 사는 것을 꿈꾸어 왔기 때문에 특정 지역에서 살아가는 것도 문제가 없습니다. 그 외에 업무 자체도 순환되는 것으로 알고 있습니다. 주어진 업무에도 빠른 적응력을 발휘하여 어디서나 칭찬받는 직원이 될 자신이 있습니다.

답변 TIP ✔

 순환근무에 대해 이해하고 그것을 긍정적으로 받아들일 수 있다는 자세만 보인다면 큰 문제는 없을 것이다. 충분히 이해하고 있으며 적응할 준비가 되어 있음을 설명한다면 좋은 평가를 받게 될 것이다.

Q. 본인이 겪었던 갈등에 대해서 구체적인 상황과 문제를 어떻게 해결했는지 말해 보시오.

질문 의도 조직 내에서 갈등을 일으킬 가능성이 높은 사람인지를 판별

연관 질문 조직 내 갈등을 중재해 본 경험이 있는가?

답변 가이드 갈등의 핵심은 역지사지, 배려, 대화를 통해 해결될 수 있음을 이해하고 이와 같은 프로세스를 통해 갈등을 해결해 본 경험을 떠올려보자.

Worst 답변

학원에서 강사로 일할 당시, 저보다 10살이 많은 강사님과 갈등이 있었습니다. 저는 제 나름대로의 계획을 갖고 아이들을 가르쳤는데 저에게 자꾸 본인이 알려주는 방법으로만 아이들을 가르치라고 하여 어려움이 있었습니다. 이에 저는 선생님에게 아이들이 원하는 방식으로 해보는 게 어떨지 제의를 했습니다. 선생님도 이에 응하셨고 투표를 한 결과, 대부분의 학생들은 제가 가르치는 방식이 더 좋다고 응답해 주었습니다. 이로 인해 문제는 해결되었고, 선생님도 결과에 승복하여 차후로는 티칭과 관련한 문제는 일어나지 않았습니다.

답변 TIP ✔

갈등에 대해서 이야기할 때에 가급적이면 상급자와의 갈등은 피하는 것이 좋다. 한국 조직문화 특성상 윗사람과 갈등을 겪는 지원자를 선호하지 않을 가능성이 높다. 여전히 우리나라의 조직문화에는 수직적인 문화가 강하다는 것을 생각해 보길 바란다. 다음으로 갈등을 해결하는 방법이기 보다는 문제를 해결한 방법을 제시한 것 같다. 갈등은 관계에 있어 감정이 안 좋은 상태를 뜻한다. 이에 티칭에 대한 문제 해결보다는 서로 간의 감정적 문제를 해소하기 위해 어떤 노력을 했는지를 알려주는 것이 중요하다. 결론적으로 지원자의 답변을 듣고 나서 면접관이 들어야 하는 생각은 '지원자가 참 갈등을 지혜롭게 잘 풀어나가는구나'일 것이다. 현재는 그러한 부분이 언급되지 않아 아쉽다.

학원에서 강사로 일할 당시, 다른 강사님과 갈등이 있었습니다. 저는 제 나름대로의 계획을 갖고 아이들을 가르쳤는데 저에게 자꾸 본인이 알려주는 방법으로만 아이들을 가르치라고 하여 어려움이 있었습니다. 처음에는 지나친 간섭이라 생각하여 저도 감정적으로 반응을 했습니다만 감정적인 갈등은 빠르게 해소시킬 필요가 있다고 생각했습니다. 저는 선생님이 왜 자꾸 저한테 자기 방식대로 일을 하라고 하는지 조심스럽게 여쭈어 보았습니다. 그러자 선생님께서는 본인은 전업으로 이 일을 하고 있는데 아르바이트 강사로 들어오신 분들이 오셔서 분위기를 흐리고 그때마다 수강생도 이탈하여 본인에게 큰 피해가 있었다는 이야기를 들려주셨습니다. 이에 저는 왜 선생님이 저에게 본인의 방법을 강조했는지 알 수 있었습니다. 이후 저도 받아들일 것은 최대한 받아들이고 저 또한 선생님에게 좋은 티칭 방법이 있으면 같이 공유했습니다. 그리고 학원이 더 잘되길 바라는 마음으로 학생들을 더욱 적극적으로 가르쳤습니다. 이와 같이 매사에 적극적으로 행동하자 선생님은 저를 아르바이트생 강사로 바라보지 않고 파트너 강사로 인정해 주셨습니다. 이와 같이 타인의 입장을 고려하고 배려하는 자세로 더 좋은 관계를 맺는 직원이 되겠습니다.

답변 TIP ✓

경험질문은 상황 – 행동 – 결과 중심으로 답변이 구성된다. 이에 현재 내용이 다소 길게 느껴질 수 있다. 하지만 실전 면접에서는 면접관이 상황에 대해서 묻고 다음으로 행동에 대한 부분을 구분지어서 질문을 한다. 이에 해당 답변은 경험면접의 전반적인 대본으로 파악하고 이해하면 된다. 또한 해당 답변에서는 갈등을 타인의 입장에서 적극적으로 해결하고자 하는 자세가 인상적이다. 갈등을 해결할 때 가장 중요한 것은 타인의 입장을 고려하여 행동하는 것이지 타인을 내가 원하는 대로 바꾸는 것이 아님을 명심하자.

난이도 ★★☆ / 중요도 ★★☆

Q. 본인이 겪었던 갈등 중, 끝내 해결하지 못했던 경험과 그 이유는 무엇인가?

질문 의도 사회생활을 하면서 일어날 수 있는 갈등을 조정하고 해결할 수 있는 능력이 있는지 확인

연관 질문 동료와 갈등이 생긴다면 어떻게 하겠습니까?

답변 가이드 지원자가 적극적으로 갈등을 해결하고자 노력했다는 부분만 전달된다면 큰 문제는 없을 것이다.

Worst 답변

졸업 작품을 준비하면서 저는 저전압을 이용한 가습기를, 친구는 보온기를 제작하고 싶어 했습니다. 한정된 시간과 예산으로는 두 가지를 동시에 만들 수 없었고 친구가 말한 주제는 작년 졸업 작품 전시회에 출품됐기 때문에 독창성이 없다고 지적했습니다. 친구도 제 아이디어에는 창의성이 부족한 것 같다며 서로의 의견을 굽히지 않았습니다. 결국 저는 마음이 맞는 다른 친구를 찾아 전시회를 준비해야 했습니다. 서로 감정적으로 대응했던 것이 갈등을 키우고 타협점을 찾지 못했던 것 같습니다. 이후부터 저 또한 감정적으로 대응하지 않도록 노력하고 있습니다.

답변 TIP ✔

지원자의 입장에서 갈등 경험을 말하는 것도 어려운데 끝내 해결하지 못한 것까지 설명하기란 더욱 어려울 수 있다. 해당 답변에서는 모두가 갈등에 대한 책임이 있는 것으로 보인다. 가급적이면 상대방으로부터 기인된 갈등을 이야기하는 것이 지원자의 입장에서 유리하다. 그리고 관계가 서먹해진 이후, 갈등을 해결하려고 하는 모습이 보이지 않아 아쉽다. 갈등을 해결하고자 노력했음에도 불구하고 해결되지 않은 것을 이야기하는 것이 중요하다. 갈등을 해결하지 못할 수도 있지만 적어도 지원자가 갈등을 어떻게 해결하고자 노력했는지에 대한 부분은 충분히 면접관들에게 설명해야 한다.

연구 성향이 다른 친구와 공동연구를 진행한 경험이 있습니다. 저는 일을 할 때, 계획을 세우고 각 단계에 맞춰 진행하는 성향이었고, 친구는 일단 일을 진행하면서 문제점을 해결해 나가는 성향이었습니다. 하지만 시간이 촉박하였기 때문에 서로 자신의 방식을 고집하다가 언쟁을 하게 되었습니다. 처음 며칠간은 서로 침묵하며 이야기를 나누지 않았습니다. 이러한 상황을 지속할 수 없다고 판단한 저는 친구에게 다시 연락을 하여 대화를 했습니다. 대화를 할 때, 잘못을 따지기 보다는 이해하지 못해서 미안했다는 말을 먼저 꺼냈습니다. 그리고 그 친구 또한 본인이 불필요하게 감정적이었다며 먼저 연락을 주어서 고맙다는 이야기를 해주었습니다. 이후 서로가 좀 더 상대방을 존중하면서 일하게 되었고, 서로 다른 의견을 절충하여 좋은 결과를 만들어 낼 수 있었습니다.

답변 TIP ✔

일을 하다 보면 타인과 불편한 관계를 맺을 수 있다. 이에 이러한 관계를 해소시킬 수 있는 능력이 지원자에게 요구된다. 현재 답변에서는 불가피하게 갈등이 있었지만 비교적 문제를 해결해 나가고자 하는 자세 및 타인을 이해하려는 자세가 돋보인다. 역지사지의 자세로 갈등을 해결하려는 자세를 보여준다면 좋은 평가를 받을 수 있다.

Q. 다른 사람과의 갈등을 해결하는 자신만의 방법과 사례를 말해 보시오.

질문 의도 사회생활을 하면서 일어날 수 있는 갈등을 조정하고 해결할 수 있는 능력이 있는지 확인

연관 질문 동아리(팀 과제) 활동 중, 갈등을 겪었던 경험이 있는가? 어떻게 문제를 해결했는지 말해 보시오.

답변 가이드 갈등의 핵심은 역지사지, 배려, 대화를 통해 해결될 수 있음을 이해하고 이와 같은 프로세스를 통해 갈등을 해결해 본 경험을 떠올려보자.

Worst 답변

저는 매우 활발하고 친화력이 높은 성격을 가지고 있어 다른 사람들과 갈등을 겪는 일을 만들지 않습니다. 혹여라도 갈등이 생긴다면 직접 찾아가서 그 이유를 묻고 바로 해결하려고 합니다. 모든 갈등은 오해에서 시작이 되기 때문에 오해를 하지 않으려는 자세가 필요합니다. 이러한 저의 성격이 회사에 큰 활력소가 될 것 같습니다.

답변 TIP ✔

갈등을 조정할 수 있는 역량을 갖추고 있는지 확인하고자 하는 질문이다. 일단 갈등을 만들지 않으려는 자세는 매우 긍정적이지만 답변의 근거가 부족하여 설득력이 떨어진다. 그리고 갈등이 발생했을 때는 우선적으로 상대방의 입장을 먼저 생각해보는 역지사지의 자세를 보여줘야 한다. 상대방의 입장을 먼저 공감하고, 이를 바탕으로 갈등을 해결해야 한다.

Best 답변

갈등을 해결하는 저만의 방법은 크게 3가지라고 말씀드리고 싶습니다. 첫째는 제 의견을 말하기 보다는 타인의 생각을 존중하고, 경청하는 자세가 필요합니다. 서로 감정적인 상황에서 제 의견을 이야기하다 보면 갈등이 더 커질 수 있다고 생각합니다. 둘째는 배려하려고 합니다. 갈등이 있을 때, 제가 조금씩 양보하고 배려한다면 상대방도 저를 배려해주고 인정해 줄 것이라 생각합니다. 마지막으로는 대화가 중요하다고 생각합니다. 관계가 어느 정도 개선이 된다면 조심스럽게 대화를 하면서 갈등의 원인을 이해하고 더 좋은 관계로 나아가야 할 것입니다.

답변 TIP ✅

갈등관리능력은 대인관계능력의 하위능력으로 직업기초능력에 표현되어 있다. 그만큼 갈등을 잘 관리해야지 원만한 대인관계를 맺을 수 있다. 실제 갈등관리와 관련하여 직업기초능력에 표현된 3가지 요소는 1) 타인의 감정과 상황 이해, 2) 타인에 대한 배려, 3) 대화를 통한 피드백으로 이루어진다. 위에 답변도 이러한 3가지 요소를 반영하고 있다. 갈등관리에 이러한 3단계 법칙을 적용하여 설명해 보도록 하자. 그리고 해당 질문은 보통 꼬리질문이 이어질 것이다. 지금 답변한 것처럼 실제로 실행한 경험에 대해서 요구할 가능성이 높기 때문에 꼬리질문에 대한 답변을 준비해야 한다.

난이도 ★★☆ / 중요도 ★★☆

Q. 어떤 유형의 상사와 같이 일하기 싫은지 말해 보시오.

질문 의도 │ 싫어하는 유형의 사람과도 잘 적응하며 일할 수 있는지 여부를 확인
연관 질문 │ 입사 후, 본인이 정말 싫어하는 유형의 사람과 함께 일한다면 어떻게 할지 말해 보시오.
답변 가이드 │ 비교적 다양한 유형의 사람들과도 잘 어울릴 수 있음을 보여줄 필요가 있다.

Worst 답변

제가 생각하는 이상적인 상사는 목표 지향적이며 부하 직원들의 역량에 맞는 업무를 분배할 줄 아는 사람입니다. 만약 이러한 성향과 반대인 상사분을 만난다면 같이 일하기 어려울 수 있다고 생각합니다. 하지만 조직에는 다양한 사람이 모여 일하기 때문에 이를 인정하고 상사의 스타일에 먼저 맞추어 일을 하고자 노력할 것입니다.

답변 TIP ✓

지나치게 솔직하게 말하면 함정에 빠질 때가 있다. 지금과 같은 경우 솔직하게 자신의 의견을 잘 전달했으나 싫어하는 상사 유형에 대한 정보만 전달된 듯한 느낌이 든다. 잘 안 맞는 사람이 있다 하더라도 잘 맞출 수 있다는 자신감을 보여줄 필요가 있다. 현재 답변에서는 '다소 상투적인 느낌으로 잘 맞추겠다.'는 느낌이 든다. 싫어하는 사람과의 관계에서도 어떤 방식으로 원만한 관계를 만들 수 있을지 적극적인 행동을 표현하길 바란다.

같이 일하기 어려울 것 같은 상사에 대해서 크게 생각해 본 적은 없지만 업무를 잘 알려주지 않는 상사와 함께 일하는 것이 어려울 것 같습니다. 부하직원 입장에서 상사님의 업무 노하우를 배우면서 일하면 좋을 텐데 업무 노하우를 알려주지 않고 일하다 보면 발전이 없을 것 같습니다. 이에 저는 혹시 그런 성향을 갖고 계신 상사님을 만나게 된다면 작은 일부터 잘하면서 인정받겠습니다. 작은 것부터 잘하다 보면 신뢰가 쌓이게 되고 상사님도 저에게 마음의 문을 열어주실 것 같습니다. 작은 것부터 꼼꼼하게 해서 인정받도록 하겠습니다.

답변 TIP ✔

싫다는 표현보다는 어렵다는 표현을 사용하는 것이 좀 더 효과적일 것이다. 싫다는 것은 지나치게 감정적인 표현으로 느껴질 수 있기 때문에 싫어하는 사람을 물어봤다고 하더라도 좀 더 완화된 표현으로 바꾸는 것이 좋다. 대체로 상대하기 어려운 사람들과 있다 하더라도 지속적으로 신뢰를 준다면 좋은 관계를 구축할 수 있다. 해당 지원자는 관계를 개선시키기 위한 자신의 방법을 알려주고 있다. 이러한 방식으로 답변을 하는 것을 권장하고 싶다. 그리고 반드시 실제 이렇게 실행한 과거경험을 물어볼 수 있기 때문에 꼬리질문에 대한 경험 정리를 하고 있어야 한다.

Q. 나이 어린 상사가 있다면 불편할 텐데 어떻게 적응할 생각인지 말해 보시오.

질문 의도 지원자의 조직 적응력과 상사와의 관계 구축 등을 확인

연관 질문 사회경험이 부족한 상사가 업무적으로 적절한 판단을 하지 못하면 어떻게 할지 말해 보시오.

답변 가이드 공기업은 사기업에 비해 나이 편차가 있는 편이다. 이러한 공기업만의 특수성을 잘 파악하고 대답할 수 있어야 한다.

Worst 답변

나이 어린 상사님이 있다면 약간은 불편할 수는 있지만 사회 선배이기 때문에 존중하겠습니다. 하지만 저도 어느 정도 사회 경험이 있기 때문에 상사님에게 필요한 것은 도움을 드리겠습니다. 무엇보다 직급이 낮은 만큼 더 많은 노력을 하여 저 또한 빠르게 승진하는 것을 목표로 업무에 임하겠습니다.

답변 TIP ✓

공기업의 특성상 다소 나이가 있는 신입사원들이 많다. 그 외에도 경력이 많으신 분이 신입으로 들어오는 경우도 있다. 그러다 보면 조직 내에 갈등이 생길 수 있다. 그럼에도 불구하고 상사를 존중할 줄 아는 자세가 필요하다. 위에 답변은 상사에 대한 존중으로 받아들이기는 어렵다. 나이가 많고 사회 경력이 있다고 하더라도 조직은 위계질서가 있기 때문에 상사를 존중하는 자세를 적절하게 잘 표현해야 한다.

Best 답변

저보다 나이가 어린 상사님이 있다면 상사님이 제 나이 때문에 부담을 느낄 수도 있다고 생각합니다. 회사에서는 나이보다는 사회 경험과 직급이 훨씬 더 중요합니다. 나이가 어린 상사님이 있더라도 저를 부담스러워하지 않도록 제가 그분을 존중할 필요가 있다고 생각합니다. 또한 상사님이 잔심부름을 부탁할 수 있을 만큼 편안한 관계를 만들기 위해 노력하겠습니다. 신입사원답게 항상 공손하고, 적극적인 자세를 보여드리겠습니다.

답변 TIP ✅

조직의 생리를 잘 파악하고 대답해야 한다. 회사는 학교가 아니다. 간혹 학교에서 나이 많은 신입생이 들어오면 존중받을 때가 있다. 하지만 조직에서 그러한 것을 기대해서는 안 된다. 나이 많은 신입사원은 부담스러운 존재가 될 수 있다. 그렇기 때문에 좀 더 적극적이고 공손한 자세로 상사를 대하겠다는 액션 플랜을 말해야 한다. 그리고 무엇보다 중요한 것은 자신의 입장에서 생각하는 것이 아니라 상사의 입장에서 생각하는 자세가 중요하다. 현재 답변에서 인상적인 점은 상사의 관점에서 생각하고 있다는 점이다. 이러한 부분을 벤치마킹해 보도록 하자.

Q. 싫어하는 사람과 함께 일하게 된다면 어떻게 대처할 것인가?

질문 의도 유연한 대인관계능력을 갖춘 지원자임을 확인
연관 질문 싫어하는 사람과 함께 일해 본 경험이 있다면 말해 보시오.
답변 가이드 싫어하는 사람들 가운데에서도 유연한 대인관계능력을 보여줄 수 있어야 한다.

Worst 답변

싫어하는 사람과 함께 일을 해야 하는 상황이라면 일단 최대한 맞추려고 노력하겠습니다. 하지만 그래도 관계가 회복되지 않는다면 차후에 더 많은 갈등이 생길 수도 있기에 최대한 피해야 한다고 생각합니다. 사내에서 최대한 부딪히지 않기 위해 노력할 것입니다. 이를 통해 갈등이 발생하지 않도록 노력하겠습니다.

답변 TIP ✔

해당 답변은 사적 관계 수준에서는 괜찮은 답변이다. 하지만 직장에서 공적 관계로 묶여 있는 상태에서는 부적절한 답변이 될 수 있다. 사적인 관계에서는 나하고 안 맞는 사람을 피해 다닐 수도 있다. 하지만 회사에서는 나하고 안 맞는다고 피할 수가 없다. 싫어하는 사람이라 하더라도 적극적으로 문제를 해결해 나가려 했던 경험을 설명해 주어야 한다.

싫어하는 사람과 일을 해야 하는 상황이라면 피하기보다는 적극적으로 관계를 개선시키기 위해 노력하겠습니다. 우선 역지사지의 자세로 상대방을 바라봐야 한다고 생각합니다. 살아온 가정환경도 다르고, 기질과 성격도 다르기 때문에 무조건적인 이해가 답이라고 생각합니다. 이전에 패밀리레스토랑에서 일을 할 때에 같이 함께 일하기 힘든 동료가 있었습니다. 처음에는 저도 모르게 피하기도 했지만 피하는 게 능사가 아니라고 판단했습니다. 이후 그 친구와 더 이야기를 하려고 노력했습니다. 이야기를 하다 보니 저와는 굉장히 다른 환경에서 자라온 것을 확인하게 되었고, 성격도 너무나 다르다는 것을 알게 되었습니다. 그 후 계속 대화하고 이해하려고 노력했더니 그 친구의 좋은 점들이 보이기 시작했습니다. 이처럼 입사 후에도 선입관을 버리고 항상 관계를 회복하기 위해서 노력하겠습니다.

답변 TIP ✔

상황 질문이 나올 경우 미래에 어떻게 행동할 지에 대한 부분으로 설명해 줄 수도 있을 것이다. 하지만 지금 답변과 같이 과거에 유사한 경험을 지혜롭게 해결한 경험 중심으로 설명한다면 훨씬 더 효과적인 답이 될 수 있다. 미래적인 관점에서 행동을 말할 경우 다시 추가적으로 그렇게 수행한 경험을 요구할 수 있음을 이해하고 답변 준비를 하자.

난이도 ★★☆ / 중요도 ★★☆

Q. 프로젝트 등을 하다가 친구랑 크게 싸운 적이 있는가?

질문 의도 대인관계에 문제가 있을 때 어떻게 대처하는지 확인

연관 질문 아르바이트 등을 할 때 갈등에 놓인 적이 있다면 말해 보시오.

답변 가이드 중요한 포인트는 갈등 상황에서 지원자가 어떻게 대처했는지를 알려주는 것이다.

Worst 답변

1) 저는 대인관계를 가장 중요하게 여기기 때문에 한 번도 다른 사람과 싸우거나 갈등을 일으켜 본 적이 없습니다. 항상 좋은 분위기와 관계를 만들려고 노력해 왔기 때문입니다.

2) 졸업 프로젝트를 할 때에 제가 오해해서 친구와 크게 싸운 적이 있습니다. 특정 결과물에 대해 요청했는데 시간이 지나도 아무런 결과물을 주지 않아서 크게 화를 내게 되었고 관계가 서먹해진 적이 있습니다. 알고 보니 중간에 소통이 잘못되어서 그 업무를 다른 친구가 하기로 한 것을 뒤늦게 알게 되었습니다. 이를 통해 커뮤니케이션의 중요성을 다시 한번 깨달을 수 있었습니다.

답변 TIP ✔

이 질문의 중요한 전제 조건은 기본적으로 사람들은 다른 사람들과 크고 작은 갈등과 다툼 가운데 살아간다는 것이다. 그럼에도 불구하고, 1)처럼 이야기를 하는 지원자들이 있다. '갈등도 다툼도 없다.'는 의미는 갈등을 잘 조정할 가능성이 떨어지는 사람, 갈등을 회피하는 사람으로 비칠 수 있다. 반대로 2)와 같이 본인이 오해해서 싸움을 걸었던 이야기는 피하는 게 좋다. 매우 감정적인 지원자라는 느낌을 줄수도 있다. 결론적으로 커뮤니케이션의 중요성에 대해 언급을 했는데, 해당 질문에서 요구하는 것은 커뮤니케이션이 아니라, 원만한 관계를 구축할 수 있는가이다. 질문의 핵심을 잘 파악할 필요가 있다.

4명의 조원과 함께 졸업 프로젝트를 할 때였습니다. 조원 중 한 명이 약속했던 과제물을 수행하지 않거나 모임 시간에 빠지기도 하고 지각을 자주 해서 저 뿐만 아니라 모두가 감정적으로 좋지 못했던 상황에 놓여 있었습니다. 저는 큰 소리로 싸운 것은 아니지만 현재 우리 조가 겪고 있는 어려움에 대해 이야기를 하고 책임감 있게 행동해 줄 것을 간청했습니다. 그 친구 또한 개인적으로 하고 있는 공부가 있어 어쩔 수 없었던 상황에 놓여 있었음을 알려주었습니다. 어느 정도는 공감이 가는 부분이 생기게 되었고 타협점을 찾으려고 노력했습니다. 그 친구가 잘못했던 부분에 대해서는 제가 도움을 주는 대신에 그 친구도 어느 정도는 좀 더 집중해 주기를 제안했습니다. 이렇게 서로 터놓고 이야기를 한 후에는 그 친구와의 관계도 좀 더 매끄러워졌고 제가 생각했던 것보다는 적극적으로 팀 활동에 참여하여 문제를 완화시킬 수 있었습니다.

답변 TIP ✓

심각한 싸움에 대해서 이야기해서 도움이 될 것은 없다. 지원자가 충분히 화가 날 만한 상황을 제시했고 그러한 상황에서도 최대한 감정적으로 대응하지 않으며 타협점을 찾으며 노력하는 모습이 인상적이다. 이를 통해 조직 내에서 큰 갈등 없이 일처리를 해낼 수 있을 것 같다는 느낌을 줄 수 있다. 절대 심각한 싸움에 대해서 이야기하지 말라.

Q. 좋아하는 유형의 사람과 싫어하는 사람의 유형에 대해 말해 보시오.

질문 의도 유연한 대인관계능력을 갖춘 지원자인지 확인

연관 질문 지원자가 싫어하는 유형의 사람이 직속 상사라면 어떻게 대처할지 말해 보시오.

답변 가이드 특정 유형의 사람을 싫어한다는 것보다 다소 어렵게 느껴지는 사람이 있다는 점을 표현하자. 그리고 궁극적으로 다양한 유형의 사람들과 잘 어울릴 수 있음을 증명하자.

Worst 답변

저는 책임감이 있고 리더십이 있는 사람을 좋아합니다. 이러한 사람과 일하면 더 힘이 나고 열심히 일하고 싶다는 생각이 듭니다. 이와는 반대인 사람을 싫어합니다. 책임감이 없고 리더십이 없는 사람은 책임을 회피하거나 떠 넘겨 조직에 피해만 주기 때문입니다.

답변 TIP ✔

싫어하는 사람과도 함께 일할 수 있다는 태도를 보여주는 것이 중요하다. 또한 관계적인 측면에서 볼 때, 싫어하는 유형의 사람이 없을 수는 없겠으나 싫어함의 강도를 낮추어서 설명해야 한다. 그리고 그러한 유형의 사람들도 이해하려고 노력한다는 점을 강조하길 바란다. 또한 지금과 같이 답변하면 꼬리질문으로 압박이 들어올 가능성이 높다. 그러한 사람이 당신의 상사라면 어떻게 하겠는가? 이 질문에 답하기 어렵다면 위에 답변을 좀 더 조정할 필요가 있을 것이다.

저는 매사에 긍정적으로 행동하는 사람을 좋아합니다. 왜냐하면 긍정적인 사고와 태도로 인해서 저 또한 긍정적인 기운을 갖고 일할 수 있기 때문입니다. 반면 제가 어렵게 느끼는 사람은 매사에 부정적인 표현을 많이 하는 사람인 것 같습니다. 이러한 분들과 일하다 보면 저도 힘이 빠집니다. 하지만 누구나 성향은 다를 수 있기 때문에 이러한 사람들을 적대시하지는 않습니다. 힘이 들지만 이해하려고 노력하고 필요한 것은 설득하면서 관계를 조율하곤 했습니다. 또한 가급적 편견을 갖지 않고 사람을 대하려고 노력하는 편입니다.

답변 TIP ✔

해당 질문의 의도는 싫어하는 사람과도 같이 일하고 어울릴 수 있는가이다. 그러한 측면에서 볼 때, 해당 지원자는 대인관계능력이 매우 우수하다는 느낌을 전달할 수 있다. 직장 생활 중 적대감을 갖지 않고 사람들과 관계를 맺는 것은 매우 어렵고 힘들다. 우리가 반드시 갖추어야 할 자세 중에 하나는 적대감이 아니라 상호존중과 이해를 하는 태도이다. 편견과 선입관이 아니라 열린 마음으로 사람들을 이해하고 있다는 점을 강조하자. 그렇지 못하고 있다면 태도 변화를 위해 부단히 노력을 하자.

난이도 ★★☆ / 중요도 ★★★

Q. 타인을 위해 희생한 경험에 대해 말해 보시오.

질문 의도 조직 내에서 솔선수범하며 헌신할 수 있는지 확인

연관 질문 타인이 도움을 요청하기 전에 상대방을 도와줬던 경험이 있는가?

답변 가이드 조직이 원활하게 운영되기 위해서는 각자 맡은 업무에 책임을 다하는 것도 중요하지만 자신의 책임을 뛰어넘어 희생을 할 수 있는 사람이 필요하다.

Worst 답변

팀프로젝트 최종 발표를 위해서 희생한 경험이 있습니다. 졸업고사와 발표시간이 겹쳐 대부분의 조원이 발표하는 것을 부담스러워하는 상황에서 제가 자원하여 발표를 한 적이 있습니다. 저는 졸업고사를 한 과목만 준비하면 되는 상황이었고 평소 조장을 도와 자료를 취합하였기 때문에 발표를 준비하는 데 자신이 있었습니다. 조원들의 동의를 받고 최종 발표를 한 결과, 팀프로젝트 발표에서 1등을 하는 성과를 얻을 수 있었습니다.

답변 TIP ✅

답변 구성에서 상황 설명이 다소 길고, 희생에 대한 언급은 지나치게 짧게 언급되어 있다. 조원으로서 발표를 자원했다는 것을 희생으로 말하기에는 다소 애매하다. 희생은 자신의 책임이 아님에도 불구하고 본인이 시간을 투자하여 수행한 것으로 정의할 수 있다. 하지만 위의 답변처럼 발표자가 정해지지 않은 상황에서는 지원자도 발표에 대한 책임이 있다고 볼 수 있다. 희생이라기보다는 솔선수범에 가깝다고 볼 수 있다. 그래서 약간 애매하게 느껴질 수 있다. 좀 더 명확한 희생 경험에 대해 생각해 보도록 하자.

대기업에서 주관하는 신상품 아이디어 경진대회에 나간 적이 있었습니다. 저희 동아리에서는 3명씩 팀을 이루어 총 3개 팀이 참여했습니다. 경진대회에서 제가 속한 팀은 아쉽지만 예선전에서 탈락했고 1개 팀만 본선에 올라갔습니다. 제가 속한 팀은 떨어졌지만 동아리 전체적으로는 꼭 수상하는 팀이 나오기를 기대했습니다. 당시 본선에 올라간 팀은 좀 더 유의미한 아이디어를 만들기 위해서 통계분석이 중요했습니다. 하지만 해당 팀에서는 통계툴을 다룰 수 있는 사람이 없었습니다. 저는 방학 때 빅데이터 과정을 이수하여 데이터를 가공하는 데에 자신이 있었습니다. 저는 같은 동아리 팀원으로서 그 친구들을 돕고 싶다는 생각이 들었습니다. 이에 약 3주간 데이터를 수집 및 가공하고 데이터를 다시 시각화하는 작업을 주도적으로 했습니다. 또한 보고서 작성에도 같이 관여하여 끝까지 도움을 주었습니다. 결과적으로 그 팀은 전체 2위로 수상할 수 있었습니다. 저는 그 팀에 이름이 없었기 때문에 아무런 보상을 받을 수 없었지만 동아리원들의 신뢰를 받을 수 있었습니다.

답변 TIP ✔

해당 답변에서 지원자는 직접적으로 책임져야 할 의무가 전혀 없었다. 하지만 큰 대의를 보고 자신을 희생하며 끝까지 도움을 주었다. 최근 기업 현장에서는 희생을 하려는 사람이 너무나 적다는 이야기들을 많이 한다. 이와 같이 자발적으로 희생할 수 있다는 것을 보여줄 수 있다면 기업 면접에서 매우 높은 평가를 받을 수 있을 것이다.

Q. 다른 사람들과 협업했던 경험에 대해 말해 보시오.

질문 의도 팀워크 역량을 측정
연관 질문 본인이 생각하는 팀워크란 무엇이며 그렇게 생각하는 이유를 말해 보시오.
답변 가이드 협업은 자신에게 맡겨진 업무를 충실하게 하는 동시에 다른 동료의 어려움도 도와줄 수 있는 헌신적인 자세로 해석할 수 있다.

Worst 답변

저는 학교 축제에서 바자회를 성공적으로 이끈 경험이 있습니다. 학생회실에는 수거된 바자회 물품이 축제 3일 전임에도 불구하고 정리가 되지 않은 채 놓여 있었습니다. 학과대표를 맡고 있던 저는 각 학년 대표와 학생회원들을 소집하여 대책을 논의하였습니다. 우선 수집한 물건을 한 자리에 모은 뒤, 카테고리별로 물건을 나누고, 크기별로 정리하기로 방향을 설정했습니다. 축제 당일에 물품별로 구분이 되어 판매하는 사람도 구매하는 사람도 모두 신속하게 물품의 정보를 찾을 수 있었습니다.

답변 TIP

사람들과 함께 일한 것을 협업이라고 이야기하기에는 다소 빈약할 수 있다. 사람들과 함께 일할 때에 지원자가 좀 더 솔선수범하고 노력하며 일했던 경험을 어필할 필요가 있다. 현재 글에서는 지원자의 역할이 뚜렷하게 보이지 않고 전반적인 일처리 과정에 대한 설명만 있어서 아쉽게 느껴진다.

대형 카페에서 일할 당시, 적극적인 협업으로 가게 매출 상승과 분위기를 좋게 만들었던 경험이 있습니다. 당시 저는 평일 오전 / 오후 시간대에 캐셔 업무를 담당했습니다. 당시 저희 카페에서는 동 시간대에 6명이 함께 일하고 다른 시간대와 주말 시간대까지 합치면 약 20여 명이 일했습니다. 이때 항상 꺼리던 일이 화장실 청소와 지저분한 쓰레기를 정리하는 것이었습니다. 서로 미루다 보니 직원들 간에 갈등이 있었습니다. 이에 저는 제가 일하는 타임이 끝나고 퇴근하기 전에 무조건 화장실과 쓰레기통 정리를 하여 다른 사람들이 일에 대한 부담을 갖지 않도록 했습니다. 그리고 간혹 아르바이트생들이 업무 시간에 참여하지 못할 때에는 저녁 늦게까지 마감업무를 담당하여 책임감 있는 모습을 보였습니다. 이러한 저의 모습을 좋게 본 다른 아르바이트생들도 자발적으로 업무를 찾아 매장에 활력이 넘쳤습니다. 또한 제가 주도적으로 아르바이트생들의 생일을 챙기면서 서로 가족 같은 분위기에서 일할 수 있었습니다. 입사 후에도 자발적인 태도로 협업에 적극 참여하겠습니다.

답변 TIP

답변을 할 때 주의해야 할 점 중 하나는 '주어'를 명확히 해야 한다는 것이다. 협업에 대한 이야기를 할 때, 가장 많이 실수하는 것 중 하나는 '나'에 대한 이야기를 하는 것이 아니라 '우리'에 대한 이야기를 할 때이다. 지원자가 중심이 되어 협업을 어떻게 수행했는지를 명확하게 알려주어야 한다. 우리 팀이 똘똘 뭉쳐서 협업한 이야기는 '나의 이야기'라기 보다는 '우리의 이야기'다. 면접관이 듣고 싶은 것은 '우리 팀의 이야기'가 아니라 '나의 이야기'라는 점을 잘 생각하고 지원자가 적극적으로 협업했던 이야기 중심으로 말하도록 하자.

난이도 ★☆☆ / 중요도 ★☆☆

Q. 현장에서는 훨씬 더 나이가 많은 분들과 일을 해야 하는데, 본인만의 계획을 말해 보시오.

질문 의도 직장에서 나이와 세대가 다른 사람들과의 관계도 잘 유지할 수 있는지 확인

연관 질문 나이가 많은 현장직 인력들이 관리자인 당신의 말을 무시한다면 어떻게 하겠는가?

답변 가이드 친밀감, 업무에 대한 책임, 존중과 경청 등의 키워드에 대해 생각해 보며 답변을 만들어 보자.

Worst 답변

나이가 많은 분들과 일을 하더라도 원칙을 지키며 일을 하는 것이 중요하다고 생각합니다. 처음에는 어렵더라도 원칙을 지키며 일을 한다면 저의 진심을 이해해 주실 것입니다. 혹시라도 업무에 있어 부정적인 일처리가 있으면 단호하게 이야기하여 바로 잡도록 하겠습니다.

답변 TIP ✔

질문에서 알려준 '나이가 많은 분'은 회사 선배일 수도 있고 현장직 및 파견회사 직원분일 수도 있다. 위의 답변은 대체로 본인을 현장의 관리자로 인식하고 답한 것이라고 볼 수 있다. 그리고 현장에서는 부조리함이 많이 있다고 판단하고 있다. 해당 질문은 현장에서의 갈등이나 부조리함을 어떻게 처리할 것인가를 물어보기보다는 사람과의 관계를 어떻게 할 것이냐에 맞추어져 있다. 간혹 지나치게 질문을 왜곡해서 해석하는 지원자들이 있다. 해당 질문을 통해 나이가 많은 분들과도 조화를 잘 이루며 일할 수 있는 지원자라는 것을 어필해 보길 바란다.

우선 첫 번째로 공손한 태도를 가져야 한다고 생각합니다. 저보다 훨씬 더 많은 현장 경험을 갖고 계신 현장 베테랑분들의 말씀을 경청하겠습니다. 이를 바탕으로 현장 이슈를 빠르게 파악하여 일처리를 하는 데에 문제가 없도록 하겠습니다. 두 번째로 현장과 관련된 전문 지식을 계속 쌓아가겠습니다. 업무적으로 잘 통해야 관계도 더 좋아질 수 있다고 생각합니다. 마지막으로 업무 외적으로도 친밀한 관계를 형성하겠습니다. 회식 자리를 통해 관계를 더 친밀하게 만드는 동시에 경조사에 적극 참여하면서 좋은 관계를 갖기 위해 노력하겠습니다.

답변 TIP ✅

좋은 관계를 맺는 사람들은 상대방에게 잘 맞추어 행동하는 센스를 갖추고 있다. 나이가 많으신 분들을 존중하고 경청하는 자세는 나이를 떠나 관계에 있어 가장 기본이라고 볼 수 있다. 그리고 직장 내 관계는 사적인 관계와 다르게 업무적으로 도움을 줄 수 있을 때 좋아질 수 있다. 아무리 친한 사이라 하더라도 업무적으로 도움이 안 된다면 갈등이 유발될 수 있다. 마지막으로 사람 간의 친밀감을 높이기 위한 행동을 하는 것이 중요하다. 친밀감이 있어야 업무적으로 마찰이 있을 때 문제를 빠르게 해결할 수 있다.

Q. 인간관계에서 가장 중요한 점은 무엇이라 생각하는가?

질문 의도 원만한 관계형성을 할 수 있는 지원자인지 확인

연관 질문 타인에게 신뢰를 주었던 경험이 있는가?

답변 가이드 원론적인 답변보다는 중요하게 생각하는 점을 어떻게 실천해 왔는지 설명할 수 있어야 한다.

Worst 답변

인간관계에서 가장 중요한 점은 신뢰라고 생각합니다. 다른 사람과의 약속을 잘 지키면 신뢰가 생길 수 있습니다. 하지만 약속을 잘 지키지 않고 책임을 다하지 못하면 신뢰가 깨집니다. 이에 저는 관계에서 가장 중요한 것은 신뢰라고 생각합니다. 입사해서도 항상 신뢰를 주는 사람이 되도록 하겠습니다.

답변 TIP ✔

해당 답변은 틀린 답이 아니다. 틀린 답은 아니지만 진부한 표현이다. 대체로 면접자들의 90% 이상은 해당 질문에 신뢰, 책임, 약속 등에 대한 언급을 한다. 이후 지금과 같이 신뢰가 왜 중요한지를 설명하는 경우들이 많다. 면접관은 초등학생이 아니다. 진부한 설명보다는 본인이 신뢰를 지키기 위해 어떤 노력을 했는지를 간략하게 설명하는 것이 중요하다. 혹은 이렇게 말할 경우 십중팔구 타인에게 신뢰를 준 경험에 대해서 물어볼 수 있기 때문에 반드시 꼬리질문에 대한 대비를 해야 한다.

시간 약속을 잘 지키는 것이 인간관계에서 가장 중요하다고 생각합니다. 약속을 잘 지키기 위해서는 상대방을 존중하고 배려하는 마음으로 약속을 신경 써서 기억해야 합니다. 특히 저는 약속 시간보다 항상 일찍 약속 장소에 도착하여 상대방이 도착했을 때 반갑게 맞아줍니다. 사사로운 약속 외에도 팀프로젝트 등을 할 때에도 항상 팀원들과의 마감 기한보다는 하루, 이틀 빠르게 일을 완수하여 팀원 간의 공적인 약속도 철저하게 지키고자 노력했습니다. 앞으로도 약속을 잘 지키는 삶을 실천하며 상대방을 배려하는 지원자가 되겠습니다.

답변 TIP ✔

자신이 중요하다고 생각하는 것을 실천하며 살아온 모습을 담아 대답하면 좋은 인상을 줄 수 있다. 특히 약속에 대한 것을 언급할 때 사적인 약속을 잘 지킨다는 표현을 많이 쓰는데 공동의 과제 등을 수행하는 과정 가운데 했던 공적 약속에 대한 부분도 언급하면 신뢰도가 더욱 올라갈 수 있을 것이다. 이와 같이 간략한 사례를 들어 설명해 보는 연습을 하자.

난이도 ★★★ / 중요도 ★★☆

Q. 자신이 10명의 부하직원을 이끄는 팀장이라면 어떻게 팀을 이끌겠는가?

질문 의도 상황질문을 통해 리더십을 갖추고 있는지 확인

연관 질문 팀장인 당신의 말에 따르지 않는 직원이 있다면 어떻게 하겠는가?

답변 가이드 팀장은 팀의 리더로서 조직관리, 갈등관리, 업무배분, 팀 목표 달성, 업무조정 및 기술이슈 해결 등을 할 수 있어야 한다. 이러한 점들을 고려하여 답변을 하도록 하자.

Worst 답변

제가 만약 팀장이라면 좋은 분위기를 만드는 데에 신경을 많이 쓸 것 같습니다. 수직적인 분위기보다는 수평적인 조직문화를 만들고자 노력할 것입니다. 그리고 개인별로 이야기를 하며 경청하는 팀장이 될 것 같습니다.

답변 TIP ✔

나쁜 답이라고 말하기는 어렵지만 다소 아쉬운 답변이다. 리더에 대한 이야기를 할 때에 좋은 분위기를 만드는 것이 리더가 해야 할 일이라고 말하는 지원자가 많다. 리더는 어려움이 있더라도 때로는 갈등이 생기더라도 원하는 목표를 이루기 위해 노력해야 한다. 현재 답변은 리더로서가 아니라 지원자가 만나고 싶은 팀장이라는 느낌이 든다. 리더의 역할에 대한 고찰이 좀 더 필요하다.

면접관님 잠시 생각할 시간을 주시겠습니까? 제가 팀장이 된다면 먼저 10명의 부하직원들과의 면담을 통해 각자의 특성을 파악하고 역량에 맞는 업무 지시를 내리겠습니다. 회사의 목표와 계획에 따라 팀원들에게 명확한 업무 지침을 내리고 변동이 있을 시 면담을 통해 업무를 조율해 줄 것 같습니다. 또한 조직에는 반드시 보이지 않는 갈등이 발생할 것입니다. 이에 팀장으로서 이를 빠르게 캐치하고 해소할 것 같습니다. 뿐만 아니라 기술적인 부분에서도 차별화된 경쟁력을 갖추어 문제 해결에 대한 조언을 할 수 있도록 할 것입니다. 이와 같이 팀원들의 관계를 개선하고 기술적인 문제를 해결하며 나아가 확고한 동기부여를 통해 당면한 목표를 완수할 수 있도록 팀을 이끌겠습니다.

답변 TIP ✅

갑작스러운 질문에 답변이 떠오르지 않는다면 위의 답변처럼 잠시 생각할 시간을 요청해도 좋다. 현명한 리더는 모든 일을 혼자서 해결하지 않는다. 모든 일을 혼자 다 할 수 없을뿐더러 조직은 여러 사람의 전문성을 결합해 시너지 효과를 내야 한다. 평소에 팀 프로젝트를 진행하거나 다른 모임에 참석했을 때 함께 일하고 싶은 리더의 덕목이 무엇인지 고민해 보고 더 나아가 이를 실천해 보자.

Q. 리더십을 발휘한 경험에 대해 말해 보시오.

질문 의도 리더로서 책임감을 갖고 일해 본 경험이 있는지를 확인

연관 질문 리더로서 가장 어려웠던 점은 무엇이고 어떻게 극복했는가?

답변 가이드 에너지 공기업에서는 상대적으로 많은 리더십을 요구한다. 따라서 작은 조직에서의 리더십 경험을 고민하고 답변을 준비해 보자.

Worst 답변

저는 사람들과 어울리는 것을 좋아해서 다양한 모임에 참여하고 있습니다. 대표적으로 '한 달에 한 번 맛집 탐방'이라는 소모임에서 리더를 맡고 있습니다. 회원들의 의견을 경청하여 매달 방문할 맛집을 목록화한 뒤 장소를 섭외하였습니다. 매달 즐거운 모임에 많은 회원들이 참여할 수 있도록 각자의 일정을 세세히 확인하고 조율하여 참여도를 높였습니다. 그 결과 5명에서 시작한 모임이 석 달 만에 25명으로 회원이 늘어나기도 했습니다.

답변 TIP ✓

리더십에 대해 답변을 하는 것은 매우 어려운 문제이다. 학창시절 충분한 리더 경험을 갖추지 못했다면 답변하기가 매우 까다로울 것이다. 리더 경험이 부족하다면 작은 모임에서의 리더십이라도 구체적으로 잘 설명하는 것이 중요하다. 위의 예시는 면접관을 납득시키기에는 애매한 경험이다. 맛집 탐방에서 발휘한 리더십을 통해 본인의 열정이나 통솔력 등을 표현하기는 쉽지 않을 것 같다. 리더 경험을 이야기할 때에는 가급적이면 목표가 나와야 하고 그 목표 달성 중에 리더로서 어떤 어려움이 있었으며 그 어려움을 헤쳐 나가기 위해 어떻게 했는가를 표현하는 것이 중요하다. 해당 사례에서는 조직의 목표가 단순 친교모임이라 리더로서 '어려움을 극복하며 일했다.'는 느낌이 나지 않는다. 좀 더 사례에 대한 고민이 필요하다.

상권분석 프로젝트를 할 때, 6명의 조원을 이끄는 조장으로 일한 경험이 있습니다. 당시 저는 팀을 이끌기 위해 분석팀, 문서작성팀, 발표팀 등으로 나누어 팀을 이끌어 나갔습니다. 전체 회의는 주 1회, 각 팀별 모임은 개별로 진행하도록 했습니다. 그러나 전체적으로 팀을 구분해서 나누다보니 의사소통이 안 되는 문제들이 있었습니다. 이에 저는 개별 팀 모임에 전부 참석을 해서 각 팀 간의 의견을 전달했습니다. 장기간 프로젝트를 할 때, 팀원 간 마찰이 생기거나 일정대로 일이 잘 안될 때에는 회식 모임을 주도했습니다. 이를 통해 팀원들 간의 소통을 활발하게 했습니다. 마지막 문서작업을 할 때에도 모든 팀원들이 3일간 집중해서 같이 공동작업을 한 결과 프로젝트에서 전체 1등을 할 수 있었습니다. 이러한 경험을 통해 리더로서 솔선수범을 하고 팀의 목표를 위해 세심하게 노력하면 어려운 문제도 해결할 수 있음을 다시 한번 배울 수 있었습니다.

답변 TIP ✓

학생회장 등 큰 조직의 리더 경험이 있다면 더할 나위 없이 좋겠지만 경험이 부족하다면 조별 모임부터 생각하며 답변을 준비해 보자. 리더 경험을 이야기할 때에는 우선 팀의 목표를 설명해 주고 목표를 달성하기 위해 어떤 노력들을 했는지 등을 알려주어야 한다. 추가 질문으로 가장 자주 나오는 것은 리더를 하면서 가장 어려웠던 점은 무엇인가에 대한 질문이다. 이 부분을 반드시 준비하도록 하자. 또한 리더로서 솔선수범하며 일했던 부분을 반드시 이야기하는 것을 권장한다.

Q. 신입사원으로서 회사 사람들과 잘 어울리기 위해 가장 중요하다고 생각하는 3가지에 대해 말해 보시오.

질문 의도 입사 후 다른 사람들과 원만한 관계를 가질 수 있는지 확인
연관 질문 새로운 사람과 친하게 지내는 자신만의 방법은 무엇인가?
답변 가이드 솔선수범, 역지사지 등 자신만의 대인관계 형성법을 솔직하게 대답하자.

Worst 답변

첫째로 소통을 잘하는 것이 중요합니다. 항상 주변 사람들과 소통하기 위해 노력하겠습니다. 둘째로 전문성이 중요하다고 생각합니다. 일에 대한 이해도가 떨어지면 신뢰도가 떨어지기 때문에, 앞으로 대학원에 입학하여 전문분야를 더 공부하고 싶고, 10년 후에는 기술사에도 도전하고 싶습니다. 셋째로 친근하게 다가가는 사람이 되겠습니다. 먼저 인사하고, 회사 회식에도 적극 참여하여 직원분들과 잘 어울리도록 하겠습니다.

답변 TIP ✔

소통을 잘하고, 친근하게 사람들과 어울린다는 점은 진부하지만 전부 맞는 말이다. 해당 답변에서 문제가 될 수 있는 점은 대학원 입학과 기술사 취득 등에 대한 이야기이다. 불필요한 언급이라 볼 수 있다. 미래 진학 계획 및 자격증 취득 등에 대한 준비를 강조하면 대부분의 회사에서는 좋아하지 않는다. 회사는 배우러 가는 곳이 아니라, 일하러 가는 곳이기 때문이다.

신입사원으로 회사 사람들과 잘 어울리기 위해서는 솔선수범, 역지사지, 경조사 챙기기 3가지가 필요하다고 생각합니다. 그러므로 저는 입사 후에 솔선수범하여 사람들의 신뢰를 얻겠습니다. 모두가 꺼리는 일일수록 앞장서서 수행하고, 제 경험으로 만들어 실력을 배양하겠습니다. 다음으로 역지사지를 통해 주변 사람을 잘 챙기고 상대방의 입장에서 생각하여 소통하겠습니다. 마지막으로 회사 가족들의 경조사를 알뜰살뜰 챙기는 사원이 되겠습니다. 이를 통해 직원분들과 좋은 관계를 유지해 나가겠습니다.

답변 TIP ✔

면접에서 틀린 답은 있을 수 있지만 정답은 없다. 크게 벗어나지 않는 수준에서 답변을 한다면 큰 무리가 없다. 해당 답변을 통해 신입사원으로서 사람들과 어울리는 데에 별반 문제가 없어 보인다는 느낌을 줄 수 있다. 불필요한 언급이 아니라면, 해당 답변은 쉽게 답할 수 있을 것이다.

Q. 자기자신에 대해 소개해 보시오.

질문 의도 자기소개를 통해서 지원자의 역량과 경험, 성향 등을 빠르게 파악

연관 질문 성장과정과 지원 동기를 포함하여 자기소개를 해 보시오.

답변 가이드 자기소개를 통하여 지원자의 경험과 역량, 성향, 전문성 등을 잘 요약하여 설명해 주어야
한다.

Worst 답변

안녕하십니까? 한국남동발전에서 비타민과 같이 활력을 불어 넣을 지원자 127번
입니다. 한국남동발전은 연간 온실가스를 2019년 전년 대비 418만 톤을 감축하는
데 성공한 유일한 발전공기업입니다. 이는 석탄화력발전소의 연료 전환, 발전효율
의 체계적인 관리, 정부 미세먼지 저감 대책에 적극적으로 이행하여 얻은 결과라고
생각합니다. 저는 지금까지 제가 준비해 온 경험과 지식을 기반으로 하여 산업안전
과 공정안전관리 분야에서 필요한 기본계획을 수립하고, 실행 후 점검, 감독하는 일
을 수행함으로써 한국남동발전이 모든 발전공기업의 모범이 되는 데 기여할 수 있
는 핵심 인재가 되겠습니다.

답변 TIP

현재의 자기소개는 회사소개에 가깝다. 간혹 회사소개를 장황하게 말하는 지원자
들이 있다. 자기소개는 자기PR이라는 관점에서 답변해야 한다. 회사소개 다음으로
는 포부에 대해 이야기를 하고 있는데, 이것 또한 불필요한 언급이다. 자기소개에
관련된 부분은 PART 1 '1분 자기소개' 관련 내용을 반드시 참고하길 바란다.

안녕하십니까? 비타민과 같이 활력을 불어 넣을 지원자 127번입니다. 저는 약 6개월간 현장실습으로 일할 당시 '우리 팀의 비타민 같다.'라는 이야기를 자주 들어왔습니다. 우선 저는 회계팀의 막내로서 30분 일찍 출근하는 것을 기본으로 했습니다. 주변 정리를 깔끔히 하고 제가 해야 하는 일들을 리스트로 작성하여 하루 일과를 시작했습니다. 또한 배움에 대한 욕구가 강한 편이라 현장에서 정말 질문을 많이 했고 모르는 부분은 퇴근 후, 혹은 주말에도 공부를 하며 부족함을 채웠습니다. 이를 통해 마치 3년 차처럼 일한다는 이야기도 들을 수 있었습니다. 저는 무엇보다 기본을 지키기 위해 노력했습니다. 항상 메모하는 습관을 길러 선배님이 스쳐 지나가듯 말하는 것도 메모했다가 바로바로 실행하여 크게 칭찬을 받았던 경험들이 많습니다. 입사 후에도 맡은 일에 열정을 가지고 기본을 지키는 한국남동발전의 비타민이 되겠습니다.

답변 TIP ✓

자기소개를 할 때에는 간략하게 오프닝 멘트를 쓰면 분위기를 이완시킬 수 있다. 또한 자기소개의 핵심적인 내용에는 자신의 경험을 잘 풀어서 설명하는 것이 중요하다. 아무리 좋은 경험이라 하더라도 어렵게 설명한다면 면접관들은 지원자의 말을 잘 이해하지 못한다. 간혹 전문용어를 남발하는 지원자들이 있다. 좀 있어 보일 수는 있지만 면접관도 이해하지 못하는 전문용어는 피하도록 하자. 현재 지원자는 특정 경험에서 인정받았던 부분 중심으로 이야기를 전개하고 있다. 이를 통해 면접관은 지원자의 업무 스타일이나 성향 등을 쉽게 이해할 수 있을 것이다.

Q. 자신의 인생관은 무엇인지 말해 보시오.

질문 의도 조직에서 사람들과 함께 일하는 데에 필요한 인성과 가치관을 갖고 있는 사람인지 평가

연관 질문 생활신조나 좌우명은 무엇인가?

답변 가이드 마음 깊이 새겨지지 않은 인생관은 티가 난다. 아마도 말하면서 눈이 돌아가게 될 것이다. 반드시 면접을 가기 전에 인생관, 좌우명 등에 대해 생각해 보며 마음 깊이 새겨보도록 하자.

Worst 답변

'오늘 할 일을 내일로 미루지 말자.'라는 격언이 저의 인생관을 가장 잘 나타낸다고 생각합니다. 하루가 모여 일주일이 되고, 일주일이 모여 일 년이 됩니다. 저는 입사를 준비하며 매일 성실하고 꾸준하게 준비했습니다. 회사에서도 이러한 저의 모습을 보여 드리고 싶습니다.

답변 TIP ✔

큰 문제가 없는 답변이다. 그러나 추가적인 답변이 필요하다. 해당 인생관을 갖게 된 계기 정도는 알려주어야 하며 이러한 인생관이 자신의 삶 속에서 어떻게 발휘되는지 간략한 설명이 있다면 훌륭한 답변이 될 것이다. 현재 답변은 다소 추상적인 느낌이 든다.

Best 답변

'오늘 할 일을 내일로 미루지 말자'라는 인생관을 갖고 있습니다. 이러한 인생관은 고등학교 시절에 가지게 되었습니다. 당시 저는 정해둔 공부 목표가 있었지만, 성과가 제대로 나질 않았습니다. 이를 곰곰이 생각해 본 결과, 저에게 자꾸 미루는 습관이 있다는 것을 알게 되었습니다. 이에 저는 계획을 짜고, 그 계획에서 벗어나지 않으려고 많은 노력을 했습니다. 덕분에 성적도 크게 오를 수 있었고, 계획을 세우는 것이 하나의 습관이 되었습니다. 진학 후에도 꾸준히 높은 수준의 목표를 세우고, 놀고 싶다는 유혹이 있을 때에도 항상 오늘 해야 할 일을 미루지 않고 실행해왔습니다. 주변 사람들에게 독하다는 이야기도 듣긴 했지만, 이러한 인생관을 통해 좀 더 제 자신을 발전시켜나갈 수 있었습니다.

답변 TIP ✓

올바른 인생관을 갖고 있다면 그러한 인생관을 확립하게 된 계기, 확립된 인생관을 통해 어떤 삶을 살아가고 있는 지를 설명하면 된다. 위의 사례가 그러한 부분을 잘 보여주고 있다. 사실 인생관 질문에서 가장 큰 문제 중 하나는 인생관을 갖고 있지 않다는 것이다. 이로 인해 면접장에서 아무 말도 못하거나 즉흥적으로 말을 뱉어버리는 경우들이 많다. 다시 한번 자신의 인생관을 정립해 보는 시간을 가져보도록 하자.

Q. 존경하는 인물에 대해 말해 보시오.

질문 의도 존경하는 인물을 통하여 지원자가 지향하는 바가 무엇인지 파악

연관 질문 존경하는 인물을 통하여 삶에 어떤 변화가 있었는가?

답변 가이드 존경하는 인물을 통하여 지원자의 삶에 어떤 변화가 있었는지, 그러한 인물을 닮아가기 위해 어떤 노력 등을 해왔는지를 설명하면 긍정적인 평가를 받을 수 있다.

Worst 답변

저는 축구선수 손흥민을 존경합니다. 저는 해외에서 활약하는 우리나라 선수들 명단을 읊을 수 있을 정도로 축구를 좋아합니다. 특히 손흥민 선수는 2019년 FIFA – FIFPRO 공격수 랭킹에서 14위를 차지할 만큼 우수한 실력을 보유하고 있습니다. 저 또한 손흥민 선수처럼 저의 분야에서 최고가 될 수 있게 노력하겠습니다.

답변 TIP ✔

해당 답변에서는 특정 인물에 대한 업적 중심으로 설명이 되어 있다. 특정 인물의 업적도 간략하게 설명하되, 그 인물의 삶의 자세, 노력 등을 닮기 위한 지원자의 노력도 설명할 수 있다면 좋았을 것이다. 손흥민 선수는 항상 월드클래스가 되기 위한 노력을 하고 있으며, 겸손한 자세를 갖춘 선수로도 명성이 높다. 이에 지원자 또한 자기 분야의 월드클래스가 되기 위해 어떤 노력을 하고 있으며, 겸손한 품성을 갖기 위한 노력에 대해서도 같이 설명할 필요가 있다. 예시처럼 손흥민 선수를 좋아하는 것뿐이라면 단순한 팬이라고 볼 수 있고, 삶의 태도까지 배우려고 노력한다면 단순한 팬이 아니라 존경심을 갖고 있다고 판단할 수 있을 것이다.

저는 라이트하우스 김태연 회장님을 존경합니다. 중학생 시절 부모님께서 '사람들은 나를 성공이라는 말로 표현한다.'라는 책을 소개해 주셔서 김태연 회장님을 처음 알게 되었습니다. 'She can do, He can do, Why not me?'라는 좌우명을 갖고 꿈을 이루기 위해 절대 흔들리지 않는 모습이 정말 인상적이었습니다. 저 또한 엔지니어가 되겠다는 꿈을 이루기 위해 매일 목표를 정하고 달성하기 위해 노력했습니다. 덕분에 전공 시험에서 우수한 성적을 거두고, 통섭적인 역량을 갖추기 위해 복수전공과 부전공까지 함께 공부했으며, 현재는 기사 자격증을 3개까지 취득했습니다. 앞으로도 항상 꿈을 갖고 노력해 나가도록 하겠습니다.

답변 TIP ✅

사회적으로 문제가 된 인물이 아니라면 누구를 이야기해도 상관없다. 간혹 이미지가 좋은 정치인을 이야기하는 경우도 있는데, 이러한 인물을 면접에서 이야기하는 것은 위험하다. 정치성향이 다른 면접관에게는 부정적인 이미지를 줄 수 있기 때문이다. 현재 답변에서는 인물에 대한 간략한 설명과 더불어 자신에게 미친 영향 그리고 노력에 관해 기술하고 있다. 이를 통해 지원자가 매우 목표지향적인 사람이라는 것을 보여줄 수 있을 것이다. 해당 질문을 통해 긍정적인 이미지를 형성할 수 있다면 매우 성공적인 답변이라 볼 수 있다.

Q. 공부 외에 관심 분야가 있다면 무엇인지 말해 보시오.

질문 의도 지원자의 다양한 관심사를 확인하여 지원자만의 특이점이 있는지 확인
연관 질문 봉사활동을 통해서 가장 많이 배운 점은 무엇인가?
답변 가이드 가장 좋은 방법 중 하나는 회사 및 직무와 연결하여 설명하는 것이다.

Worst 답변

저는 수영에 관심이 많습니다. 중학교 1학년부터 부모님의 권유로 수영을 시작해서 지금은 습관적으로 매일 새벽에 수영하는 것으로 하루를 시작합니다. 수영을 통해 체력을 기르고 긴장을 이완하는 방법을 터득했기 때문에 학부 때 주전공인 화학공학 외에도 중어중문학을 복수 전공하고, 경영학을 부전공하면서 모든 수강 과목에서 A+를 받을 수 있었던 것 같습니다. 회사에 입사해서도 집중력을 발휘해 에너지산업에 이바지할 수 있는 엔지니어가 되겠습니다.

답변 TIP ✔

관심사에 대해 이야기를 한 부분은 크게 문제가 되진 않는다. 하지만 대학 공부로까지 연결하는 것은 다소 지나친 어필이 될 수 있다. 가벼운 질문에는 가볍게 대응하는 것도 하나의 방법이 될 수 있다. 지나친 어필은 오히려 어색하게 느껴질 때도 있음을 고려하자.

Best 답변

저는 운동하는 것을 좋아합니다. 어릴 적부터 농구, 축구, 수영, 테니스 등의 운동을 해왔습니다. 특히 중학교 때까지는 전문적으로 운동을 배워 짧게나마 선수 생활을 했던 경험이 있습니다. 무엇보다 운동을 통해 강한 체력도 기를 수 있었고, 스트레스를 풀기도 했습니다. 또한 학창시절 운동이라는 공통 관심사를 통해 친구들과 빠르게 친해지는 데에도 큰 도움이 되었습니다. 지금까지도 저의 주된 관심사 중 하나는 운동입니다.

답변 TIP ✓

관심 분야를 자신의 지원 직무와 연결할 수도 있겠으나, 대부분은 평상시 본인이 즐겨 하는 활동에 집중될 가능성이 높다. 좀 더 지적인 부분을 알려주고 싶다면 다양한 분야의 독서가 관심 분야가 될 수도 있고, 활동적인 부분을 알려주고 싶다면 지금처럼 운동에 대한 관심을 이야기하는 것도 도움이 된다. 혹은 큰 의미부여를 하기는 어렵겠지만 영화, 사진 찍기, 맛집 탐방 등의 가벼운 소재를 갖고도 이야기할 수 있겠다. 해당 질문을 통해 큰 의미를 부여할 필요까진 없다. 현재 답변은 '비교적 활동적인 사람인 것 같다.'는 느낌을 전달할 수 있을 것 같다. 그렇다면 충분하다.

난이도 ★☆☆ / 중요도 ★★☆

Q. 다른 회사는 어디 지원했고, 결과는 어떻게 됐는가?

질문 의도 다양한 회사 지원 경험을 통하여 지원자의 취업목표를 확인

연관 질문 꼭 우리 회사여야만 하는 이유가 있는가?

답변 가이드 다양한 분야와 회사에 지원했을 경우 적절하게 조절해서 설명할 필요가 있다.

Worst 답변

사기업은 약 10개 정도, 공기업도 약 10개 정도 지원하였습니다. '많이 지원해야 합격률을 높일 수 있다.'는 막연한 생각을 가지고 취업을 준비하면서 무작정 지원하였습니다. 하지만 여러 곳을 지원하면서 저의 역량을 충분히 발휘할 수 있는 기업을 찾아야 한다는 것을 알았습니다. 지금 면접을 보고 있는 한국남동발전의 비전과 목표, 그에 따른 사업 계획들을 확인하면서 제가 이곳에 입사하게 된다면 제가 좋아하는 일을 하면서 전공지식도 활용하고, 공익에 이바지할 수 있는 뿌듯함도 얻을 수 있다는 것을 알게 되었습니다. 제가 한국남동발전에 입사하게 된다면 지금까지 준비해오며 쌓아온 산업의 특성 이해와 직무 이해도를 바탕으로 발전설비 직무에 빠르게 적응하는 모습을 보여드리겠습니다.

답변 TIP ✔

간략한 질문에 간략한 정보만을 제시하면 된다. 간혹 지원자들 중에는 모든 질문마다 큰 의미부여를 하려고 하는 경향이 있다. 지금처럼 딱히 물어보지 않았는데 지나치게 입사 의지를 강하게 말하면 오히려 역효과가 나타날 수 있다. 또한 사기업, 공기업 각 10개씩이라고 말해주는 것도 불필요한 정보이다. 대체로 본인이 가고자 하는 분야가 에너지 계열이라면 에너지 계열 공기업 4 ~ 5곳 정도만 이야기를 해도 괜찮을 것 같다.

현재 에너지 공기업만 생각하고 있는 중이라, 발전설비 직군으로 지금까지 4군데에 지원하였습니다. 한 곳은 최종 면접에서 탈락하였고, 오늘 면접이 두 번째 면접입니다.

답변 TIP ✔

사실 이 질문은 길게 이야기할 만한 것은 아니다. 지원 분야만 거의 동일하다면 있는 그대로 이야기를 하면 된다. 단, 위에 언급했던 것처럼 지나치게 많은 회사와 다양한 직종을 고려하며 지원했다고 말하는 것은 피하는 것이 좋다. 해당 질문에서는 추가 질문이 나올 가능성이 높다. 그중에서도 가장 가고 싶은 회사가 어디인가? 왜 반드시 우리 회사여야만 되는 것인지? 등에 대한 꼬리질문을 받을 수 있다.

Q. 마지막으로 하고 싶은 말은 무엇인가?

질문 의도 지원자에게 마지막 발언 기회를 줌으로써 더 필요한 사항을 확인

연관 질문 마지막으로 궁금한 점이 있는가?

답변 가이드 면접은 마무리되었고 지원자에 대한 평가는 끝난 상태이다. 따라서 불필요한 언급보다는 입사 의지를 다시 한번 짧게 설명하고 면접을 마치도록 하자.

Worst 답변

　면접 볼 수 있는 기회를 주서서 대단히 감사드립니다. 오늘은 제가 비록 부족한 모습으로 이 자리에 서 있지만, 입사할 수 있다면 부족한 것을 채워 회사에 도움이 되도록 하겠습니다.

답변 TIP ✅

　해당 답변은 짧게 잘 마무리되긴 했지만 아쉽다. 자기 어필은 필요하지만, 해당 답변을 예시로 든 것은 가장 많은 지원자들이 쓰는 표현이기 때문이다. 대부분의 지원자들이 큰 의미부여 없이 즉흥적으로 해당 답변과 같이 마무리하는 경우가 많다. 그러므로 마지막으로 하고 싶은 말은 사전에 준비하고, 간략하게 자신의 입사 후 다짐 정도로 마무리해 보길 바란다.

면접 볼 수 있는 기회를 주셔서 대단히 감사드립니다. 마지막으로 딱 2가지만 약속드리겠습니다. 첫 번째로 연대의식을 갖고 업무에 임하도록 하겠습니다. 제 일에만 집중하는 것이 아닌, 동료의 업무 그리고 회사 전체의 업무에 집중하여 좋은 성과를 만드는 데에 기여하겠습니다. 두 번째로 사려 깊은 동료가 되겠습니다. 회사 내의 다양한 구성원들과 좋은 관계를 맺기 위해 노력하는 사려 깊은 동료가 되겠습니다. 끝까지 경청해 주셔서 감사합니다.

답변 TIP ✓

답변할 기회를 갖게 된다면 입사 후 다짐 정도를 1~2가지 정도로 요약하여 이야기하고 마무리하자. 물론 더 좋은 아이디어가 있다면 자유롭게 이야기해도 상관은 없다. 길게 말하는 것과 즉흥적으로 말하는 것을 주의하자. 지원자의 답변이 장황하게 느껴지거나 말실수를 할 수 있기 때문이다.

난이도 ★☆☆ / 중요도 ★★☆

Q. 다른 사람들에게 자주 듣는 자신의 장점과 단점에 대해 말해 보시오.

질문 의도 지원자의 강점과 약점을 파악
연관 질문 인턴활동을 할 때에 자주 들었던 이야기가 있는가?
답변 가이드 강점을 명확히 설명하고 약점은 개선의지를 담아 답변을 만들어 보자.

Worst 답변

저는 평소에 성격이 급하다는 이야기를 자주 듣는 편입니다. 걸음을 걸을 때도 친구들보다 빨리 걷는 편이고, 식사하는 속도도 빨라 그런 것 같습니다. 그러나 저는 성격이 급하기 때문에 일을 빨리 처리할 수 있는 장점도 있다고 생각합니다. 회사에 입사해서 빠르게 일을 처리하는 모습을 보여드리고 싶습니다.

답변 TIP ✅

해당 질문에서는 강점을 좀 더 명확히 답할 필요가 있다. 단점에 대한 부분만 강조되고, 강점은 잘 부각되지 않는 듯한 느낌이 든다. 답변을 할 때에는 좀 더 구체성을 갖고 답할 필요가 있다. 특히 강점에 대해서는 면접관이 듣고 나서 긍정적 평가를 내릴 수 있게 만들어줘야 한다.

저는 다른 사람들에게 자주 사려 깊다는 이야기를 들었습니다. 다양한 사람들과의 만남에서 항상 배려하려고 노력하고, 사람들의 생일에는 작은 것이라도 꼭 챙기는 습관이 있습니다. 일을 할 때에도 꼼꼼하게 일처리를 하는 편이라 사려 깊다는 이야기를 자주 들었습니다. 반면에 다른 사람들에게 지적받았던 단점은 생각이 많은 것 같다는 것이었습니다. 어떤 일을 결정할 때에 너무 많은 생각을 해서 시간을 끄는 경향이 있습니다. 저도 이런 부분을 잘 알고 있기 때문에 시간을 정해 놓고 빠르게 의사결정을 하려고 노력하고 있습니다.

답변 TIP ✅

자기 자신을 명확하게 이해하고 있는 지원자가 매력적이다. 지금처럼 자신의 장단점을 명확하게 이해하고 있어야 함에도 불구하고 현장에서 한참 생각하다가 답을 하는 지원자들이 많다. 면접관들이 보기에 매우 답답해 보이거나, 면접 준비를 안 해갖고 온 지원자로 인식할 수 있기 때문에 주의해야 한다. 다시 한번 강조하자면 강점은 명확하게, 단점은 최소화하여 답변할 수 있도록 노력하자.

Q. 워라밸에 대해 어떻게 생각하는가?

질문 의도 일에 대한 책임의식을 갖고 지원한 사람인지를 확인
연관 질문 워라밸 외적으로 공기업에 지원한 이유가 무엇인가?
답변 가이드 회사의 입장에서는 워라밸보다는 일에 대한 강한 책임의식을 갖고 있는 지원자를 긍정적
으로 평가할 수밖에 없음을 이해하자.

Worst 답변

요즘 워라밸은 어느 조직에서나 적용되는 사회 트렌드라고 생각합니다. 과거 기업들은 비효율적인 업무 체제를 갖고 있었기 때문에 높은 노동시간에도 불구하고, 낮은 수준의 생산성을 갖고 있었습니다. 이에 워라밸이 적극적으로 적용되면 직원도 만족하고, 생산성도 올라갈 수 있다고 생각합니다. 특히 우리 회사 같은 경우 워라밸이 잘 이루어진다는 이야기에 더욱 관심을 갖게 되었습니다.

답변 TIP ✓

최근 현업에서 가장 회자되는 단어 중 하나가 워라밸이다. 주 52시간이 의무화되면서 성장위주 조직 문화에서 개인의 삶을 중시하는 방향으로 초점이 바뀌고 있다. 현재 관리자 위치에 있는 면접관들은 사회 변화를 받아들이고자 노력하고 있지만 여전히 과거 조직문화에 익숙한 사람들이다. 면접에서는 자신이 하고 싶은 말을 하는 것이 아니라 면접관이 듣고 싶은 말을 해야 한다. 워라밸에 대한 지나친 강조보다는 일에 대한 책임감을 우선시하여 답하도록 하자.

요즘 워라밸은 어느 조직에서나 적용되는 사회 트렌드라고 생각합니다. 하지만 경계해야 할 것은 워라밸이 너무 강조되면 오히려 조직 내에서 책임감이 결여될 수 있다는 점입니다. 이에 워라밸이 적용되기 위해서는 분명한 전제조건이 필요합니다. 그것은 바로 자신의 일과 공동체 일원으로서의 책임을 갖는 것입니다. 이에 저는 워라밸도 중요하지만 개인의 책임을 다하고, 조직의 목표 달성이 가능할 때에만 워라밸이 가능하다고 생각합니다.

답변 TIP ✅

최근 워라밸에 대한 인식을 통해 조직 적응력을 판단하는 경우가 많다. 워라밸을 지나치게 좋아하면 팀워크를 깨뜨릴 수 있다. 워라밸을 잘 챙기는 본인은 편할 수 있지만, 공동체에 대한 책임의식이 강한 동료는 오히려 상대적 박탈감을 가질 수 있다. 워라밸을 부정할 수 없지만, 그보다 더 중요한 가치는 책임감 있는 자세임을 다시 한번 생각해 보자.

난이도 ★☆☆ / 중요도 ★★☆

Q. 공기업에 지원한 이유는 무엇인가?

질문 의도 공기업에 지원한 명확한 동기를 확인

연관 질문 공기업의 직원으로서 갖추어야 할 가장 중요한 역량은 무엇이라 생각하는가?

답변 가이드 안정적인 직장이라는 관점 외에 공기업에 지원하는 명확한 이유를 설명해야 한다.

Worst 답변

최근 경기가 안 좋아지면서 사기업 채용이 많이 줄어들고 있습니다. 이에 공기업에 관심을 갖고 준비하게 되었습니다. 무엇보다 공기업은 안정적인 직장이고, 사기업에 비해 워라밸이 좋기 때문에 좀 더 제가 만족하며 직장생활을 할 수 있다고 판단하여 공기업에 지원하게 되었습니다.

답변 TIP ✔

누가 봐도 문제가 있는 답변이다. 실제로는 상당수 지원자들의 진짜 속마음일 것이다. 면접 답변에서는 자신이 말하고 싶은 것이 아니라, 상대방이 듣고 싶은 이야기를 하는 것이 중요하다. 그리고 어느 정도 일에 대한 자신감 혹은 사명감 등을 표현할 필요가 있다. 실제로 돈을 벌기 위해 일하는 사람과 사명감을 갖고 일하는 사람들 간에는 업무적으로도 큰 차이가 난다는 것은 이미 증명된 사실이다. 공기업에 지원하는 사람으로서의 가치관도 다시 한번 정립해 볼 필요가 있다.

Best 답변

저와 같은 경우 크게 2가지를 고려했습니다. 첫째로 관심 분야에서 일을 할 때에 더 큰 성취감을 느낄 수 있다고 판단했습니다. 개인적으로 저는 에너지 관련 분야에 관심이 많습니다. 이에 에너지에 관련된 다양한 자료와 보고서 등을 탐독하며, 해당 시장에 대해 이해하려고 노력했습니다. 둘째로 제가 하는 일을 통해 자부심을 느끼고 싶기 때문입니다. 에너지는 개인 혹은 기업 등 우리의 삶에 막대한 영향을 주고 있습니다. 제가 사람들의 삶의 질 향상을 위해서 일한다면 일을 하면서도 큰 보람을 느낄 수 있을 것 같습니다. 이러한 점들이 제가 공기업을 지원한 주된 이유입니다.

답변 TIP ✔

회사든 공기업이든 지원하는 명확한 이유를 갖고 있어야 한다. 그리고 그 명확한 이유가 공감을 줄 수 있어야 한다. 해당 답변은 어느 정도 충실하게 공기업에 지원하는 이유를 말하고 있다. 여기에서 주의해야 할 점은 다른 지원자들도 비슷한 이야기를 할 수 있다는 것이다. 그러므로 면접관들은 지원 동기에 대해 꼬리질문을 하는 경우가 있다. 지원 동기에 대한 답변을 준비하면서 이어지는 꼬리질문에 대해서도 준비해 보자.

난이도 ★★★ / 중요도 ★★☆

Q. 자신의 사회경험에 대해 말해 보시오.

질문 의도 사회경험을 통해 단체의 일원으로서 역할을 해본 경험이 있는지를 평가
연관 질문 스스로 돈을 벌어 본 경험이 있는가?
답변 가이드 사회경험을 통해 단체의 일원으로서 책임을 다했던 경험을 어필하자.

Worst 답변

저는 카페에서 3개월간 아르바이트를 한 경험이 있습니다. 당시 제가 담당한 일은 음료를 제조하는 것이었습니다. 25가지나 되는 음료를 레시피에 맞춰 제조해야 하므로 처음에는 속도가 잘 붙지 않아 당황스러웠지만, 레시피를 계속 보면서 일한 결과, 일주일 후에는 레시피를 모두 외울 수 있었습니다. 이를 통해 손님들에게 맛있는 음료를 빠르게 드릴 수 있게 되었습니다. 또한 이 경험을 통해 빠른 일처리의 중요성을 배울 수 있었습니다.

답변 TIP ✔

해당 답변의 핵심은 '레시피를 외워 빠른 일처리를 할 수 있게 되었다.'로 요약된다. 레시피를 외워서 일했다 외에는 딱히 어필 포인트가 보이질 않는다. 그리고 카페에서 일했다고 한다면 당연히 해야 하는 것이다. 면접관은 지원자의 특별한 점을 확인하고자 한다. 자신이 일했던 분야에서 인정받았거나, 남다른 노력을 통해 이전보다 더 향상시킨 부분이 있다면 더욱 적극적으로 어필하자.

약 2년간 일했던 카페에서 책임감 있게 일을 한 덕분에 인정받았던 경험이 있습니다. 저는 음료제조가 주 업무였기 때문에 일주일 만에 레시피를 모두 외우는 등 더 빠른 일처리를 위해 노력했습니다. 뿐만 아니라, 다양한 음료제조를 배워, 실제로 메뉴를 제안 및 개발하여 매출 확대에도 도움이 되었습니다. 이 외에도 저는 다른 직원들이 시간이 안 될 때에는 밤이든 주말이든 그 시간을 채우며 동료들의 신뢰를 받을 수 있었습니다. 그리고 모두가 피하고 싶어 하는 화장실 청소도 전담하여 고객에게는 깨끗한 환경을 제공하였습니다. 이와 같이 매사에 적극적인 저의 행동을 좋게 보신 사장님께서는 5개월 후에 저를 카페매니저로 승진시켜 주시고, 급여도 올려주셨습니다. 이와 같이 어디서나 항상 책임을 다하는 자세로 업무에 임하는 직원이 되겠습니다.

답변 TIP ✔

사회경험을 할 때, 중요하게 생각하는 것 중 하나는 기간이다. 기간이 짧은 것보다는 기간이 긴 활동이 있으면 조금 더 긍정적으로 생각할 가능성이 높다. 왜냐하면 그만큼 끈기도 있고, 책임감도 있을 것이라 판단할 수 있기 때문이다. 현재 답변에서는 책임감이라는 키워드를 명확하게 설명하고 있다. 차별화된 책임감이란 자신에게 요구된 것보다 더 많은 것을 하고자 노력하는 것이라 볼 수 있다. 주어진 일만 하는 것이 아니라, 그 이상의 것을 하고자 노력한 것이 다른 사람들과 비교되는 책임감이라고 볼 수 있다.

Q. 타 전공인데도 전기직을 선택한 이유는 무엇인가?

질문 의도 개인 이력에 대한 호기심을 갖고 던질 수 있는 질문 형태
연관 질문 다른 분야를 전공했는데, 지원 분야에 어떻게 도움이 된다고 생각하는가?
답변 가이드 전공과 다른 분야를 별도로 공부했다면 명확한 계기 혹은 목표를 이야기해 주면 좋은 반응을 얻을 수 있을 것이다.

Worst 답변

솔직히 말씀드리자면 저의 주 전공보다 취업하기에 좀 더 유리할 것이라 생각했습니다. 대체로 채용도 더 많을뿐더러, 아무래도 에너지 공기업에서 인정받으려면 제 전공보다 전기 전공 선호도가 높다고 판단해서 준비하게 되었습니다.

답변 TIP

에너지 공기업 등에서는 전기직에 대한 수요가 높다 보니, 주 전공과 다르게 전기기사 자격증을 취득하는 비율이 높다. 이에 해당 질문이 종종 나온다. 하지만 현재 답변은 다소 아쉽다. 전공은 다르지만 전기공학에 관심을 갖게 된 계기와 본인이 하고 싶은 일을 하기 위해서 전기공학을 배우고 싶었다라는 점을 어필하면 좋았을 것이다. 해당 답변은 전기직에서 채용 인원을 많이 뽑기 때문에 지원했다라는 느낌을 주고 있어 아쉽다.

군 시절 공병으로서 전기공사 관련 업무를 보직으로 맡았던 적이 있습니다. 또한 우연한 기회에 에너지 공기업 전기설비 분야에서 일하시는 분의 직무 강의를 듣게 되었습니다. 이를 통해 제가 경험했던 부분을 살릴 수도 있고, 업무에 대한 부분도 제 적성에 잘 맞는다고 판단했습니다. 이에 과감하게 전기기사 자격증을 취득하여 진로를 바꾸었습니다. 시작점은 제가 다소 늦은 감은 있지만, 군 경험과 업무에 대한 관심으로 빠르게 적응할 자신이 있습니다.

답변 TIP ✔

현재 답변은 명확한 계기가 있어서 좋다. 불명확한 계기보다는 명확한 계기를 갖고 있는 지원자에게 호감을 가질 수 있다. 현재 전공이 아닌, 기사 자격증을 취득하여 타 분야로 지원하는 경우에는 위의 답변처럼 명확한 계기를 설명하는 것을 고려하자.

난이도 ★★★ / 중요도 ★★☆

Q. 자신의 단점과 그것을 극복하기 위해 어떤 노력을 하였는지 말해 보시오.

질문 의도 ┃ 업무를 수행하는 데에 있어서 문제가 될 만한 단점을 갖고 있는지 확인

연관 질문 ┃ 본인의 단점 3가지는 무엇인가?

답변 가이드 ┃ 지원자의 단점이 크게 문제가 되지 않을 정도로 이야기하고, 보완하기 위한 구체적인 행동을 제시하도록 하자.

Worst 답변

저의 단점은 스트레스가 많다는 것입니다. 일에 과몰입을 하다 보면 그 일만 생각하게 되고, 결과가 나오기 전까지는 다소 스트레스를 겪는 편입니다. 이러한 단점을 보완하기 위해, 항상 심호흡을 하려고 노력하고 있으며, 틈날 때마다 명상을 하려고 노력하고 있습니다.

답변 TIP ✔

해당 답변은 다소 부정적으로 평가받을 가능성이 높다. 어떤 사람이든지 간에 스트레스가 많은 사람과 함께 일하려고 하지 않는다. 보완점보다는 단점 그 자체에 면접 포커스가 맞추어질 가능성이 높다. 가급적이면 스트레스가 많다는 것을 다른 사람들에게 노출시키지 않도록 주의하자. 이와 같이 단점을 이야기할 때에 특별히 부정적인 반응이 나올만한 단점은 피하도록 하자.

저는 다소 조급한 성격을 가지고 있습니다. 이를 보완하고자 해야 할 일을 항상 기록하는 습관을 기르고 있습니다. 특히 해야 할 일들을 수시로 확인할 수 있게 구글 태스크를 사용하고 있습니다. 기록을 통해서 일의 우선순위를 정하고 주어진 일을 수행하다 보니 계획적으로 행동할 수 있었고, 저의 조급한 성격도 많이 개선할 수 있었습니다.

답변 TIP ✅

단점을 이야기할 때는 인간관계 측면에서 문제를 일으키지 않고, 업무적으로 문제를 일으키지 않을 수준의 소재를 선택하는 것이 좋다. 질문처럼 자세한 경험을 묻지 않을 경우 보통 단점을 이야기할 때는 짧게 대답하고 면접관이 보완점에 대해 궁금해 할 때 자세히 답변하는 것이 좋다.

난이도 ★☆☆ / 중요도 ★☆☆

Q. 구직활동 외에 가장 최근에 스트레스를 받았던 경험은 무엇인가?

질문 의도 스트레스를 받았을 때 어떤 방식으로 대처 하는지 확인

연관 질문 최근에 받았던 스트레스는 무엇 때문이었는가?

답변 가이드 스트레스를 받는 상황이 왔을 때에는 스트레스를 빠르게 해결할 수 있음을 보여주어야 한다.

Worst 답변

제가 가장 스트레스를 받았던 상황은 친구와의 관계가 소원해졌을 때입니다. 취업활동을 하다 보니, 제가 조금 예민해져 있었던 것 같습니다. 제가 취업문제로 종종 신경질적으로 반응하던 일들이 있었는데 이로 인해 친구도 저에게 크게 화를 낸 적이 있었습니다. 결국 친구와의 관계가 소원해졌습니다만, 최근에 다시 대화를 통해 사과하면서 관계가 풀리게 되었습니다.

답변 TIP ✔

이야기를 하다 보니, 지원자에 대한 부정적인 이야기를 많이 알려주게 된 것 같다. 항상 말은 아껴서 하는 것이 중요하다. 스트레스에 강하다는 느낌보다는 스트레스에 다소 취약해 보인다는 느낌을 주고 있다. 또한 관계 형성에도 문제가 있는 듯한 뉘앙스를 줄 수 있기 때문에 부정적인 답변을 할 때에는 주의해야 한다.

제가 가장 스트레스를 받았던 상황은 저와의 약속을 지키지 못할 때였습니다. 사실 2개월 전에 부모님의 30주년 결혼기념일이 있었습니다. 저의 계획으로는 올해 취업을 해서 여행을 보내드리려고 했습니다. 그렇게 해드리지 못한 것이 마음에 걸려 약간의 스트레스가 되었던 것 같습니다. 이로 인해 약간의 좌절감이 있었지만 좀 더 취업에 대한 목표가 확고해져서 이렇게 면접까지 올 수 있게 된 것 같습니다. 이번 면접에서 좋은 결과를 만들어 부모님 여행은 꼭 제 힘으로 보내드리고 싶습니다.

답변 TIP ✓

면접관은 누군가의 부모이자 자녀일 것이다. 가족에 대한 이야기는 항상 공감을 주기 쉽다. 현재 지원자의 스트레스는 심각하지도 않기 때문에 큰 문제가 없을뿐더러, 건전한 가치관을 갖고 있다는 느낌도 전달되고 있다. 비교적 무거운 질문임에도 불구하고 유쾌하게 마무리하고 있다는 점도 인상적이다.

Q. 스트레스를 관리하는 자신만의 방법은 무엇인가?

질문 의도   스트레스 관리 역량을 갖추고 있는지 물어보는 기초적인 질문
연관 질문   보통 어떤 상황에서 스트레스를 받는가?
답변 가이드   스트레스 관리가 안 되면 업무 및 관계에도 영향을 미치기 때문에 스트레스를 잘 관리하는
          지원자라는 느낌을 주는 것이 중요하다.

Worst 답변

저는 비교적 스트레스가 많은 편이라, 꾸준하게 스트레스를 관리해오고 있습니다. 스트레스가 쌓일 때에는 여행 등을 가서 맛있는 것도 먹고, 새로운 장소도 방문하는 것이 복잡한 생각을 차분히 정리할 수 있어 저에겐 큰 도움이 되곤 합니다.

답변 TIP ✔

인트로에서 스트레스가 많다는 표현을 할 필요가 전혀 없다. 혹시라도 인성검사 등에서 '스트레스가 많다고 나오는데 어떻게 생각하나?'라는 질문이 아니고서야 굳이 본인이 스트레스가 많다는 것을 말할 필요가 없다. 관리하는 방법이 여행이라고 하는 것은 면접관들이 받아들이기에는 다소 부정적으로 판단할 가능성이 높다. 좀 더 심플한 관리 방법, 회사 생활을 하면서도 가볍게 풀 수 있는 방법 등에 대해서 답변해 보도록 하자.

Best 답변

저는 스트레스를 잘 받지 않지만 스트레스를 받는 상황이 생기면 기지개를 켜거나 스트레칭을 하면서 몸의 긴장감을 완화시키며 스트레스를 해소합니다. 혹은 스트레스 상황에서 문제를 피하기보다는 차근차근 메모하면서 문제의 원인을 파악하고, 즉각적으로 문제를 해결하려고 노력하는 편입니다. 크고 작은 문제를 해결하고 나면 스트레스도 풀리고 해냈다는 뿌듯함을 느낍니다.

답변 TIP ✓

업무를 수행하면서 발생하는 스트레스를 심각하게 받아들이지 않는 태도가 중요하다. 스트레스를 받을 때도 이를 바로 해결할 수 있는 방법을 제시해야 좋은 평가를 받을 수 있다. 지나치게 많은 시간과 비용이 들기 보다는 직장생활을 하면서 가볍게 풀 수 있는 방법을 제시하는 것이 좋다. 예를 들어, 산책, 땀을 흘리는 운동, 맛집 탐방, 친구와의 대화 및 가벼운 취미 생활 등이 있을 수 있겠다.

Q. 본인은 리더에 가까운가? 팔로워에 가까운가?

질문 의도) 개인 성향을 체크하는 질문으로 인성검사 결과지와의 일치성도 검토 가능한 질문
연관 질문) 리더십(혹은 팔로워십)을 발휘한 경험에 대해서 말해 보시오.
답변 가이드) 리더십이든 팔로워십이든 주어진 역할에 최선을 다하는 지원자임을 설명할 수 있어야 한다.

Worst 답변

저는 팔로워에 가깝습니다. 새로운 조직에 입사한다면 리더보다는 팔로워의 역할에 충실해야 한다고 생각합니다. 상사들의 지시를 명확히 이해하고, 즉각적으로 반응할 수 있는 적극적인 신입사원이 되겠습니다. 또한 협력사와 업무를 수행할 때도 팔로워의 역량을 십분 발휘하여 목표 성과를 달성하겠습니다.

답변 TIP ✔

팔로워를 선택했기 때문에 문제가 발생되진 않는다. 하지만 해당 답변에서는 본인이 팔로워로서 어떻게 행동하는지에 대한 설명이 불충분하다. 본인이 왜 팔로워에 가까운지에 대한 이유를 설명해 줄 필요가 있고, 팔로워로서 어떤 방식으로 리더를 보좌하고, 팀을 위해 노력했는지에 대한 짧은 예시나 설명이 필요하다.

1) 저는 리더에 좀 더 가깝습니다. 프로젝트 등을 할 때에 항상 주도적으로 일을 처리하고자 한 경험이 많습니다. 업무를 주도적으로 하는 경향이 있고 이를 인정받아 팀원들이 먼저 저에게 리더로 일해 줄 것을 제안해 준 경험이 많습니다. 이러한 리더 경험을 살려 앞으로 하게 될 업무에서도 주도적으로 일하는 직원이 되겠습니다.

2) 저는 팔로워에 더 가까운 것 같습니다. 특히 저는 팀 내에서 엄마와 같은 역할을 자처하는 편입니다. 팀의 분위기를 잘 살피면서 센스있게 팀원들을 챙기고, 불필요한 갈등을 최소화시키고자 노력해 왔습니다. 또한 리더가 겪는 어려움을 잘 이해하여 리더의 입장에서 일하고자 노력해 왔습니다. 이러한 팔로워십을 통해 조직이 원하는 일을 성실하게 감당하겠습니다.

답변 TIP ✅

앞에서도 언급했듯이 리더와 팔로워 두 가지 유형 전부 조직에 필요한 사람들이다. 현재 2가지 각각의 답변은 본인의 성향이 조직에서 어떻게 발휘되는지를 잘 보여주고 있다. 여기까지는 1차적인 질문에 대한 답변이고, 좀 더 중요한 것은 추가 질문에 대한 답변이다. 리더 경험에 사례 혹은 팔로워십을 발휘한 구체적인 사례를 요구할 것이다. 충분히 공감이 될 만한 사례를 반드시 준비하도록 하자.

Q. 남들보다 뛰어난 자신만의 강점은 무엇인가?

질문 의도 강점을 통해 지원자의 역량을 확인
연관 질문 업무적인 측면에서 갖고 있는 강점은 무엇인가?
답변 가이드 자신이 스스로 생각하기에 강점이라고 생각할 만한 부분을 찾아내는 것이 중요하다.

Worst 답변

다양한 연령대의 사람들과 잘 어울리는 것이 저의 특출난 강점입니다. 저는 학창 시절부터 반장, 동아리 회장 등을 맡아 대인관계능력과 의사소통능력을 키워왔습니다. 리더의 역할을 수차례 수행하면서 얻은 노하우는 내외부의 직원들과 업무를 진행함에 있어 크게 이바지할 수 있을 것이라고 생각합니다.

답변 TIP ✔

해당 답변은 답변 자체로서 크게 문제가 없지만, 기술직으로 지원했을 경우에는 다소 아쉽게 느껴질 수 있다. 다양한 연령대와 잘 어울린다는 표현은 고객센터 등을 갖추고 있는 기관에서 대민 상담업무를 하는 지원자들에게는 적합할 수 있다. 그 외에도 해당 답변에서는 강점을 단순히 나열하고 논리가 명확하지 않다. 다양한 연령대와 잘 어울릴 수 있는 강점을 이야기하고 싶은 것인지, 의사소통능력과 리더십을 강조하고 싶은지 명확하지 않다. 너무 많은 키워드를 나열한다면 면접관이 명확하게 요점을 파악하기 어려워질 수 있다.

Best 답변

   남들보다 잘할 수 있는 저의 강점은 아이디어가 많다는 점입니다. 저는 어릴 적부터 호기심이 많아 관찰하고 분석하는 것을 좋아해서 다양한 분야의 독서를 하고 신문을 꾸준히 구독해 왔습니다. 이러한 점들이 일을 할 때 다양한 아이디어를 만들어내는 데에 큰 도움이 되었던 것 같습니다. 이에 일을 할 때, 항상 어떻게 하면 효율적으로 일할 수 있을지를 고민하고, 문제를 해결하는 다양한 방법을 찾아내어 다양한 프로젝트를 진행할 때에 도움이 되기도 했었고, 공모전에서 우수한 결과로 이어지기도 했습니다.

답변 TIP ✓

   조직은 아이디어가 많은 사람에 항상 목말라 있다. 하지만 아이디어가 많다는 점에 대해서는 검증할 가능성이 높기 때문에, 해당 답변 이후에는 꼬리질문을 통해 실제 아이디어를 내 본 경험을 말하는 것이 중요할 것이다. 물론 짧게 요약해서 설명이 가능하다면 처음부터 자신이 낸 아이디어 사례를 먼저 설명할 수도 있다. 만약 내용을 축약하기 어렵다면 위의 답변처럼 아이디어가 좋은 사람 정도로 요약해 주고, 실제 사례는 면접관의 질문을 기다렸다가 추가적으로 답하도록 하자.

Q. 자신의 성격의 장단점을 말해 보시오.

질문 의도 지원자의 성격을 빠르게 파악

연관 질문 다른 사람에 비해 특별히 좋은 자신의 성격은 무엇인가?

답변 가이드 원만한 대인관계와 투철한 책임의식 등을 강조하는 것이 좋다. 단점의 경우 개선하기 위한
노력을 덧붙여서 대답하자.

Worst 답변

저의 장점은 성실함입니다. 어떤 일을 시작하기 전에 계획을 세우고 각 단계별
목표를 달성하기 위해 노력합니다. 저는 매일 새벽 5시에 일어나 하루를 시작합니
다. 가벼운 스트레칭으로 잠을 깨고 어제보다 나은 제가 되기 위해서 매일매일 노력
했습니다. 그 결과 전기기사, 위험물산업기사 등 다양한 자격증을 취득하였습니다.
반면 저의 단점은 다른 사람이 제게 싫은 소리를 하면 기분 나쁜 감정이 표정에 드
러난다는 것입니다. 그러나 저는 감정을 솔직히 드러내는 것이 숨기는 것보다는 좋
다고 생각합니다.

답변 TIP ✓

해당 답변에서 장점에 대한 설명은 원만하게 자기 자신을 설명하고 있다. 하지만
단점에 대한 답변은 조직생활을 하는 데 있어 매우 치명적이다. 감정을 솔직히 드러
내는 것을 좋아하는 사람도 있지만, 이를 성숙하지 못하다고 평가하는 사람들도 많
다. 단점에 대해 이야기할 때에는 조직 부적응자로 낙인찍힐 수 있는 내용은 반드시
피해야 한다.

저의 장점은 성실함입니다. 어떤 일을 시작하기 전에 계획을 세우고 단계별로 목표를 달성하기 위해 노력합니다. 저는 매일 새벽 5시에 일어나 하루를 시작합니다. 가벼운 스트레칭으로 잠을 깨고 어제보다 나은 제가 되기 위해서 매일매일 노력했습니다. 그 결과 전기기사, 위험물산업기사 등 다양한 자격증을 취득하였습니다. 반면, 저의 단점은 다소 생각이 많다는 점입니다. 일을 진행할 때에 너무 많은 생각은 좋은 아이디어로 이어질 때도 있지만 업무를 진행하는 데에 속도를 저하시킬 때가 있습니다. 이에 생각은 짧게, 행동은 빠르게 하겠다는 생각을 갖고 업무에 임하려고 노력하고 있습니다.

답변 TIP ✅

대부분의 지원자들이 장점에 대해 이야기할 때에 큰 문제를 갖고 있진 않다. 다만 장점에 있어 너무 긴 경험사례를 말하는 것은 피하는 것이 좋다. 항상 답변을 할 때에는 시간적인 압박을 갖고 최대한 심플하고 압축해서 설명하고 추가적인 질문에 대해 적절하게 대응하는 것이 중요하다. 단점은 가급적이면 업무적인 측면과 관계적인 측면에 있어서 다른 사람들에게 피해를 주지 않는 정도의 내용을 언급하는 것이 효과적이다. 답은 없지만 좀 더 신중하게 답해야 한다. 단점은 압박면접으로 이어질 수도 있고, 지원자가 갖고 있는 단점으로 인해 불합격시킬 수도 있는 요인이 될 수 있다.

난이도 ★★★ / 중요도 ★★★

Q. 이전 직장에서 가장 힘들었던 점은 무엇인가?

질문 의도 힘든 상황에서 어떤 방식으로 역경을 극복했는지 확인

연관 질문 단체의 리더로 활동하며 가장 힘들었던 점은 무엇인가?

답변 가이드 한 번도 해보지 않은 일의 책임을 맡았을 때 겪었던 어려움과 이를 극복하기 위한 노력을
과정 중심으로 설명하도록 하는 것을 권장한다.

Worst 답변

이전 회사에서 상사가 너무 우유부단하고 책임을 전가하는 일이 많아 힘들었습니다. 그러다 보니 일과시간에 일이 끝나지 않았고, 자주 야근을 해야 했으며 심지어 주말 출근도 해야 했습니다. 이런 부분으로 인해 상사님과 다소 갈등이 있었습니다.

답변 TIP ✔

과거 회사에 대한 부정적인 측면을 너무 솔직하게 이야기하면 곤란하다. 상사와 좋지 못한 관계 때문에 퇴사를 했다고 한다면, 면접평가자는 미래 회사 상황에서도 같은 문제가 발생할 수 있다고 판단할 수밖에 없다. 또한 추가 질문으로 비슷한 성향의 상사가 있다면 어떻게 할 것인지 답변해보라고 할 수도 있다. 이전 직장에서 관계에 있어 어려움을 겪었기 때문에 답변하기가 까다로워질 수밖에 없다.

이전 직장에서 입사 2년 차 때, 팀장님이 갑작스럽게 퇴사를 하게 되어 같이 진행하던 프로젝트의 책임자가 되었습니다. 10년 차 이상의 경력을 갖고 계신 팀장님이 담당할 만큼 까다로운 프로젝트였을 정도로 업무적인 난도가 높았고, 내외부와의 소통이 매우 중요했습니다. 업무를 하면서 매일같이 유관부서와 20통 이상의 이메일을 주고받으며, 협력업체를 핸들링하고 하루에 3번 이상 지속적으로 회의를 하며 업무를 진행해야 했습니다. 이를 극복하기 위해 저는 시간 관리를 철저히 했습니다. 절대적으로 시간이 부족했기 때문에 매일 일정을 짜고, 업무에 대응했습니다. 2년 차가 극복하기에는 너무 어려운 프로젝트였기 때문에, 다른 팀 상사분들에게 지속적인 조언을 구했습니다. 또한 업무를 제시간 안에 도저히 끝낼 수 없었기 때문에 철야 근무와 주말 근무를 병행했습니다. 비록 문제가 많이 발생했지만 차근차근 해결하고자 노력했습니다. 이를 통해 회사에서 크게 인정을 받았고, 저 또한 성장할 수 있었습니다.

답변 TIP ✔

이전 직장에서의 힘들었던 점만 이야기해서는 안 되고, 어떻게 극복했는지를 명확하게 설명해야 한다. 힘들었던 점은 주어진 업무에서 겪은 어려움을 이야기하는 것이 효과적이다. 그 이유는 이를 통해 미래 회사생활 중 겪을 수 있는 어려움을 극복할 수 있다는 것을 보여줄 수 있기 때문이다. 그러한 어려움 가운데, 어떠한 일처리 방식을 선택하여 일했는지를 효과적으로 설명한다면 유능한 인재로서 지원자를 평가할 가능성이 높다.

Q. 현 직장에서 이직하려는 이유가 무엇인가?

질문 의도 이직 관련 문제를 통해 지원자가 이전 직장에서 문제를 갖고 있었는지 파악

연관 질문 이직하려고 한 이유가 당 회사에서도 똑같이 발생한다면 어떻게 하겠는가?

답변 가이드 이직사유 문제를 지나치게 심각한 이유로 말하지 않도록 해야 한다. 그래야 입사 후에 같은 문제가 발생하더라도 적절하게 잘 적응할 수 있다고 말할 수 있을 것이다.

Worst 답변

처음 1년은 제가 원했던 직무였지만, 그 이후 제가 원하지 않았던 직무를 배정받아서 업무 적응에 어려움이 있었습니다. 이로 인해 직무적인 불안감이 있었습니다. 하지만 공기업은 원하지 않는 직무라고 하더라도 안정적인 직장 생활을 보장해 주기 때문에 어렵더라도 버틸 수 있을 것 같습니다.

답변 TIP ✔

업무 부적응에 대한 부분은 가급적 말하지 않는 것이 좋다. 공기업은 철저하게 업무 순환제도로 이루어지기 때문에 원하지 않는 업무도 계속 맡아야 한다. 그런 측면에서 앞으로도 적응을 잘 못할 것 같다는 느낌을 줄 수 있다. 그 외에도 공기업은 안정적이기 때문에 적당히 못하고 넘어가더라도 큰 문제가 없을 것 같다는 느낌을 주고 있다. 좀 더 신중하게 답변할 필요가 있다.

Best 답변

제가 과감하게 이직을 결심한 이유는 연구 개발 분야 업무를 하면서 익힌 지식을 현장에서 활용해 보고 싶다는 갈증이 있었기 때문입니다. 더 늦기 전에 제가 하고 싶은 일에 저의 열정을 바치고 싶었습니다. 단순히 열정만을 가지고 전문적인 업무를 수행할 수 없음을 잘 알고 있기에, 이직을 결심하고 플랜트 전문 인력양성 기계 / 배관 관련 직업훈련과 발전설비 종합기술 및 제어 유지 보수 직업 훈련을 이수하였습니다. 저의 이러한 열정이 중부발전의 발전에도 기여할 수 있을 것이라고 확신합니다.

답변 TIP ✅

이직을 한 지원자에게 압박질문 형태로 주어질 수 있는 질문이다. 이전 직장에서의 내부적인 회사 문제 등으로 이직하고 싶다고 말하기 보다는 개인적인 차원에서 업무에 대한 관심을 보여주는 것이 좀 더 효과적인 답변이다. 위의 답변처럼, 이직 사유가 입사 동기로 작용되게끔 작성하는 것도 한 가지 방법이 될 수 있다. 또한 그동안의 준비과정을 통해, 지원자의 진실성도 확인할 수 있어 인상적이다. 하지만 노련한 면접관은 '그래도 회사 내 불만이 있을 것이다.'라고 예측하고, 반드시 이전 회사의 문제에 대한 것도 언급하라고 하기 때문에 이 부분도 추가적으로 준비해야 한다.

Q. 대학 때 인사 관련 활동을 열심히 한 것 같은데, 인사부서에 가면 어떤 업무를 하고 싶은가?

질문 의도 개인이력 질문을 통해 지원자가 기술한 내용을 검증

연관 질문 공모전에서 우수상을 타는 데에 있어 본인이 어떤 기여를 했는지 말해 보시오.

답변 가이드 자신의 이력과 자기소개서 등을 철저하게 분석하여 어떤 질문이 나올지 예상하고 있어야 한다.

Worst 답변

인사부서에서 채용을 집중적으로 담당하고 싶습니다. 공기업에서는 채용이 매우 중요한 문제이기 때문에 채용과 관련된 업무를 통해, 더 뛰어난 인재를 우리 공사에 유치할 수 있도록 노력하고 싶습니다. 이를 위해 회사에 적응하는 대로 MBA에 입학하여 전문성을 키우겠습니다. 또한 노무적인 지식이 중요하기 때문에, 10년 안에는 노무사 자격증도 취득하도록 하겠습니다.

답변 TIP ✓

개인의 경험을 회사에서 어떻게 활용할 수 있을지 명확하게 설명하는 것이 중요하다. 현재 답변은 목표점은 비교적 명확하지만, 지나치게 학습계획 만을 이야기하고 있다는 점에서 안 좋은 평가를 받을 수 있다. 회사는 학교가 아니다. 어떤 업무를 하고 싶으며, 어떻게 할지에 대한 명확한 계획을 제시하도록 하자.

인사 관련 공부를 하면서 가장 재미있게 느꼈던 분야는 '보상 및 복지 분야'와 '채용관련 분야'였습니다. 이에 입사하여 보상 분야 및 복지 분야와 채용업무를 담당하고 싶습니다. 보상 및 복지 분야 같은 경우 좀 더 세심하게 업무에 임하여 급여 외적인 보상으로 복지업무를 담당하고 싶습니다. 예를 들어, 가족친화적인 복지와 싱글 및 육아를 하는 직원들의 니즈를 적절하게 반영하는 복지를 계획해 보고 싶습니다. 또한 채용적인 측면에서는 유튜브와 SNS채널을 활용하여 회사를 더 적극적으로 소개하고 일반 지원자들에게 좀 더 친숙한 기업 이미지를 만들고 싶습니다.

답변 TIP ✓

지원자 같은 경우 특정 전문가가 아니기 때문에 깊게 업무에 대한 부분을 소개해 줄 수는 없다. 그래도 면접관에게 충분히 공감 갈 만한 이야기를 하는 것이 중요하다. 해당 답변을 통해 어느 정도는 인사업무에 대한 관심을 표명했다고 볼 수 있다. 그리고 항상 강조하지만 꼬리질문에 대한 대응이 중요하다. 해당 답변 같은 경우 가족친화적인 복지아이디어라든지, 싱글 및 육아 관련 복지를 어떻게 나눌 수 있을지 물어볼 여지가 많다. 준비한 답변에 대한 후속 답변을 반드시 준비해 보길 바란다. 해당 질문은 개인적인 질문 예시이기 때문에 각자의 서류를 점검하고 예상 가능한 질문을 반드시 확인하여 답변을 만들어 보자.

"오늘 당신의 노력은 아름다운 꽃의 물이 될 것입니다."

그러나, 이 꽃을 볼 때 사람들은 이 꽃의 아름다움과 향기만을 사랑하고 칭찬하였지, 이 꽃을 그렇게 아름답게 어여쁘게 만들어 주는 병 속의 물은 조금도 생각지 않는 것이 보통입니다.

아무리 아름답고 어여쁜 꽃이기로서니 단 한 송이의 꽃을 피울 수 있으며, 단 한 번이라도 꽃 향기를 날릴 수 있겠는가? 우리는 여기서 아무리 본바탕이 좋고 아름다운 꽃이라도 보이지 않는 물의 숨은 힘이 없으면 도저히 그 빛과 향기를 자랑할 수 없는 것을 알았습니다.

- 방정환의 우리 뒤에 숨은 힘 중

에너지 공기업 면접 합격전략서

개정1판1쇄 발행	2023년 04월 20일 (인쇄 2023년 02월 23일)
초 판 발 행	2021년 10월 20일 (인쇄 2021년 08월 30일)
발 행 인	박영일
책 임 편 집	이해욱
저 자	김정우
편 집 진 행	구현정 · 이종훈
표지디자인	박종우
편집디자인	장하늬 · 박서희
발 행 처	(주)시대고시기획
출 판 등 록	제10-1521호
주 소	서울시 마포구 큰우물로 75 [도화동 538 성지 B/D] 9F
전 화	1600-3600
팩 스	02-701-8823
홈 페 이 지	www.sdedu.co.kr

I S B N	979-11-383-4555-2(13320)
정 가	15,000원